Die Frauenklöster der Zisterzienser
im Land Brandenburg

Karla Bilang

Die Frauenklöster der Zisterzienser im Land Brandenburg

trafo verlag

Die Deutsche Bibliothek – CIP-Einheitsaufnahme

Bilang, Karla:
Die Frauenklöster der Zisterzienser im Land Brandenburg / Karla Bilang. – Berlin : Trafo-Verl. Weist, 1998
ISBN 3-89626-119-3

Für die Förderung danken wir der Landesregierung Brandenburg, Ministerium für Wissenschaft, Forschung und Kultur.

Umschlagfoto: Chorapsis der Kreuzkirche
in Ziesar, Foto: Dominique Bilang

Finkenstraße 8, 12621 Berlin
Fax: 030/56 70 19 49
E-mail: trafoberlin@t-online.de

Gefördert vom Land Brandenburg, Ministerium für Wissenschaft, Forschung und Kultur
Gesamtgestaltung: Kerstin Vorwerk
1. Auflage, 1998
ISBN 3-89626-119-3
Printed in Germany

Vorwort

Das Land Brandenburg verfügt über 17 Klosteranlagen des Zisterzienserordens. Davon sind sieben Männerklöster und zehn Frauenklöster – eine Tatsache, die mancherorts Überraschung hervorruft, denn im kulturellen Bewußtsein der Region und erst recht darüber hinaus war die Existenz dieser Frauenklöster so gut wie gar nicht verankert. Die Zisterzienserinnen und ihre Klöster waren in den letzten fünfzig Jahren weder Gegenstand historischer Forschungen noch spielten sie in der Kulturerbe-Diskussion der DDR eine Rolle. Der Begriff der Zisterzienserklöster wurde meist eingeengt auf die bekannten Männerklöster Lehnin, Zinna und Chorin, deren Namen in der Fach- und Populärliteratur immer wieder auftauchten und deren Bau- und Wirkungsgeschichte hinreichend erforscht und dokumentiert wurde. Das Wirken des Zisterzienserordens in Brandenburg machte sich an diesen glanzvollen Namen fest und die Tatsache der fast flächendeckend über das Land verstreuten Nonnenklöster wurde ganz in den Hintergrund gedrängt bzw. geriet in Vergessenheit.

So stehen wir heute – zum 900jährigen Jubiläum der Zisterzienser – hinsichtlich der weiblichen Traditionslinie des Ordens in Brandenburg einigen weißen Flecken gegenüber und der Frage, was ist aus den vernachlässigten Bauwerken in den herrlichen märkischen Landschaften geworden und welches Bild bietet sich den heutigen Besuchern?

Als einzige Anlage war und ist das Kloster Stift zum Heiligengrabe in der Priegnitz nahezu vollständig erhalten und seit 1995 gibt es dort wieder ein Stiftsdamenkonvent. Seit kurzem erstrahlen die Gebäude des Klosters Ziesar im Glanz einer denkmalgerechten Restaurierung. Demgegenüber hat die Klosteranlage von Mühlberg an der Elbe noch den Charme des ruinösen Backsteinmauerwerks. In der restaurierten Klosterprobstei befindet sich seit 1926 das Stadtmuseum Mühlberg. Gegenwärtig bemühen sich Benediktinermönche um die Wiederbelebung des Klosters. Von anderen Klöstern, wie Altfriedland, Jüterbog, Zehdenick und Stepenitz, existieren die Klosterkirchen und/oder Reste der Klosteranlage, während Lindow und Boitzenburg im nördlichen Brandenburg heute nur noch als Ruinen zu erleben sind.

Neben der heutigen Nutzung als kirchliche Einrichtungen und im Kulturbereich für Konzerte, Galerien oder Museen sind die Anlagen selbst sehenswert und das nicht zuletzt wegen ihrer besonderen Lage in der Landschaft. Die Klöster wurden mit einem besonderen Empfinden für den Zusammenklang von Natur und Architektur an Flüssen, Seen und in waldreichen Gegenden errichtet, wo das Rot der Backsteinarchitektur den Charakter der Landschaften akzentuierte. Andererseits lagen die Klöster bei aller Naturverbundenheit der Zisterzienser doch nie in einer absoluten Einöde oder in unwegsamen Gelände, sondern eher in der Nähe der alten Handelsstraßen, Dörfer und Städte, so daß sie für den interessierten Besucher relativ leicht zu erreichen sind. Für alle diejenigen, die auf den Spuren der Zisterzienserinnen im Land Brandenburg wandeln möchten oder die sich für die Kultur und die wechselvolle Geschichte der Frauenzisterzen interessieren, ist dieses Sachbuch geschrieben.

Schutzmantelmadonna

Die Idee vom Kloster

Die ältesten niedergeschriebenen Regeln für das Klosterleben stammen aus Ägypten. Der 379 gestorbene Basilius der Große, Bischof von Caesarea in Kappadokien, verfaßte sie und legte in ihnen folgende Verbindlichkeiten der klösterlichen Gemeinschaft fest: Demut und Gehorsam, Schweigsamkeit und Enthaltsamkeit sowie das regelmäßige Gebet und die körperliche Arbeit. Letztere diente nicht nur der Aufrechterhaltung des klösterlichen Gemeinwesens, sondern erfüllte auch soziale und wirtschaftliche Aufgaben außerhalb des Klosters. So fand der Ursprungsgedanke der klösterlichen Abgeschiedenheit eines Gott geweihten Lebens, das Vorbild des Eremiten, sehr früh schon seine Ergänzung durch die Wirkung des Klosters auf die Außenwelt.

Im Ägypten des 4. Jahrhunderts gab es neben den überwiegenden Mönchsklöstern bereits die ersten Nonnenklöster. Zur selben Zeit breitete sich die Idee vom Kloster nach Südeuropa aus, wo in Rom und Mailand die ersten vergleichbaren Gründungen entstanden. Auch hier gehörten Frauen zu den begeisterten Anhängern der neuen christlichen Lebensformen, die vom Orient übernommen worden waren. Der im römischen Nordafrika geborene Augustinus, der in den italienischen Klöstern als Lehrer für Rhetorik tätig war, berichtet in »De moribus« über die asketische Bewegung: »Auch fallen sie niemandem zur Last, sondern verdienen sich nach dem Brauch des Ostens und dem Rat des Apostel Paulus ihren Lebensunterhalt durch Handarbeit ... Nicht nur Männer, auch Frauen leben so.« [1]

Im 5. und 6. Jahrhundert verbreiteten sich die religiösen Einsiedler vor allem in Frankreich und in Irland; zu ihrem Askeseverständnis gehörten der Verzicht auf jeglichen weltlichen Besitz und das Gelübde der ewigen Wanderschaft.

Benedict von Nursia (gest. 547) beendete den nomadisierenden Status der Einsiedler und stellte das Gebot des Bleibens am vorgeschriebenen Ort, die stabilitas loci, auf. Damit schuf er die Grundlage aller westlichen Ordensgemeinschaften und legte die auf Gehorsam und Disziplin beruhende innere Struktur des Klosterlebens fest: Das Kloster untersteht in allen Angelegenheiten dem Abt, der gewählt und vom Diözesebischof bestätigt wird und seinerseits Verwalter und Befugte für einzelne Bereiche einsetzten kann. Als Stellvertreter steht ihn der Prior zur Seite. Größere Klöster sind in Zehnschaften gegliedert. Es gibt eine einheitliche Kleiderordnung und Bestimmungen für den Tagesablauf und die Aufnahme von Novizen. Der Gedanke der religiösen Gemeinschaft, gemeinsames Beten, Essen, Ruhen und Arbeiten, stand im Mittelpunkt der Regeln: »Alles sei allen gemeinsam, und keiner nenne etwas sein eigen.« Für die Sommerzeit galt folgende Tageseinteilung: »Von Ostern bis zum 14. September sollen sie morgens, wenn sie die Gebete der ersten Stunde beendet haben, bis gegen die vierte Stunde arbeiten, was notwendig ist. Von der vierten Stunde aber bis ungefähr zur sechsten Stunde sollen sie sich der Lesung widmen. Wenn sie aber nach der sechsten Stunde vom Tisch aufstehen, sollen sie auf ihren Betten in völligem Schweigen ruhen, oder wer vielleicht lesen will, lese für sich so, daß er den anderen nicht stört. Und die Gebetszeit der neunten Stunde werde zeitiger gehalten, um die Mitte der achten Stunde. Und wiederum arbeite man bis zur Abendfeier, was zu tun ist.« Die Regeln des Benedikt verbreiteten sich über die Gründung von Töchterklöstern und die Bildung von Verbänden und galten seit dem 8. Jahrhundert als die maßgeblichsten im Westeuropa der ottonischen und karolingischen Zeit.

Frauenklöster und Zisterzienserinnen

Die Tradition der Frauenklöster geht in Mitteleuropa bis ins 5. Jahrhundert zurück, woraus zu entnehmen ist, daß die Frauen im Christentum seit den Anfängen bei der Ausbreitung und Ausübung der Religion mitgewirkt haben. Eine Frau, die ihr Leben Gott weihte und das Kloster dem Familienleben vorzog, entsprach einem Idealbild, welches das religiös bestimmte Mittelalter von den Frauen entworfen hatte. Außerdem bot das Kloster den Frauen Möglichkeiten zu verschiedensten Tätigkeiten und Arbeiten in den Textilwerkstätten, Schreibstuben, in der Krankenpflege und Heilkunde und in verschiedenen kirchlichen Bereichen. Von großer Bedeutung waren die im Kloster vorhandenen Bildungsmöglichkeiten in den Klosterschulen mit ihrer Ausbildung in Musik, Gesang, Latein, Lesen, Schreiben und Grundlagen der Mathematik, die ihnen außerhalb der Klostermauern nicht gegeben waren – so konnten die Nonnen bei entsprechender Begabung Lehrerinnen in den verschiedenen Fächern werden, Chorleiterinnen, Schreiberinnen usw. Schließlich ermöglichte die strenge Kirchenhierarchie den Befähigten eine gewisse Karriere, indem die Nonnen zur Pförtnerin, Schaffnerin, Kellermeisterin, Schulleiterin, Küsterin, Priorin und Äbtissin aufsteigen konnten und innerhalb der Klosterstruktur bestimmte Befugnisse ausüben und Verantwortlichkeiten für den Konvent übernehmen mußten.

Die Frauen waren insbesondere an den Neuerungen und Reformen mitbeteiligt. So lag im 12. und 13. Jahrhundert, als sich die neuen Orden der Benediktiner, Zisterzienser und Dominikaner verbreiteten, der zahlenmäßige Höhepunkt der Neugründungen von Nonnenklöstern.

Jedoch war der Eintritt in ein Kloster meist nur den Frauen der Adelsschicht erlaubt, später auch den Angehörigen der wohlhabenden Bürger- und Beamtenschicht. Den Frauen der mittleren und unteren sozialen Schichten war zumeist der Weg ins Kloster versperrt; diese schlossen sich häretischen Gruppen an, zogen als bettelnde oder predigende Nonnen durch die Lande oder gingen zu den in den Städten weit verbreiteten Beginen.

Der Rahmen, aus dem sich die Zisterzienser herauslösten, bildete der

Benediktinerorden, von ihm leiete sich auch die Ordensregel ab. Sie forderte den lebenslangen Verbleib im Kloster, dessen leben durch beten und arbeiten (ora et labora), durch Gehorsam und durch persönliche Armut und Maßhalten bestimmt war. Die von Benedict von Nursia entwickelten Benediktsregeln waren ausschließlich auf Mönche ausgerichtet, was bei der Einrichtung von Nonnenklöstern manche Schwierigkeit mit sich brachte. Heloisa beschwerte sich bei Abaelard über die auf Männer zugeschnittenen Ordensregeln, die auf die Besonderheiten des Frauenlebens keine Rücksicht nahmen. Andererseits waren die Regeln in den Benediktinerinnenklöstern insofern gelockert, als neben den Nonnen auch die Stiftsdamen, die kein Gelübde ablegen brauchten und ihr Vermögen behalten konnten, zum Konvent gehörten. Sie führten ein ihrem Geldbeutel gemäßes, bisweilen durchaus luxuriöses Leben und konnten jederzeit aus dem Kloster wieder austreten. So dienten die Klöster teilweise mehr der Versorgung der vermögenden Witwen oder der unverheirateten Adels- und Kaufmannstöchter als der religiösen Erbauung. Namentlich das Prinzip der Einfachheit und Armut wurde durch die Freiheiten der Stiftsdamen mißachtet, was zu Kritik und Diskussion unter den geistlichen Frauen selber führte. So erhielt Hildegard von Bingen, Äbtissin zweier Benediktinerinnenklöster, einen Brief von St. Marien in Andernach, in dem sich die Meisterin Tenxwind über die Prunksucht und den hohen Anteil von Adligen in den Klöstern der Hildegard von Bingen beschwert: »Auch folgendes ist uns von Euren Gewohnheiten zur Kenntnis gekommen, nämlich daß Eure Jungfrauen an Festtagen zum Schmuck weiße Gewänder tragen und auf dem Haupt schicklich gewundene Kränze haben, (...); außerdem seien die Finger der Schwestern mit Ringen geschmückt. Ferner, und das scheint uns nicht minder wunderbar als alles Vorhergehende, führt Ihr in Eure Genossenschaft nur Frauen von angesehenen Geschlechtern und von Stand ein. Auch darüber verwundern wir uns höchstlich.« [2]

Bestrebungen zur Vereinfachung des immer reicher sich entfaltenden religiösen Lebens gab es in den Reihen der Frauen seit dem 11. Jahrhundert, als sich die Frauen von den reichen Klöstern abwandten und dem Wanderprediger Norbert von Xanten (gestorben 1134) folgten. Als Norbert von Xanten 1112 sein erstes Kloster in Prémontré gründete, zogen auch die Frauen aus seiner Gefolgschaft in das Kloster ein. Räumlich getrennt von den Brüdern unterstanden sie einer eigenen Priorin, nahmen jedoch an den gemeinsamen Gottesdiensten teil. Diese neue Form der Prämonstratenserorden bot den Frauen das erstemal die Möglichkeit, innerhalb eines Ordens ein religiöses Leben zu führen. Die von den Mönchen und Nonnen bewohnten Doppelklöster hielten sich jedoch nur eine begrenzte Zeit und um die Mitte des 12. Jahrhunderts beschloß das Generalkapitel der Prämonstratenser die Aufhebung der Doppelklöster. In der Folgezeit suchten die rasch anwachsenen Frauengemeinschaften immer wieder Eingang in die großen Orden zu gewinnen, da die Gründung neuer Orden und damit auch die mögliche Gründung eines eigenen Frauenordens durch das Laterankonzil von 1215 von päpstlicher Seite verboten worden war.

Der Papst unterstützte den Anschluß der Frauen an die Ordensbewegung, doch die Orden selbst waren an der Aufnahme von Frauen und der Betreuung von Frauenklöstern wenig interessiert oder fühlten sich dem Ausmaß und der Inbrunst – wenn etwa die Literatur der Mystikerinnen in Betracht gezogen wird – der religiösen Frauenbewegung nicht gewachsen, zumal die Ordenskonvente in der Regel für die Seelsorge, Visitation und oft auch die wirtschaftliche Organisation der Frauenklöster zuständig waren und dieses Amt oft als zusätzliche Belastung empfunden haben. Die Verhinderungsbeschlüsse der Ordenskapitel lassen darüber keinen Zweifel aufkommen, während andererseits progressive Ordensmitglieder die Ausbreitung und den Einfluß von Frauen innerhalb der religiösen Bewegungen immer wieder unterstützen.

Kloster Tart – das erste Kloster der Zisterzienserinnen

Das erste Frauenkloster der Zisterzienser wurde im Jahre 1125 in Tart bei Dijon auf Initiative von Stephan Hardings, des dritten Abtes des Klosters von Citeaux (1109–1133), gegründet. Die aus dem cluniazensischen Konvent Jully in das Dorf Tart gezogenen Schwestern erhielten dort die zisterziensische Klosterstruktur: Eine Äbtissin stand dem Konvent vor und eine Priorin stand ihr zur Seite, die Benediktsregeln und die Carta Caritatis gestalteten die Lebensformen innerhalb des Klosters. In der Literatur zur Ordensgeschichte wird dieser Gründungsakt meist in den Bereich einer Privatinitiative von Hardings verwiesen, die ohne Erlaubnis des Generalkapitels zustande gekommen sei und infolgedessen im Sinne der Filiation nicht zum Orden zugehörig sein könne.

Um diese Argumentation zu entkräften, weist Brigitte Degler-Spengler [3] darauf hin, daß um 1120 der Orden nur wenige Klöster umfaßte und das Generalkapitel in dieser Frühzeit der Strukturbildung die umfassenden Befugnisse noch gar nicht innehatte, da diese sich erst im Laufe des 12. Jahrhunderts herauskristallisierten und festigten. Es war mithin zum Beginn des 12. Jahrhunderts durchaus üblich, daß Äbte autorisiert waren weitere Töchterklöster zu gründen – und das betrifft sowohl Männer- wie Frauenklöster –, so daß Tart nach den damals gültigen Regeln eine ordentliche Gründung gewesen ist.

Gründungsvorschriften für Frauenzisterzen

Degler-Spengler zieht auch die verbreitete Auffassung in Zweifel, wonach sich das Generalkapitel nach Hardings Tod von der Gründung eines Frauenkonventes losgesagt habe und mit eben jenem Statut von 1134 die Entstehung weiterer Frauenklöster verhindern wollte. Nach ihrer Ansicht wurden durch das Statut die Funktionen der Äbte und des Bischofs inbezug auf die Frauenklöster und deren Betreuung nochmals geregelt. Danach konnten die Äbte wohl die Gründer und Betreuer von Frauenkonventen sein, die kirchliche Weihe der Klosterfrauen aber mußte durch den Bischof der Diözese vorgenommen werden, das heißt also, daß die Kompetenzen zwischen Orden und Klerus verbindlich festgelegt worden sind. Solche Klostergründungen im klassischen Sinne der Filiation – eine Äbtissin aus einem Zisterzienserinnenkloster gründet mit einigen Nonnen ein Tochterkloster – und verbunden mit der Weihe durch den Bischof der Diözese sind in Brandenburg an einigen Beispielen belegt: So war Kloster Güldenstern in Mühlberg eine Tochtergründung der Torgauer Zisterzienserinnen und Heiligengrabe eine Filiation von Neuendorf, manches spricht auch dafür, daß die späteren Gründungen Tochterklöster der frühen Frauenzisterzen in Brandenburg gewesen sind, beispielsweise Zehdenick als Tochterkloster von Lindow.

Andererseits bestand zwischen der starren Ordensregel der Filiation und den Machtbefugnissen der Bischöfe bei der Neugründung von Frauenklöster wohl ein gewisser Spielraum, der sich aus den Erfordernissen der religiösen Gemeinschaften vor Ort ergab – denn Brandenburg war östlicher Vorposten der Zisterzienser und Citeaux sehr weit entfernt. So gründeten sich auch Zisterzen, über deren Herkunft heute noch Ungewißheit herrscht, die vielleicht wie das uckermärkische Marienwerder bei Seehausen eine Filiation der Prämonstratenser waren, die aber die benediktinischen Ordensregeln angenommen haben.

Das Generalkapitel der Äbtissinnen in Tart

Zum Ende des 12. Jahrhunderts wurden aufgrund einer Urkunde des Abtes Guido II. von Citeaux für das Nonnenkloster in Tart alle Ordensregeln verbindlich bestätigt: Die Wahl und der Einsatz der Äbtissin hatte durch den Abt von Citeaux zu erfolgen, der auch dem Kloster gegenüber die Visitationspflicht hatte. In der Zwischenzeit waren von Tart achtzehn Tochtergründungen ausgegangen, die ebenfalls der »cura et ordinatio« von Citeaux unterstanden. Die Äbtissinnen dieser Töchterklöster versammelten sich einmal im Jahr – am 29. September, dem St. Michaelstag – zum Generalkapitel in Tart, wobei der Abt von Citeaux den Vorsitz führte.

Außerdem hatte die Äbtissin von Tart die Pflicht zur Visitation ihrer Tochterklöster. Sie übte also parallel zur Funktion des Vaterabtes in der männlichen Filiationslinie die entsprechenden Funktionen einer Mutteräbtissin gegenüber der weiblichen Filiationslinie des Mutterklosters aus. Diese Kompetenzen der Mutteräbtissin sind in einem Kapitelstatut von 1228 niedergelegt. Dort wird andererseits eindeutig auf ihre Sekundärposition gegenüber dem Paternitätsprinzip und ihre Unterordnung gegenüber dem Abt von Citeaux hingewiesen. Zu den Einschränkungen ihrer Machtbefugnis gehörte auch die Tatsache, daß Weisungen und Anordnungen der visitierenden Mutteräbtissin nie in einer schriftlichen Form erfolgt sind und somit wichtige Zeugnisse über die Tätigkeit der Mutteräbtissin heute fehlen. Anders verhielt es sich mit dem Verlauf des Generalkapitels der Nonnenkonvente; diese wurden protokolliert und schriftliche Zeugnisse sind aus der Zeit von 1268 bis zum Beginn des 14. Jahrhunderts vorhanden. Sie behandeln zumeist die Regelungen des klösterlichen Zusammenlebens, wie Speisevorschriften, Kleidertracht usw.

Das Modell von Tart stand mit der Funktion als Mutterkloster, dem Generalkapitel und der Visitation durch den Abt von Citeaux als Frauenzisterze direkt im Verbund des Ordens.

Neben den Frauenklöstern in der Filiation von Tart, die der Aufsicht von Citeaux unterstanden, gab es im 12. Jahrhundert in Frankreich einen weiteren Zweig von Zisterzienserinnen, die ebenfalls unter der Leitung der Äbte von Citeaux standen. Diese waren in der Organisationsform weniger zentralistisch; es gab bei ihnen kein Generalkapitel der Äbtissinnen, wohl aber die Visitation der Klöster durch die Mutteräbtissin. Es gab also schon in der Frühzeit der Frauenzisterzen und innerhalb des französischen Kerngebietes unterschiedliche Existenzformen der Konvente und eine differenzierte formale Haltung zum Orden und zum Generalkapitel.

Die Inkorporationsfrage

Generell standen die Zisterzienser – wie die meisten anderen Orden auch – dem Andrang von religiösen Frauen und der Gründung von selbständigen Frauenkonventen eher ablehnend gegenüber. Vor allem befürchtete man nach dem Ausschluß der Frauengemeinschaften aus dem Orden der Prämonstratenser einen starken Zulauf in den eigenen Reihen. Zu dieser Zuflucht bei den Zisterziensern kam es in der Tat, vor allem aber aufgrund der strengen Reformen und der Rückkehr der Zisterzienser zu den ursprünglichen Ordensregeln der Einfachheit, die mit den Vorstellungen vieler reformreligiöser Frauengruppen übereinstimmten und eine Nähe der Bestrebungen erkennen ließen. Der 1098 im Kloster Citeaux bei Dijon gegründete Orden der Zisterzienser hatte mit Tart (1132) und Coirux (1142) bereits in der ersten Hälfte des 12. Jahrhunderts Frauenklöster gegründet, zog sich jedoch knapp einhundert Jahre später aus der Verantwortung für die weiblichen Ordensmitglieder zurück. Ein Erlaß von 1228 verbot allen Ordensangehörigen, Frauenklöster in den Orden aufzunehmen oder zu betreuen. So übernahmen etliche Nonnenklöster die Lebensweise der Zisterzienser ohne dem Orden anzugehören. Durch die Mitwirkung der Bischöfe, die Unterstützung des Papstes und auf Betreiben einflußreicher Adelsfamilien wurde im Verlauf des 13. Jahrhunderts eine beträchtliche Anzahl neuer Frauenklöster gegründet und mit Schenkungen der feudalen Landesherren ausgesprochen reich versehen. Um 1250 existierten insgesamt etwa 900 Frauenklöster der Zisterzienser, davon 220 in Deutschland – während es im 12. Jahrhundert lediglich 15 Klöster waren. Dieses sprunghafte Anwachsen auf über einhundert Prozent ist ein Gradmesser für die innere Verbundenheit der religiösen Frauenbewegung des Mittelalters mit der Rückkehr zum Ursprung, mit der bewußten Hinwendung zu Armut und Einfachheit und der Entwicklung des religiösen Bewußtseins aus einer den meisten Frauen vertrauten Lebensrealität.

Indes stand der Orden der Inkorporation der Nonnenklöster immer noch ablehnend gegenüber und es gab in der ersten Hälfte des 13. Jahrhunderts verschiedene Statuten und Erlasse des Generalkapitels, welche die Rechte und die Größe der »außerhalb« des Ordens in hoher Zahl entstehenden Frauenkonvente zu beschneiden versuchten. Im Erlaß von 1219 wurde den Nonnen jede Form des Besitzes verboten. Nach Vorschrift durfte die Äbtissin nur in Begleitung des Vaterabtes das Kloster verlassen und der Konvent durfte die vom Vaterabt festgelegte Höchstzahl der Konventualinnen nicht überschreiben. 1220 kam vom Generalkapitel ein regelrechtes Verbot der Inkorporation von weiteren Frauenklöstern in den Orden. Zwei Jahre später schrieb man einen Brief an den Papst, der die Bindung der religiösen Frauen an die Orden ausdrücklich förderte, mit dem dringenden Ersuchen, die männlichen Konversen – Laienbrüder, welche die Klostergüter und Grangien leiteten – aus den Frauenkonventen zu entfernen und den Zisterzen damit die Unterstützung ihrer »weltlichen Geschäfte« zu entziehen. 1225 schließlich forderte das Generalkapitel die Absetzung derjenigen Äbtissinnen, die ihren Konvent nicht klein hielten und der Aufnahme weiterer Novizinnen und Nonnen zustimmten. Die Krönung der restriktiven Maßnahmen gegen die in den zisterziensischen Orden drängende religiösen Frauenbewegung des Mittelalters war der Kapitelerlaß von 1228, der ein regelrechtes Verbot für den Bau von Nonnenklöstern im Namen des Ordens ausgesprochen hat und auch die festgelegte seelsorgerische Betreuung der Frauenkonvente durch den Orden ablehnte.

Zuwiderhandlungen durch Zisterzienseräbte oder -mönche, die ihrer Gesinnung folgend die Frauenzisterzen unterstützten, wurden durch Bestrafungen von Seiten des Ordens geahndet. So drohte einem Abt, der ein neu gegründetes Zisterzienserinnenkloster visitierte, unter Umständen die Amtsenthebung.

Andererseits gab es aber gewisse Erlasse, in denen die Bedingungen für die Frauenkonvente formuliert wurden, so daß von einer absolut ablehnenden Haltung des Generalkapitels gegenüber den Frauenkonventen auch nicht gesprochen werden kann. Diese Inkorporationsbedingungen kreisten um die Gewährleistung der strengen Klausur und um die Eigenwirtschaftlichkeit der Frauenkonvente. Insgesamt spiegelt das Für und Wider um die Aufnahme der Frauenkonvente wohl doch die Handlungsunfähigkeit des Ordens angesichts der religiösen Massenbewegung der Frauen, die ihren Aufbruch und Höhepunkt in den 20er und 30er Jahren des 13. Jahrhunderts hatte. Franz Winter zitiert in seiner zweibändigen Publikation »Die Zisterzienser des nordöstlichen Deutschland« einen Bericht von Kardinal Jacob von

Vitry, der die religiöse Begeisterung jener Zeit mit folgenden Worten schildert: »Es wurden Frauenkonvente gegründet, heilige Räume gebaut, es füllten sich die Klöster, es strömten Jungfrauen zusammen, es eilten Witwen herbei und verheiratete Frauen, die mit Einwilligung ihrer Männer die Ehe in eine geistliche verwandelten. Aus anderen Klöstern kamen Nonnen, änderten ihre Tracht ... Edle und in der Welt vielvermögende Frauen verließen ihr irdisches Erbe ... Jungfrauen von edlem Geschlecht wiesen angetragene Ehebündnisse zurück, verließen ihre vornehmen Eltern und alle Genüsse der Welt. Und nicht bloß im Abendland findet dieser Zudrang statt, sondern auch in den Provinzen des Morgenlandes, in Constantinopel, in Cypern, in Antiochien, in Tripolis und Accon: überall entstehen Nonnenklöster des Zisterzienserordens.« [4]

Auf Anweisung des Papstes wurde die »Inkorporationsfrage« schließlich von oben gelöst und die Orden zur Anerkennung der Frauenklöster gezwungen . Ihnen oblag die geistliche und weltliche Verantwortung für die Klöster und sie haben sich dieser Aufgabe nach Klärung der juristischen Gestaltung und der Regeln des Vorgehens offenbar intensiv gewidmet, denn nicht nur bei den Zisterziensern gab es eine Vielzahl von Neugründungen. Auch die Dominikaner verzeichneten zum ausgehenden 13. Jahrhundert mehr als 80 Frauenklöster und die Franziskaner etwa 40 Klarissenklöster. Mit der Inkorporation in die großen Orden hatten die Klöster ihre Selbständigkeit gegenüber dem örtlichen Klerus erreicht. Zwar waren sie durch Kontrollen und die Seelsorge von Seiten der Ordensmänner einer gewissen Bevormundung ausgesetzt, aber andererseits genossen sie auch den Schutz der großen Orden. Gerade letzteres war angesichts der zunehmenden Verfolgung der weiblichen Laienbewegung, zumal der Beginen in den anwachsenden Städten, und den immer lauter werdenden Anschuldigungen der Ketzerei ein nicht zu unterschätzendes kirchenpolitisches Kalkül. Manche der freilebenden Beginen oder Mystikerinnen entgingen der Verfolgung nur durch den Eintritt in ein Kloster, so Mechthild von Magdeburg (ca. 1210–1290), die zwanzig Jahre in Magdeburg als Begine wirkte und ein mehrbändiges Werk ihrer Visionen verfaßte und im Alter von 60 Jahren im Zisterzienserkloster Helfta Zuflucht fand. Andere Beginen, wie Marguerite Porète (ca. 1250–1310), Verfasserin des Buches »Der Spiegel der einfachen Seelen« wurden durch die Inquisition zum Tode verurteilt und verbrannt.

Im Jahre 1135 wurde in Wechterswinkel in Unterfranken das erste Kloster der Zisterzienserinnen in Deutschland gegründet. Mit dessen Tochtergründung Ichtershausen entstand 1147 das bedeutendste Zisterzienserinnenklostert in Thüringen; das wiederum mit Neugründungen u.a. in Bamberg im Jahre 1157 aktiv wurde. Von Bamberg aus verzweigte sich die Filiation dann 1203 bis nach Schlesien zum Kloster Trebnitz. Die Frauenklöster hatten ihre eigene, von den Männerklöstern unabhängige Filiationsreihe.

Hildegard von Bingen – Ordensfrau, Philosophin, Naturwissenschaftlerin

Mit den Frauenklöstern überlieferten sich auch die Namen ihrer Äbtissinnen und die von ihnen vollbrachten oder initiierten Werke , ja das Kloster selbst bot für Frauen im Mittelalter erst die Voraussetzung für verschiedene Formen der literarischen, spirituellen, künstlerischen, medizinischen oder wissenschaftlichen und natürlich den pädagogischen Tätigkeiten. Das herausragende Beispiel ist Hildegard von Bingen, Äbtissin des 1150 von ihr gegründeten Benediktinerinnenklosters auf dem Rupertsberg bei Bingen, denn es zeigt die geistigen Leistungen, die den Frauen unter dem Schutz des Klosters möglich waren, und die durchaus in den Bereich des Weltlichen hineingriffen, in ihrer ganzen Breite. Hildegard war Mystikerin, Philosophin, Dichterin, Komponistin und wird heute als erste deutsche Naturwissenschaftlerin und Ärztin gefeiert. Sie war eine universale Begabung, die Intuition, Vision und Betrachtung und Zusammenschau sowie die angemessene sprachliche Formulierung desselben hervorragend vereinte.

Hildegard wurde 1098 als zehntes Kind des Edelfreien Hildebert von Vermersheim und seiner Gattin Mechthild von Berxheim im rheinhessischen Bermersheim geboren. Im Alter von acht Jahren kam sie zur Meisterin Jutta von Sponheim. Gräfin von Sponheim unterhielt eine Klausur auf dem Disibodenberg neben dem Benediktinerkloster und unterrichtete Hildegard im Lesen und Schreiben, in Gesang, Latein, Handarbeit sowie in den Ordensregeln des heiligen Benedikt. Der Benediktinermönch Volmar aus dem Kloster Disidodenberg wurde ihr Lehrer und seit den vierziger Jahren auch der erste Sekretär ihrer Schriften. Im Jahre 1136 starb Jutta von Sponheim und Hildegard trat ihre Nachfolge an. 1142 begann sie mit der Niederschrift ihrer Visionen und erregte im Konvent und bei weltlichen Herrschern großes Aufsehen. Als Papst Eugen III. im Jahr 1148 in Trier eine Kirchenversammlung abhielt, wurde ihm Hildegards erstes großes Werk »Scivias« (Wisse die Wege) vorgelegt und der Papst selbst las daraus vor und erteilte Hildegard die Erlaubnis, ihre Visionen zu veröffentlichen. Sie hatte damit gewissermaßen den Freibrief für ihr selbständiges geistiges Wirken erhalten und beschloß gegen den Willen des Benediktinerklosters, das eine solche Berühmtheit gern in seiner Nähe behalten hätte, die Gründung eines eigenen Nonnenklosters des Benediktinerordens, welches sie zusammen mit 20 ihrer Anhängerinnen auf dem Rupertsberg bei Bingen im Jahre 1150 bezog, zunächst unter ärmlichsten Bedingungen, da die Benediktiner ihr nicht nur die Unterstützung versagten, sondern auch die Zahlungen und Landgaben für die mitziehenden Nonnen für sich einbehielten.

Mit Energie und Tatkraft bewältigte sie die Mühen als Baumeisterin, Finanzier und Organisatorin des neuen Klosters und widmete sich von 1150–1158 der Niederschrift ihres medizinischen und naturwissenschaftlichen Werkes, das den Titel trug »Buch von den Besonderheiten der verschiedenen Geschöpfesnaturen«. Nach ihrem Tode wurden die naturwissenschaftliche und die medizinischen Abhandlungen getrennt publiziert und erschienen als folgende Einzelwerke: »Physica« (Naturkunde) und »Causae et Curae« (Ursachen und Heilmittel). Das Original der Niederschrift befindet sich vermutlich in der Handschriftenabteilung des Vatikan; Abschriften der »Physica« sind im Besitz der Herzog-August-Bibliothek in Wolfenbüttel und in der Nationalbibliothek Paris. Das Buch über »Ursachen und Behandlung von Krankheiten« galt jahrhundertelang als verschollen bis in der Königlichen Bibliothek in Kopenhagen eine Abschrift entdeckt wurde.

Das 12. Jahrhundert war eine bewegte Zeit; die Ostkirche hatte sich von der Westkirche emanzipiert und die Christen aus Europa unternahmen ihre Kreuzzüge nach Jerusalem, um das gelobte Land von der Herrschaft der Mohammedaner zu befreien. Das kriegerische Unternehmen scheiterte, die Kreuzfahrer wurden vernichtend geschlagen. König Konrad verlor seinen Sohn und kehrte mit Blessuren am eigenen Leibe aus den Kreuzzügen zurück. Bei Hildegard Trost suchend, empfiehlt die Ordensfrau den Verzicht auf kriegerische Auseinandersetzungen und Gewalt bei der Verbreitung des Christentums. Sollte dieses doch der Fall sein, so weissagt sie den Verlust der weltlichen und geistlichen Macht. Auch Kaiser Barbarossa suchte den Rat der »Prophetissa teutonica« und Hildegard verwies auf die Probleme zwischen Papst und Kaiserhaus, die später den Investiturstreit und den Kirchenbann Barbarossas zur Folge hatten. Hildegard griff in das öffentliche Leben ein, wann immer es möglich war. Trotz häufiger Krankheiten reiste sie durch die Lande und predigte vor Klerus und Volk. In Mahnbriefen prangerte sie die Hohlheit des Klerus in überdeutlichen Worten an, geißelte Prunksucht, Geiz und Dummheit. Auch zu den vier Päpsten, mit denen sie in regem brieflichem Kontakt stand, äußerte sich Hildegard sehr freimütig in ihrer bildhaften Sprache. So ermahnte sie Anasthasias IV. mit folgenden Worten zur Gerechtigkeit: »Du, oh Mensch, der du auf dem Throne sitzest, bist ein Gottesverächter, wenn du das Böse umfängst und nicht von dir schleuderst, es vielmehr liebkost, indem du es bei verdorbenen Menschen stillschweigend duldest … Weshalb schneidest du des Wurzels Übel nicht ab, das die guten Gewächse erstickt. ...Oh Rom! Es ist, als lägest du in den letzten Zügen. Die Kraft deiner Füße, auf denen du gestanden, schwindet dahin, weil du die Königstochter, die Gerechtigkeit, nicht mit glühender Liebe liebst.« Jedoch nicht die Päpste oder Könige haben ihr die Belehrungen verübelt, sondern die eigene Kirchenleitung suchte noch im hohen Alter Ränke gegen die unbeugsame Ordensfrau zu schmieden. Als achtzigjährige Äbtissin wurde sie mit dem Verbot aller kirchlichen Amtshandlungen konfrontiert und stand vor den zugemauerten Türen ihrer eigenen Klosterkirche. Hildegard wehrte sich und drohte der Kirchenleitung: »Das härteste Gericht wird über die Prälaten ergehen, wenn sie nicht ihr Amt mit Sorgfalt führen.« Auf Intervention des Papstes wurde Hildegard rehabilitiert. Ihr Wirken in der Öffentlichkeit konzentrierte sich auf die drei Predigerreisen, die sie zu Beginn der 60er Jahre nach Mainz, Würzburg, Bamberg (erste Reise), Trier (zweite Reise), Andernach, Siegburg, Köln (dritte Reise) und weiteren Orten unternahm.

Im »Buch der Lebensverdienste« (1158–1163) ordnete sie ihre Erfahrungen zu einer Lebenskunde und spiegelte in 35 Antagonismen die ethischen Grundsätze von Gut und Böse, Tugend und Laster.

Mit »Welt und Mensch« folgten zehn Visionen über die Konstellation von Kosmos, Mensch und Gott - ein Werk, in welches die lebendige Schönheit der rheinischen Landschaft eingeflossen ist und das doch den großen Zusammenhängen im Rhythmus von Natur und Leben, Universum und tätigem Sein gewidmet ist. Es gilt als das Hildegards Hauptwerk.

Neben Naturwissenschaft, Medizin, Ethik, Theologie und Philosophie hat Hildegard sich auch den schönen Künsten gewidmet; sie dichtete und komponierte 77 Lieder, versah ihre Schriften entweder selbst mit Buchmalereien oder ließ solche nach ihren Vorgaben, wobei sie im übrigen auch eine eigene Farbenlehre entwickelte, anfertigen. Der Rupertsberger Codex enthält einige Illuminationen aus der Werkstatt oder vielleicht auch von der Hand Hildegards, die den dichten und reichen Ornamentalstil der Schöpferin nacherlebbar machen. Ordnung und Fülle wären als seine auffälligsten Kriterien zu nennen; Ordnung als klare Entscheidung zu einer geometrisch-symbolischen Grundform, welche die Illustration dominiert und konsequent, den Bildrahmen überschneidend eingesetzt wird – sei es als Mandalaform oder als Kreis. Fülle meint die Dichtheit der Kleinstrukturen, der Ornamente, Sterne, Blüten, der verschiedenen religiösen Insignien sowie deren Gruppierung – oft um eine Mitte. Mit derart konzentrischen Kompositionen wird das Universum verbildlicht und auf den Ewigkeitscharakter und die Wiederkehr verwiesen. Die jüngste Wiederentdeckung sind die Kompositionen, die inzwischen nachgespielt und gesungen auf verschiedenen CDs im Handel sind. Es handelt sich um liturgische Gesänge, die Hildegard für ihre Nonnen komponiert hat. Orientiert an gregorianischer

Kirchenmusik sprengen die Kompositionen in Tonumfang, Intervall und melodischem Verlauf den Rahmen der Kirchenmusik des 12. Jahrhunderts. Der lateinische Text dieser »Symphonie der Harmonie der Himmlischen Offenbarungen« bezeugt die leidenschaftliche Hingabe seiner Schöpferin an die Schaffung einer seelischen Harmonie zwischen Himmel und Erde, dem Göttlichen und dem Menschlichen.

Es drängt sich die Frage auf, wie Hildegard von Bingen ihr grandioses Werk vollbringen konnte, lebte sie doch keineswegs abgeschieden einer vita contemplativa hingegeben, sondern der Tagespolitik und den Kirchenfragen gegenüber aufgeschlossen und beratend sowie dem Aufbau und der Leitung zweier Klöster verpflichtet.

Hildegard wählte sich aus den ihr nahestehenden Nonnen und Mönchen Sekretäre und Sekretärinnen aus, denen sie ihre Visionen diktierte und denen sie unbedingtes Vertrauen entgegenbrachte. An einer hing ihr Herz besonders: Richardis von Stade, eine hochbegabte Nonne, die für die Abschriften der Lehren von Hildegard zuständig war, jedoch als Äbtissin an das Benediktinerinnenstift zu Bassum, südlich von Bremen, berufen wurde und diesem Ruf auch folgte. Ihre erste Lehrerin war Jutta von Spontheim gewesen. Durch den Benediktiner-Mönch Volmar wurde sie weiter unterrichtet und fand in ihm einen Vertrauten, dem sie ihre Anschauungen zur Niederschrift diktierte. Bis 1173 – dem Todesjahr des Freundes – währte die Zusammenarbeit mit Propst Volmar. Danach waren Abt Ludwig aus Trier und ihr Neffe Propst Wenzelin aus Köln ihre Mitstreiter und ab 1974 stand ihr der Propst Gottfried als Sekretär zur Seite; der noch zu Lebzeiten Hildegards die Biographie der von ihm verehrten Ordensfrau niederschrieb. Die letzten beiden Lebensjahre konnte sie sich auf die getreue Hilfe des Wibert von Gembloux stützen.

Aus den Schriften der Hildegard von Bingen

Die von Hildegard auf dem Rupertsberge verfaßten Schriften haben ihren Weg in deutsche, niederländische und französische Klöster genommen. Ihr Geistesgut kann in seiner Einheit von Theologie, Naturkunde und Medizin als ein Gradmesser der theologischen Inhalte und des Wissensstandes sowie der geistigen Verfassung der Nonnenklöster im ausgehenden 12. Jahrhundert gelten. Zwar ist das Werk von Hildegard in seinem Universalismus von keiner der ihr nachfolgenden Ordensfrauen oder Mystikerinnen auch nur annähernd erreicht worden, doch hatte sie eine Norm, ein Ideal des Möglichen an Wissen aufgezeigt und damit eine Grundlage der geistigen Weltsicht der Frauenorden des hohen Mittelalters geschaffen.

In allem sieht Hildegard den kosmischen Zusammenhang, so beginnt sie das Buch über Ursachen und Behandlung – eines in der Medizin und Naturheilkunde gerade heute wieder stark beachteten Werkes – mit Erläuterungen zur

Materie, zu den Elementen (Feuer, Wasser, Erde, Luft) und dem Firmament, zu Sonne und Mond, Regen und Wind, zu den fünf Planeten und den zwölf Sternbildern sowie zu den verschiedenen Erscheinungsformen, Eigenschaften und Wirkungen derselben.

Heilkunde

»Die Bewegung der vernünftigen Seele und das Werk des Körpers mit seinen fünf Sinnen, welche den ganzen Menschen ausmachen, haben ein gleiches Maß: weil die Seele den Körper nicht mehr bewegt, als jener leisten kann, noch der Körper mehr verwirklicht, als er durch die Seele angeregt wird, noch die Sinne sich aus diesem Funktionskreis trennen können. Auf diese Weise halten sie in hoher Kraft zusammen, sie erleuchten oben wie unten den ganzen Menschen zu jedwedem Werk.« [5]

Wisse die Wege

»Die Finsternisse der Nacht steigen nicht mehr herauf. Es ist unversieglicher Tag. Ohne Gebrechen zeigt sich die Erde. Aufgehört hat die Unruhe des Kreisens von Sonne, Mond und Sternen. Das nächtliche Dunkel vertrieben, keine Finsternis steigt mehr herauf. Umgestaltung der Zeiten. Nicht mehr bedarf es des vom Menschen entzündeten Lichts. Kein Dunkel zum Gefolge. Tag ohne Wandel.« [6]

Der Mensch in der Verantwortung

»Der Weltenball wird von Feuer, Wind und Luft in Bewegung gehalten, und jedwede Kreatur ist in ihm geborgen. Der Himmel mit all seiner Pracht nimmt den oberen Teil dieses Weltalls ein. Wo aber wäre der Mensch, der je mit einem Blick hinaufzudringen vermöchte in solche Höhen?

Der Erde weites Rund steht mit den ringsum strömenden Wassern und allem, was oberhalb der Abgründe flutet, gleichsam inmitten der Weltkugel. Auch das vermag kein Mensch jemals zu erfassen. Der Abgrund endlich liegt mit all seinem Wunderbaren gleichsam auf dem Grunde dieses Universums. Und wo wäre der Mensch, der je auf diesen Grund gelangen könnte?

Niemand kann dies als Gott allein, der ihn gegründet hat. Der Mensch aber lebt auf diesem Erdball und ist von seinem Kreislauf umschlossen. Daher kann kein Mensch mit seiner Fassungskraft über diese Grenze vordringen.« [7]

Welt und Mensch

»Der achte Monat kommt in voller Kraft herauf, einem mächtigen Fürsten gleich, der sein ganzes Reich in der Fülle seiner Macht beherrscht. Daher strahlt die Freude aus ihm ...

Die Eigenschaften dieses Monats zeigen sich in den Händen des Menschen, die jedes Werk verrichten und die Macht des ganzen Leibes in sich vereinigen und speichern. Ob dieser Hände Werk erwirbt der Mensch sich oftmals Ruhm. Mit Wissen begabt, kann der Mensch Gefährliches und Nutzloses ausschalten, das Gute und Brauchbare aber behalten, wie die Hände ihre löblichen Verrichtungen kraftvoll und rechtschaffen vollenden, einem Künstler gleich, der aus seiner künstlerischen Begabung heraus alle Teile seines Hauses so aufrichtet, daß er in ihnen sein ganzes Wesen weise zum Ausdruck bringt.«

»Mitten im Weltenbau steht der Mensch. Denn er ist bedeutender als alle übrigen Geschöpfe, die doch abhängig von jener Weltstruktur bleiben. An Statur ist dieser Mensch zwar klein, an Kräften des seelischen Vermögens jedoch gewaltig. Sein Haupt nach aufwärts gerichtet, die Füße auf festem Grund, vermag er sowohl die oberen als die unteren Dinge in Bewegung zu setzen. Was er mit seinen Werken rechter und linker Hand auch bewirkt, das durchdringt jenes All, weil er in der Kraft seines inneren Menschen die Möglichkeit hat, solches ins Werk zu setzen.« [8]

Naturkunde

Der Weizen ist eine Frucht ohne Fehl, aber rechtes Fleisch und Blut schafft er nicht. Ihr solltet mehr Roggen anbauen, Roggenbrot bewirkt Abmagerung, oder Hafer, er verschafft einen heiteren Geist, einen reinen und hellen Verstand. [9]

Brief Hildegards an Bernhard von Clairvaux

»Oh, was seid ihr so töricht, die ihr doch nach dem Bilde und Gleichnis Gottes erschaffen seid? Wie könnte so große Herrlichkeit und Ehre, wie sie euch gegeben ist, ohne Prüfung bleiben, als wäre sie nichtig und eitel? Gold muß im Feuer geläutert, kostbare Steine müssen gereinigt und geschliffen, und alle derartigen Dinge müssen nach jeder Richtung hin untersucht werden. Soll also, ihr törichten Menschen, das, was nach dem Ebenbild und Gleichnis Gottes geschaffen ist, bestehen können, ohne sich bewährt zu haben? Mitnichten. Mehr als jedes andere Wesen muß der Mensch geprüft werden.« [10]

Antwortschreiben des Berhard von Clairvaux an Hildegard von Bingen

Für die in Christo geliebte Tochter Hildegard betet Bruder Berhard, genannt Abt von Clairvaux, wenn das Gebet eines Sünders etwas vermag. – Da du von unserer Wenigkeit weit anders zu denken scheinst, als unser Gewissen sich selber einschätzt, so glauben wir dies einzig deiner Demut beimessen zu sollen. Doch habe ich keineswegs übersehen, den Brief deiner Liebe zu erwidern ... Wir freuen uns mit dir über die Gnade Gottes, die in dir ist. Und was uns angeht, so ermahnen und beschwören wir dich, daß du sie als Gnade achtest und ihr mit der ganzen Liebeskraft der Demut und Hingabe entsprichst ... Im übrigen, was sollen wir noch lehren und ermahnen, wo schon eine innere Unterweisung besteht und eine Salbung über alles belehrt? Vielmehr bitten und verlangen wir inständig, daß du unser bei Gott gedenkest und auch derer, die uns in geistlicher Gemeinschaft in Gott verbunden sind.« [11]

Antwortschreiben Hildegards auf den Vorwurf der Standeszugehörigkeit ihrer Nonnen

»Die Untersuchung über die Standesunterschiede steht bei Gott. Er hat acht, daß der geringere Stand sich nicht über den höheren erhebe, wie Satan und der erste Mensch getan, da sie höher fliegen wollten, als sie gestellt waren. Welcher Mensch sammelt seine ganze Herde in einem einzigen Stall, Ochsen, Esel, Schafe, Böcke, ohne daß sie auseinanderlaufen? Darum soll man hier den Unterschied wahren, damit nicht die, die aus verschiedenen Volksschichten kommen, wenn sie zu einer Herde zusammengeschlossen würden, in stolzer Überheblichkeit, beschämt über die Standesunterschiede, auseinandergesprengt werden. Vor allem aber damit, wenn sie sich in gegenseitigem Haß zerfleischen – indem der höhere Stand über den geringeren herfällt und der niedere sich über den höheren stellt –, die Standesehre nicht verletzt werde. Denn es ist gut, daß der Mensch sich eines Berges nicht zu bemächtigen sucht, den er nicht von der Stelle rücken kann, sondern er verharre im Tal und begreife allmählich, was er leisten kann.« [12]

Kannten die Zisterzienserinnen Hildegard?

Mit Hildegard von Bingen waren die Entfaltungsmöglichkeiten von religiösen Frauen im 12. Jahrhundert, die im Schutz des Ordens standen, auf einer sehr hohen Stufe realisiert worden. Die Frage, ob die Persönlichkeit Hildegards Auswirkungen auf die Ordensfrauen der nachfolgenden Zeit, also mithin auch auf die Zisterzienserinnen, ausgeübt hatte, wird in der Literatur meist dadurch ausgeschlossen, daß von einem raschen Vergessen ihrer Person nach ihrem Tode gesprochen wird. Dem steht zumindest die Tatsache gegenüber, daß etwa vierzig Jahre nach ihrem Tod durch den Kustos von St. Peter in Straßburg ihr gesamter Nachlaß archiviert und zum Zwecke der Heiligsprechung an den Vatikan geschickt worden ist, versehen mit folgender Bittschrift: »Wir bitten nun Eure väterliche Heiligkeit kniefällig, daß ihr jenes ausnehmende Licht Hildegard, das bis jetzt geradezu unter dem Scheffel verborgen war, jetzt auf den Leuchter stellen wollet, damit es allen leuchtet, die im Hause Gottes weilen, daß Ihr ihren Namen in das Verzeichnis der Heiligen einreihen möchtet ... Gegeben auf dem Rupertsberg im Jahre des Herrn 1233, am 17. Januar.« Die Heiligsprechung der Hildegard von Bingen ist damals nicht erfolgt, so daß auch von dieser Seite keine zusätzliche Aufmerksamkeit auf ihre

Person gelenkt wurde. Mit Sicherheit werden zumindest bei den strengeren Zisterzienserinnen, die ja im Ganzen den Benediktinern reformerisch und die Prunksucht ablehnend gegenüber gestanden haben, die Werke der Hildegard mit einem gewissen Abstand betrachtet worden sein. Hildegards iluminierte Handschriften waren für die sinnliche Kargheit der Reformorden geradezu Teufelswerk mit prunkenden Farben und bunten Mustern. Andererseits dürften ihre theologischen, naturwissenschaftlichen und kosmologischen Traktate schon eher dem mehr nüchternen Sinn der Zisterzienserinnen entsprochen haben. Wie dem auch sei, ein Vorbild wirkt nicht nur durch Nachahmung weiter, sondern mehr noch durch die lebendige Auseinandersetzung und diese dürfte mit Sicherheit erfolgt sein. Für Kloster Boitzenburg in der Uckermark haben wir beispielsweise schon in Zeiten der Klostergründung den Beitritt eines Konventes von Benediktinerinnen zu verzeichnen, so daß hier die Anschauungen Hildegards auf direktem Wege in die Zisterze eingeflossen sind. Es darf auch nicht vergessen werden, daß es sich bei den Zisterziensern keineswegs um einen Bettelorden gehandelt hat, sondern lediglich um einen Reformorden, der in seinen Konventen auch ein bestimmtes Status- und Besitzdenken zuließ. Der Reichtum einiger Brandenburger Frauenkonvente und die überwiegende Herkunft der Konventualinnen aus dem ortsansässigen Adel haben das Ideal der Armut doch weit an den Rand gedrängt, wie die Grabungsfunde aus Kloster Seehausen sehr eindeutig zeigen.

Vermutlich waren die einfacheren Visionen der Elisabeth von Schönau, Äbtissin des Benediktinerinnenklosters bei Bonn, bis ins 15. Jahrhundert hinein wesentlich populärer und verbreiteter als die Kosmologien der Hildegard. Von den Visionen der Schönauerin sind heute noch mehr als 150 Abschriften vorhanden sowie Übersetzungen des lateinischen Originals ins Frühneuhochdeutsche und weitere europäische Sprachen vorhanden.

Helfta: Zisterzienserinnen und Frauenmystik

Ein Zentrum der Mystikerinnen und Schriftstellerinnen aus dem Orden der Zisterzienser war das Nonnenkloster Helfta in der Nähe von Magdeburg. Helfta wurde 1229 vom Burggrafen Mansfeld und seiner Frau gegründet. Bei der Einweihung von Helfta waren der Erzbischof von Magdeburg und Ruprecht, Bischof Volradt von Halberstadt zugegen, was dem Kloster in der Region Bedeutung verlieh. Nach dem Tode des Grafen verlegte die Gräfin von Mansfeld das Kloster nach Rodersdorf – heute Roßdorf – bei Halberstadt, eine von den natürlichen Voraussetzungen her wenig günstige Wahl, denn 24 Jahre später wurde das Kloster wegen der versiegenden Brunnen abermals verlegt und zwar in die Nähe von Eisleben. Im Krieg zwischen den Herzögen von Braunschweig und den Grafen von Mansfeld wurde das Kloster 1342 zerstört und im Jahre 1346 schließlich zum vierten Male wieder aufgebaut, in einem Vorort von Eisleben. Trotz der wechselvollen Geschichte wurde Helfta eines der bekanntesten Nonnenklöster der Zisterzienser und durch das Wirken der Mechthilden von Magdeburg und Hackeborn und Gertrude der Großen ein Glanzpunkt der Mystik und Frauenbildung im Mittelalter.

Die Biographien der Frauen sind ungewöhnlich: Mit 19 Jahren wurde Gertrud von Hackeborn, aus einer begüterten und mit den Hohenstaufern verschwägerten Adelsfamilie Sachsen-Anhalts stammend, Äbtissin von Helfta und leitete vierzig Jahre lang bis 1291 das Kloster. Ihre jüngere Schwester Mechthild besuchte als Siebenjährige zusammen mit der Mutter das Kloster und entschied sich trotz ihrer frühen Kindheit spontan für diesen Ort. Sie besuchte die Klosterschule, die unter der Leitung der Dominikaner von Halle ein hohes Niveau hatte, und trat später in den Zisterzienserorden ein. Aufgrund ihrer außergewöhnlichen Stimme und ihrer Musikalität wurde sie Vorsängerin im liturgischen Chorgesang und da sie sich auch in den Schriften und anderen Künsten hervorhob, wurde ihr die Leitung der Klosterschule übertragen. So wurde Mechthild von Hackeborn ab 1261 die Lehrerin der fünfjährigen Gertrud von Helfta, später Gertrud die Große. 1270 flüchtet Mechthild von Magdeburg, die aufgrund ihrer sechs Schriften des »Fließenden Lichtes« immer stärkeren Bedrohungen ausgesetzt war, in die schützenden Mauern von Helfta. Sie verfaßte im Kloster ihr siebentes Buch und legte den Zisterzienserinnen die Aufzeichnungen von Visionen nahe. Für Mechthild von Hackeborn führte diese Begegnung zur mündlichen Äußerung ihrer eigenen Visionen, doch erst nach ihrem tätigen Leben als sie im Alter von 50 Jahren für lange Zeit erkrankt, entstanden die Niederschriften, die vermutlich von Gertrud der Großen später überarbeitet worden sind. Auf jeden Fall gab Sophie von Querfurt, ab 1292 Äbtissin in Helfta, die Anweisung an Gertrud und andere Nonnen, daß die Berichte aufzuschreiben seien. So entstand in einer schwesterlichen Zusammenarbeit das »Buch der besonderen Gnade«, das als Höhepunkt der Mystik der Zisterzienserinnen gilt. Da es im Mittelalter zur Literatur der Gebildeten gehörte und neben der lateinischen Urfassung auch in altdeutschen, englischen und schwedischen Übersetzungen erschienen war, gehörte es mit Sicherheit zum Bestand der Bibliotheken in den Zisterzienserinnenklöster des uns interessierenden brandenburgischen Raumes und es ist darüber hinaus eine wichtige Quelle hinsichtlich der religiösen Vorstellungen und Lebensformen, die in den Nonnenklöstern gepflegt worden sind.

Das »Buch der Gnade« [13] umfaßte sieben Teile, die verschiedene Themen des religiösen Lebens und Erlebens in einer visionären, gleichnishaften Gestaltungsform beinhalten. Der erste Teil hat den Festkreis des Kirchenjahres zum Gegenstand und im Mittelpunkt steht die Jungfrau Maria.

Im zweiten Teil gruppieren sich die Visionen um Mechthild als Braut in ihren Beziehungen zum göttlichen Bräutigam. Teil drei und vier beinhalten Beispiele zur rechten Gottesverehrung, zum Pfad der Tugend und zur mystischen Hingabe; Teil fünf enthält Vorstellungen über das Leben im Jenseits, wobei sie als Seherin auch über das Schicksal der Verstorbenen Auskunft gibt. Der sechste Teil wäre historisch zu nennen, denn er behandelt Leben und Tod ihrer Schwester, der Äbtissin Gertrud. Der siebente und letzte Teil trägt autobiographischen Charakter und ist dem Wirken und dem Sterben Mechthild von Hackeborn selbst gewidmet. Der Zeitraum der Niederschriften umfaßt sieben Jahre, wobei wie gesagt durch Gertrud von Helfta die Ordnung und Zusammenstellung des Materials nach den sieben Themenkreisen vorgenommen worden ist.

Lichtmystik und Mariensymbolik bei Mechthild von Hackeborn

Die Sprache der Mechthild von Hackeborn ist von der Alltagssprache weit entfernt und auch nicht als Kunstsprache zu bezeichnen. Sie selbst – und darin gleicht sie allen Mystikerinnen ihrer Zeit – verstand ihre Sprache als Ausdruck des Göttlichen: »Alles, was in diesem Buche steht, strömt aus meinem göttlichen Herzen und wird in dasselbe zurückfließen.« (II, 43) So enthalten ihre Aufzeichnungen eine engverschlungene Zweiheit von göttlichen Offenbarungen und menschlich-individuellen Spiegelungen und Erlebnissen, deren Grenzen ineinanderfließen, nicht zu trennen sind und auch nicht getrennt werden sollen.

Sie spricht in Bildern und Allegorien, die Symbole sind für das religiöse Weltbild des hohen Mittelalters und die in der Frömmigkeit des Marienglaubens, in dessen Liebe und Hingabe wurzeln.

Eines der häufigsten Symbole ist das Licht: Sie schreibt über ihre »unaussprechliche Freude, als ich das unzugängliche Licht der heiligsten Dreifaltigkeit zum ersten Male sah, in welchem ich wie in einem klaren Spiegel die ewige Liebe erkannte« (I, 26) Licht, Reinheit, Klarheit, Freude spiegeln das Göttliche in einer minimalistischen Ästhetik, welche auf das Durchsichtige und Klare focussiert und jede Pracht, etwa das Leuchten des Rot in den Bildern der Benediktinerin Hildegard, ausschließt. Das göttliche Licht ist ein klares weißes Licht, dessen Strahlen die Verbindung bilden vom Göttlichen zum Menschlichen: »Aus dem Herzen Gottes fließen drei Strahlen in die Herzen der beiden Schreiberinnen«, ist im fünften Teil ihrer Visionen zu lesen.

Die Lichtmystik ist in den eher schmucklosen Kirchenbauten der Zisterzienser ein zentraler symbolischer und ästhetischer Wert und zugleich ein sinnlich erlebbarer Faktor. Die Lichtstrahlen fließen bei den morgentlichen Gebeten durch die hohen Chorfenster direkt in die Herzen der betenden Nonnen, um im Bilde der Mechthild von Hackeborn zu bleiben. Dabei war der Verzicht auf farbiges Glas die Bauvorschrift nach der Ordensregel, so daß das helle und weiße Licht in seiner Reinheit den Kirchenraum erfüllte. Das diaphane Prinzip der gotischen Architektur löste die trennende Kirchenwand auf und schuf Lichträume, die selbst den massiven Backsteinbauten Sakralität und luministische Fülle verliehen. Dabei kam es keineswegs auf die Lichtmenge an, sondern wie Seldmayr betonte: »Nicht Helligkeit suchte man, sondern geheimnisvolle Lichtfülle und Verklärung«. [14] Auch die Rundfenster mit dem gotischen Maßwerk, die zum ikonographischen Programm der Westgiebel an den Klosterkirchen und den Konventsgebäuden gehören, meinen Sonnenrosetten, Gleichnisse für die Unendlichkeit und für die ewige Wiederkehr des göttlichen Lichtes.

In einer sehr bildhaften Allegorie, die das Licht mit dem Göttlichen identifiziert, spricht Mechthild von Hackeborn vom Lichtkleid: »Alle wurden durch den Glanz des Angesichts des Herrn bekleidet wie mit einem Kleide«.

Herz-Jesu-Verehrung bei den Mystikerinnen von Helfta

In der Kunst des frühen Mittelalters wurde Christus als thronender Weltenherrscher in der Mandorla dargestellt, ein Symbol für die Macht der sich seit dem 5. und 6. Jahrhundert in Europa ausbreitenden neuen Weltreligion. Der Typus des thronenden Christus bestimmt auch in der Romanik noch das Christusbild, doch treten zunehmend Kreuzigungsdarstellungen auf und gewinnen an Popularität. Im Zusammenhang mit den Kreuzzügen wurde Christus aus der symbolischen Funktion erlöst; die Gläubigen hatten die Möglichkeit, die Stätten seines Leidens aufzusuchen. Sie brachten Reliquien mit, einige Tropfen vom Blut des Herren, vergossen bei der Geiselung auf dem Berge Golgatha. In der Prignitz entstanden in diesem Zusammenhang die Hostienwunder und die Legenden vom Wunderblut, die den Anlaß für die Gründung der Frauenklöster in Stepenitz, Heiligengrabe und Zehdenick gebildet haben sollen. Neben dem Wunderglauben entfaltete sich aus der Realitätserfahrung des Heiligen eine neue Form des Religiösen, die durch eine persönliche und liebevolle Beziehung zu Christus und zu seinen Leiden charakterisiert ist und die in der Mystik und in der Kunst der Gotik ihren Ausdruck gefunden hat. Der gotische Christus ist der Schmerzensmann mit seinen blutenden Wunden und dem geöffneten Herzen und vor allem in den Klöstern hat die Liebe zum verwundeten Herzen Christi ihren Ausdruck in Gebetstexten und Andachten gefunden. Wie John Moore schreibt, war die Zeit der hochmittelalterlichen Mystik zwischen 1250 und 1350 eine Blütezeit der mittelalterlichen Herz-Jesu-Frömmigkeit und »eines der bedeutendsten Zentren der Herz-Jesu-Verehrung im Mittelalter war ohne Zweifel das Zisterzienserinnenkloster Helfta bei Eisleben. Das Kloster stand unter dem Einfluß seiner dominikanischen Seelsorger aus Halle, und es versammelten sich unter der Leitung der Äbtissin Gertrud von Hackeborn mehrere begnadete Frauen, die die christliche Mystik zu neuen Höhen emporhoben.« [15] Das bereits oben erwähnte Buch »Fließendes Licht der Gottheit« der Mechthild von Magdeburg enthält einige Herz-Jesu-Texte.

Vergleichbar einer durchgängigen Metapher bezieht sich Gertrud die Große in ihrer fünfbändigen Schrift »Legatus« [16] auf das Herz als Zentrum der Liebe, des Leidens und der Zwiesprache von Gott und Mensch. Im ersten Teil fordert Christus den Menschen auf: »Durchwandere die Länge und die Breite meines göttlichen Herzens. Die Länge ist die Ewigkeit meiner Güte, die Breite ist die Liebe und das sehnende Verlangen ... Fordere sie für dich und sie teilt ihr Herz mit dem Herzen Gottes« (I, 19) Die Herzsymbolik ist Ausdruck der Brautmystik, der liebenden Hingabe an das Herz Jesu.

»Es war als sähe sie im Herzen Gottes eine sehr schöne Jungfrau, die einen Ring in der Hand hielt, in dem ein Diamant war, mit dem sie ohne Unterlaß das Herz Gottes berührte.« (II, 17)
In einem visionären Zwiegespräch mit Maria fragt Mechthild: »Was ist der Mund der Seele ?« und erhält zur Antwort: »Der Mund der Seele ist ein für Gott offenes Herz, das in dem Maße seines Verlangens von Gottes Liebe erfüllt wird.« (I, 26)

In einer anderen Vision verbindet sich das Herz-Symbol mit dem kreisenden

Rad, welches mit einem Seil im Herzen Gottes festgemacht ist. Auch das rotierende Motiv , das kreisende Rad, die Rosette, ist in der Architektur der Zisterzienserkirchen verankert.

Die Herz-Jesu-Gebete von Gertrud der Großen sind von so überzeugender Innigkeit, daß sie als religiöse Literatur auch im 20. Jahrhundert ihre Leserinnen und Leser finden, unabhängig von Zeitströmungen und wechselnden Moden.

Gertrud die Große von Helfta

Die 1256 geborene Gertrud kam als fünfjährige Waise in die Obhut des Klosters Helfta und der Mechthild von Hackeborn, die zu dieser Zeit die Klosterschule leitete. Über Namen und Herkunft des Mädchens ist nichts bekannt. In Ihren Schriften deutet sie die Aufnahme in das Klosterleben als Erwählung: »Der Herr hat sie auserwählt, als sie fünf Jahre zählte, hat sie den Stürmen der Welt entrissen und in das Brautgemach des heiligen Ordenslebens verpflanzt.« (Legatus I, 1) In der Klosterschule zeichnete sie sich nicht nur durch Ernsthaftigkeit und großen Lerneifer aus, sondern war ihren Mitschülerinnen und auch den späteren Mitschwestern an Intelligenz weit überlegen. Sie widmete sich dem Studium der sieben freien Künste: Grammatik, Rhetorik, Dialektik, Arithmetik, Geometrie, Astronomie und Musik und erwählte die heilige Katharina zu ihrem Vorbilde, jene hochgelehrte zyprische Königstochter, die nach den Überlieferungen 50 Philosophen widerlegt und zum Christentum bekehrt haben soll und für ihren Glauben den Märtyrertod gestorben ist. In ihren visionären Schriften, die ganz offensichtlich auch stark autobiographisch gefärbte Reflexionen enthalten, heißt es über Gertruds Idealbild seit ihrer Kindheit: »Sie verlangte (in einer Vision) auch etwas von der Herrlichkeit der glorreichen Jungfrau Katharina zu erkennen, welche sie von Kindheit an besonders liebte.« (Legatus IV, 25)

Die Niederschriften ihrer Visionen begann sie im Jahre 1289, im Alter von 43 Jahren. Überliefert sind zwei umfangreiche Werke: Der Legatus divinae pietatis (»Der Gesandte der göttlichen Liebe«) und Exercitia spiritualia (»Geistliche Übungen«). Der Legatus besteht aus fünf Büchern:

Buch II hat Gertrud eigenhändig niedergeschrieben, Buch III bis V hat sie ihren Schreiberinnen diktiert. Gertrud ist während der Arbeit am fünften Buch verstorben, als Sterbedatum wird das Jahr 1302 angenommen. Mitschwestern und Schreiberinnen haben den letzten Teil vervollständigt und der Gesamtausgabe zur Ehrung der Verstorbenen ein einleitendes erstes Buch vorangestellt. Dieses enthält Erinnerungen an Gertrud, an die Ausstrahlung ihrer Persönlichkeit, beschreibt ihr Wesen und ihr Leben und ihre Taten im Kloster zu Helfta. Daraus geht hervor, daß Gertrud das Ideal der Zisterzienser in vollkommener Weise mit Leben erfüllt hat. Sie war hilfsbereit gegen jede Kreatur: Mitschwestern, Brüder, die im Kloster arbeiteten, Ratsuchende an der Klosterpforte, Kranke, Alte, selbst Tiere, die vor der Winterkälte Schutz suchten. Ihre Fürbitte galt allen Hilfsbedürftigen, ihrer eigenen Bedürfnislosigkeit und Demut sowie ihrer Gehorsamkeit.

Trotz der Geborgenheit, die Gertrud in der klösterlichen Gemeinschaft fand, blieb sie doch zeitlebens eine Einsame, die unter ihrer Verlassenheit und ihrer ungewissen Herkunft litt und Zuflucht fand im Gebet. Gottesliebe und Gottessehnsucht bestimmten ihren Weg, sowie eine tiefe Leidensbereitschaft, die in langen und schweren Krankheiten – Gertrud starb an der Pest – immer wieder geprüft und von ihr selbst als Teil der göttlichen Gnadenordnung angenommen worden war. Die Visionen der Exercitia geben – in der Versenkung in das Leiden des gekreuzigten Christus – der Demut und Gehorsamkeit auf ihrem Leidensweg Ausdruck und verliehen ihr den Namen »Gertrud die Große«.

Buchmalerei (Detail) aus dem »Hortus deliciarum« (Garten der Köstlichkeiten) von Herrad zu Hohenburg, um 1200

Die Struktur des Klosters

Das Mindestalter für die Aufnahme in ein Kloster betrug im Regelfalle zehn Jahre. Wie aus den Biographien ersichtlich, kamen einige Mädchen wesentlich früher in die Klosterschule; manchmal aus eigenem Wunsch oder bei einer besonderen Begabung des Kindes oder es wurde von den Eltern als eine religiöse Pflicht angesehen, beispielsweise das Zehntgeborene in ein Kloster zu geben. In der einjährigen Probezeit wurde die Novizin in Lesen, Schreiben und Singen unterrichtet. Dann erfolgte die Profeß, der Eintritt ins Kloster, der verbunden war mit dem Versprechen der Ortsgebundenheit (stabilitas), der Umkehr der Seele (conversio morum) und des Gehorsams (oboedentia). Die geistliche Ausbildung ging im Kloster weiter; sie betraf das Lateinische soweit es für die liturgischen Texte notwendig war, die musische Ausbildung und Unterweisungen in Haus- und Handarbeit. Auch der Unterricht in Rhetorik, Dialektik, Arithmetik, Geometrie und Astronomie gehörte zum geforderten Lehrstoff der Klosterschulen.

An der Spitze der Zisterzienserklöster stand der Propst. Die inneren Angelegenheiten ordnete die Äbtissin mit ihrer Vertreterin, der Priorin.

Aus den Anordnungen, die »Dietrich, von Gottes und des päpstlichen Stuhles Gnaden Bischof von Brandenburg« für die einzelnen Klöster erlassen hat und die immer wieder die Einhaltung von Disziplin und Gehorsam gegenüber der Satzung einfordern – ganz offenbar müssen Gründe dafür vorhanden gewesen sein – lassen sich der innere Ablauf des Klosterlebens, die Kleiderordnung, das Tagesprogramm und weitere Einzelheiten sehr genau rekonstruieren.

An erster Stelle werden die Regeln der strengen Abgeschiedenheit vom weltlichen Leben genannt. Um die Nonnen unter fester Klausur zu halten, wurde auch in den brandenburgischen Klöstern das Zweischlüsselsystem eingeführt. Alle Türen, die für Ein- und Ausgang benutzt wurden, erhielten zwei unterschiedliche Schlösser, von denen das eine nur von innen zu betätigen war und das andere nur von außen. Den Schlüssel für innen erhielt die Äbtissin, der Schlüssel für das Außenschloß wurde dem Propst übergeben. Damit war gewährleistet, daß niemand das Kloster ohne Wissen und Einwilligung der Äbtissin und des

Propstes verlassen oder betreten konnte. Für Besuche von Freunden oder Verwandten außerhalb des Klosters mußten die Nonnen ebenfalls von Äbtissin und Propst die Erlaubnis einholen. Desweiteren war es ihnen untersagt, an das Fenster zu treten und Gespräche mit Personen außerhalb des Konvents zu führen – es sei denn mit ausdrücklicher Erlaubnis.

Für das Leben im Kloster selbst wurden die Regeln der Einfachheit und der Gleichheit aller Klosterinsassen angemahnt. Keine Nonne durfte eine besondere Wohnung oder Verpflegung oder sonstige Vorzüge beanspruchen. Die Mahlzeiten wurden gemeinsam im dafür vorgesehenen Speiseraum, dem Refektorium, eingenommen. Auch die für Chorsingen und Lesen täglich eingesetzten Stunden mußten eingehalten und in der Gemeinschaft verbracht werden.

Der Tagesablauf

Der Tagesablauf begann vor Sonnenaufgang mit einem Glockenschlag, der die Nonnen aus dem gemeinsamen Schlafsaal (Dormitorium) in die Kirche zum Exerzitium der Vigilien rief, die Gebete, Wechselgesänge und den Segen der Äbtissin umfaßten. Im Anschluß an die Vigilien schritt der Konvent zur Lesung in den Kapitelsaal. Diese dauerte bis zur Morgenandacht, der sogenannten Mette, die bei Sonnenaufgang – im Sommer um fünf Uhr, im Winter eine Stunde später – in der Kirche abgehalten wurde. Dann gab es eine Pause für die einfache Morgentoilette und um sechs Uhr folgte die Priem mit anschließender Messe. Danach versammelte sich der Konvent im Kapitelsaal und es wurde ein Kapitel aus den Regeln des heiligen Benedikt gelesen, welches die Äbtissin kommentierte und auslegte. Auf die Kapitelauslegung folgten mit den Worten der Äbtissin »Lasset uns sprechen von unserem Orden« die Ermahnungen zum gottgefälligen Leben und die Anweisungen für die Tagesarbeit. Entsprechend der Benediktsregel folgte auf das Gebet die körperliche Arbeit, die von den Nonnen in den Arbeitsräumen und textilen Werkstätten, in Garten, Küche, Kloster und Kirche geleistet wurde.

Um neun Uhr wurde die Arbeit durch die Terz mit Gebet, Gesang und Lesung in der Klosterkirche unterbrochen. Im Anschluß versammelte sich der Konvent zur Lesung im Freien im Kreuzgang. Zur Mittagszeit wurde um zwölf Uhr erst die Sext gesungen und dann das Mittagsmahl, das wie die Arbeit schweigend vonstatten ging, im Refektorium eingenommen. Der strengen Regel zufolge war es die erste Tagesmahlzeit nach vielen Gebeten und körperlicher Arbeit. Die Äbtissin konnte jedoch einen Imbiß am Vormittag erlauben. Nach den Speisevorschriften war das Fleisch vierfüßiger Tiere nur als Krankenkost erlaubt – ob das in Brandenburg bei den großen Viehbeständen der Klöster und den Küchenfunden aus Seehausen, die den Verzehr von Rind-, Schwein- und Schaffleisch belegen, streng befolgt wurde, darf bezweifelt werden. Brei und Suppen bildeten die Nahrungsgrundlage; Brot, Gemüse, Obst und Fleisch deren Ergänzung. Fisch wird es bei dem Gewässerreichtum der Brandenburger Klöster sicher nicht nur an den Fastentagen gegeben haben. So hatten die wendischen Fischergenossenschaften an die Jungfrauen von Friedland vorgeschriebene Arten und Mengen an Weißfisch und den begehrten Aal als regelmäßige Abgaben zu entrichten und dem Kloster in Jüterbog wurde jährlich eine Tonne Ostseehering geliefert.

Daß in den Brandenburger Klöstern der tägliche Viertelliter Wein – verdünnt mit Wasser – als Getränk gereicht wurde, ist unwahrscheinlich. Zwar hatten auch die Frauenklöster ihren Weinberg – für Boitzenburg, Friedland, Jüterbog und andere ist das urkundlich nachgewiesen –, doch werden die Erträge wohl gerade den Bedarf an Meßwein für das Abendmahl gedeckt haben. Aus den Abrechnungen der Klöster und den großen Posten an Malz geht hervor, daß ein – vermutlich leichtes – Bier getrunken wurde; die Brauerei war Bestandteil des klösterlichen Wirtschaftshofes.

Das Mittagsmahl wurde unter der Aufsicht der Priorin eingenommen und durch eine Lesung geistlich begleitet. In der Regel wurden drei zusätzliche Gedecke für die Verstorbenen aufgelegt und diese wurden zusammen mit den Resten des Mahles an Arme und Bettler verteilt. Die Äbtissin speiste nicht mit dem Konvent zusammen, sondern gemeinsam mit Gästen oder mit zwei Nonnen in ihren eigenen Räumen. Nach Tisch zogen die Nonnen paarweise zum Dankgebet in die Kirche. Auf die Mittagsruhe folgte die nächste Hore, Non genannt. Danach wurde ein Getränk gereicht und die Zeit bis zur Vesper, einem Gottesdienst im Kreuzgang, war mit Arbeit ausgefüllt. Die Abendmahlzeit, Cena genannt, bestand aus einem kalten Imbiß, dem die Collatio folgte, eine Lesung aus der Lebensgeschichte der Heiligen. Der Complet beendete als letzter Gottesdienst das Tagewerk, an ihm nahmen alle zum Kloster gehörenden Personen teil, die Nonnen, die Novizen, die Hilfsschwestern und die Konversen. Beim Verlassen der Kirche wurde jede Nonne von der Äbtissin mit Weihwasser besprengt und ging einzeln in den Schlafsaal.

Ämter und Aufgaben

So wie der Tagesablauf sein festes Reglement hatte, waren auch die innere Struktur und die Klosterämter von den Ordensregeln her festgeschrieben und wurden auch strikt befolgt. Das Kloster wurde von der Äbtissin geleitet; diese sollte ein Mindestalter von 30 Jahren haben, gute theoretische Kenntnisse besitzen und Erfahrung in der Ausübung von Klosterämtern haben. Es gab drei Möglichkeiten, die Äbtissin aus den Reihen des Konvents zu wählen: erstens durch einstimmigen Beschluß des Konvents, zweitens durch die Entscheidung eines Wahlgremiums, bestehend aus abgeordneten Konventualinnen, drittens in sogenannter geheimer Wahl, bei welcher der Name dem Vaterabt mitgeteilt wurde.

Zu den Aufgaben der Äbtissin gehörten die geistliche Formung und Disziplinierung des Konvents, die Besetzung aller weiteren Klosterämter nach ihrer Wahl, die Entscheidung über die Aufnahme von Novizinnen und Konversen sowie die wirtschaftliche Führung des Klosterbetriebes nach innen und nach außen, der Abschluß von Verträgen, das Ausstellen von Urkunden, das Verleihen von Geld usw. Als Zeichen ihrer weitgehenden Machtbefugnis trug sie den Äbtissinnenstab und unterzeichnete mit dem Äbtissinnensiegel. Bei vielen Amtshandlungen war sie jedoch auch an die Zustimmung des Vaterabtes und des Konventes gebunden.

Ihr zur Seite stand die Priorin, die von der Äbtissin ausgewählt und ernannt wurde und deren Stütze und Vertretung in den inneren Angelegenheiten des Klosters war. Der Platz der Äbtissin war im Gottesdienst, bei dem sie das Tedeum anstimmte, im ersten Chorstuhl rechts vom Altar; der Platz der Priorin war im ersten Chorstuhl links vom Altar. Die Priorin wurde durch die Subpriorin vertreten, wenn es sich um einen größeren Konvent handelte. Die Priorin bzw. Subpriorin überwachte das Chorgebet und kontrollierte die Arbeit der Kantorin und der Küsterin. Die Kantorin oder Chormeisterin leitete den Chorgesang der Nonnen und spielte auch die Orgel während des Gottesdienstes. Der Küsterin oblag die Ausgestaltung der Kirche und die Bereitstellung des Kirchengerätes entsprechend den liturgischen Vorschriften des Kirchenjahres. Die Novizenmeisterin betreute die Anwärterinnen während ihrer einjährigen Probezeit. Die Scholastica oder Schulmeisterin leitete die Klosterschule, in der neben den Novizen auch die Mädchen der Umgebung unterrichtet wurden. Die Klosterschulen waren auf dem Lande die einzigen Bildungseinrichtungen. Der Scholastica unterstanden die einzelnen Fachlehrerinnen. Es gab eine Bibliothekarin, die das Archiv und die Klosterbibliothek betreute. Viele Klöster hatten ein Scriptorium, in dem begabte Schreibschwestern Abschriften aus Büchern und Handschriften sowie Buchauszier anfertigten. Weitere Vertrauensposten hatten die Schaffnerin, der die Klosterkasse unterstand, und die Pförtnerin inne.

Ein weiterer Bereich war die Pflege der Kranken und Sterbenden im sogenannten Siechenhaus, das der Siechmeisterin, der Infirmarin, unterstand, ebenso wie die Apotheke, in der Arzneimittel hergestellt worden sind. Die Schneiderei wurde von der Schneidermeisterin (Bestiaria) beaufsichtigt. Dort nähten die Schwestern u.a. auch die Tracht der Nonnen: die bis an den Hals geschlossene Tunika aus weißer Wolle, darüber das Skapulier, ein Überwurf aus schwarzem Tuch, das mit einem weißen Gürtel gehalten wurde. Die Kopftracht bestand aus einer einfachen Haube, darüber ein Schleier – bei den Nonnen in Schwarz, bei den Novizinnen in Weiß. Schließlich gab es eine Keller- und Speisemeisterin (Cellaria) und eine Gastschwester (Bursaria).

Mägde und weltliche Dienerinnen waren zur Versorgung des Klosters der Regel nach nicht zugelassen, jedoch hat es hier offenbar eine Reihe von

Ausnahmen gegeben, denn die Vorschrift sah immer auch die von der Äbtissin oder vom Propst genehmigten Sonderregelungen vor. Diese galt für die Arbeit weltlicher Jungfrauen innerhalb des Klosters, die für die Zeit ihrer Tätigkeit das graue Obergewand der Nonnen tragen mußten.

Die Klosterschulen wurden von der Schulschwester und der Lehrerin geleitet. Unterrichtet wurden Kinder und jüngere Nonnen, zu den Grundfächern gehörten Lesen, Schreiben und Singen. Auf die Einhaltung der Schulstunden und der Disziplin wurde in den Anordnungen großer Wert gelegt. Ebenso auf die Einhaltung der Kleiderordnung, die das Tragen des grauen oder des schwarzen Obergewandes und den Verzicht auf Zierrat an Kleidung und Schuhwerk vorsah. Verboten waren Spiele, die Verwendung von Larven und Masken, die bekannterweise aus der vorchristlichen, meist slawischen Tradition stammten, sowie das besondere Feiern von Geburtstagen, Osterfesten usw.

Die finanziellen Angelegenheiten regelte der Propst; ihm wurden die Einnahmen des gesamten Klosters sowie diejenigen der einzelnen Nonnen übereignet. Bei Versäumnissen konnten die Gelder an Hand einer Liste eingetrieben werden. Andererseits hatte der Propst das Kloster mit allem zu versorgen, was für den Unterhalt notwendig war. Wer die Klosterregeln gröblich verletzte wurde mit dem Bannspruch belegt.

Grangien und Konversen

Nach der Ordensregel sollte die Versorgung der Klöster ausschließlich durch konsequente Eigenwirtschaft, die zumeist von den Konversen (Laienbrüdern und -schwestern) durchgeführt wurde, sichergestellt werden und das Einziehen von Pacht oder Renten galt als verpönt. An dieses strenge Reglement haben sich die Gründungen der Frauenzisterzen in Brandenburg nicht mehr halten müssen, denn im 13. Jahrhundert hatte sich längst ein differenziertes und profitables Wirtschaftssystem in den Klöstern und ihren Dörfern und Ländereien entwickelt, in welchem die eigenwirtschaftliche Komponente eine immer geringere Rolle spielte. Der ständige Besitzerwerb durch Schenkung und Kauf hatte den Frauenzisterzen ganze Dörfer, Einzelhöfe, Wälder, Fischereigewässer, Äcker, Weiden, Mühlen, Ziegeleien, Brennereien in der näheren und weiteren Umgebung eingebracht und diese wurden durch die zentralisierte Verwaltung und ein geregeltes System von Abgaben in Naturalien, Geld und in Wirtschaftsleistungen, wie Fuhrdienste, äußerst gewinnbringend bewirtschaftet. Die Organisationsform der Landwirtschaft wurde durch ein System von Grangien gewährleistet, ein Begriff, den die Zisterzienser für größere Hofanlagen mit Wirtschaftsgebäuden und landwirtschaftlichen Flächen benutzten. Die Grangien bildeten die Zentren ihrer oft weit vom Kloster entfernt liegenden Besitzungen. Sie waren zugleich auch die Hebestellen für Pachten und andere Zinseinkünfte und als landwirtschaftliche Großbetriebe oder Vorwerke nicht selten Herbergen und Verpflegungsstationen für reisende Ordensleute.

Die Grangien wurden von Konversen bewirtschaftet, unter denen auch bestimmte leitende Funktionen vergeben wurden, aber in aller Regel waren sie arbeitsteilig als Hirten, Schäfer, Melker, Stallknechte, Feldarbeiter, Schmiede, Zimmerleute oder anderweitige Handwerker beschäftigt, und zwar von Tagesanbruch bis Sonnenuntergang, unterbrochen von Gebeten bei bescheidenen Mahlzeiten. Die Konversen beaufsichtigten ihrerseits die Lohnarbeiter. Auch zu weiteren Tätigkeiten, wie Holzfällen, Brandrodung, Trockenlegung nasser Wiesen durch Grabenziehen, Aufforstung und Fuhrdienste waren die Konversen dem Kloster gegenüber verpflichtet.

Seit dem 13. Jahrhundert war die Zahl der beschäftigten Konversen rückläufig und im 14. Jahrhundert nahm das Pacht- und Zinswesen an Bedeutung zu.

Bei den Nonnenklöstern herrschte, da keineswegs alle in den Orden inkorporiert waren und demnach eine engere Bindung an Bischöfe und Landesadel vorhanden war, meist eine Mischform von Grangien-, Pacht- und Zinswirtschaft deutlich stärker vor als in den Männerklöstern. Neben den eigenwirtschaftlichen Grangien gab es ein ausgeprägtes System von Zinsen, Pachten, Zehnten, Pfründen.

Laienschwestern waren als Konversen auch innerhalb des Klausurbereiches für die gröberen Arbeiten in Haus, Küche und Garten sowie bei der Versorgung von Gästen oder Kranken tätig.

Die auf den Grangien oder in den Wirtschaftshöfen des Klosterbereiches tätigen männlichen Konversen trugen die übliche Kleidung, Bart- und Haartracht, die in den Männerklöstern Vorschrift war. Nach einem Probejahr legten sie gegenüber der Äbtissin das Gelöbnis des Gehorsams ab und waren als Konversen des Klosters aufgenommen. Die Laienbrüder wurden auch für qualifiziertere Arbeiten eingesetzt, wie die Anleitung und Überwachung verschiedener Arbeiten im gesamten Besitzbereich des Klosters.

Klostergarten und Mariensymbolik

Die Gärten der Zisterzienser folgten im wesentlichen dem Vorbild des Planes vom Kloster St. Gallen, in dem vier verschiedene Formen unterschieden wurden: der Kreuzgarten, der Wurzgarten, der Gemüsegarten und der Baumgarten. Der Kreuzgarten befand sich im Innenhof des Klosters und wurde von dem – im Idealfall umlaufenden – Kreuzgang begrenzt, dessen Arkaden wiederum zum Kreuzgarten hin offen waren und somit den Übergang von der geformten Natur des Gartens in die konstruierte Gestalt der Architektur sinnfällig machten. Das Geviert des Kreuzgartens selbst wurde durch ein Wegekreuz in vier gleich große Quadrate gegliedert. Diese waren mit Rasen begrünt und in der Mitte befand sich entweder ein immergrüner Wacholder oder ein Brunnen. Im Kreuzgarten hielten sich die Nonnen oder Gäste zur Erbauung und religiösen Versenkung auf. Er bildete das Zentrum, das Herz der Klausur und war ein Ort der Stille und Weltabgeschiedenheit; seine Funktion war rein ideeller Natur.

Für die Bereicherung und Verfeinerung der meist vegetarischen Mahlzeiten war der Küchen- oder Gemüsegarten unentbehrlich. In ihm wurden Kohl, Salat, Mangold, Sellerie, Zwiebel, Lauch, Rettich, Pastinak, Mohn sowie die Gewürze Dill, Knoblauch, Petersilie, Kerbel, Pfeffer, Schwarzkümmel angebaut.

Meist in der Nähe des Siechenhauses befand sich der Wurzgarten (Herbularius) mit den verschiedenen Küchen- und Heilkräutern sowie Blumen. Die Beete waren schachbrettartig angeordnet, eingefaßt und standen leicht erhöht. Aus dem Bestand des Herbularius wurden verschiedene Arzneien gewonnen, die in Form von Tee, Aufgüssen, Umschlägen, Sud – oft vermengt mit Wein – zur Krankenbehandlung eingesetzt wurden. Charakteristisch war das Nebeneinander von Kräutern und Blumen, wobei die Blumen häufig mit einer bestimmten Symbolik verbunden waren. Auf die Mariensymbolik in Verbindung mit Blumen deuten in der Malerei der Gotik die Motive des Paradiesgärtleins und der Madonna im Rosenhag hin. Neben der Rose – vor allem der dornenlosen Pfingstrose – gehörten die Schwertlilie und die Schlüsselblume zu den beliebtesten Mariensymbolen; ebenso die Ringelblume und die Kamille, die beide für die heilende Marienkraft standen und als Heilpflanzen hoch geschätzt wurden. Gänseblümchen und Margarite standen für die am Grab Christi vergossenen Tränen, während der Rittersporn die Marienverehrung des Rittertums symbolisierte.

Als vierte Gartenform sind die Obstgärten genannt. Die Zisterzienser sind für ihre Veredlung und Züchtung von schmackhaften Apfelsorten, wie »Graue Renette« oder »Borsdorfer« bekannt. In den Gärten wuchsen unter anderem verschiedene Sorten von Birnen, Pflaumen, Pfirsichen, Quitten sowie Eßkastanien, Haselnuß und Walnuß. Wenig bekannt dürfte die Tatsache sein, daß im St. Gallener Plan Obstgarten und Friedhof zusammengelegt waren dergestalt, daß sich unter den Obstbäumen die Gräber des Konvents befunden haben.

Aufgrund der engen Bindung der Nonnenklöster an adlige Familien liegt der Gedanke der Familiengrablegung nahe und ist für Güldenstern auch belegt.

Neben den Äbtissinnen und dem Konvent wurden Stifter und Wohltäter im Schutz des Nonnenklosters bestattet.

Laien konnten ein Bittgesuch – verbunden mit Geschenken – an das Kloster richten, um in die Gebete mit eingeschlossen zu werden und damit das Heil ihrer Seele zu gewährleisten. Auch wurden die Namen der Wohltäter in besondere Bücher, die Libri vitae, eingetragen.

Handschriften und Devotionalien

Zu jedem Zisterzienserinnenkloster gehörte eine Bibliothek, deren Bestand sich hauptsächlich aus liturgischen Büchern für den Gottesdienst – Psalter, Meßbücher, Evangeliare, Breviere – zusammensetzte. Da die Nonnen in den kirchlichen Gottesdiensten den Chorgesang ausübten und darin auch ausgebildet wurden, werden Chorbücher und andere Gesangbücher in größerer Zahl vorhanden gewesen sein.

Das wichtigste Buch war die Bibel. Sie gehörte zur täglichen Pflichtlektüre; die vorgeschriebene geistliche Lesung (Lectio divina), die im Kreuzgang stattfand, bildete neben dem Gottesdienst und der Handarbeit eine der drei Grundsäulen des zisterziensischen Klosterlebens.

Desweiteren dürfte auch einiges von den Schriften der zisterziensischen Mystik zum Bestand der Klosterbibliotheken gehört haben sowie Schriften der Kirchenväter und der klassischen Philosophen. Eher weniger werden naturwissenschaftliche Werke, wie sie etwa Hildegard von Bingen verfaßte, zum Bestand der Bibliothek gehört haben, da das Studium und die Pflege der Wissenschaften nicht im Vordergrund der Zisterzienserklöster gestanden haben. Es dürfen aber Aufzeichnungen zur Krankenpflege und zur Heilkunde vermutet werden. Da fast alle Zisterzienserinnenklöster eine Schule für die Töchter aus dem regionalen Adel und dem privilegierten Kaufmanns- und Bürgerstand unterhielten, werden die Frauenklöster gewisse Grundlagenwerke für die Bildung, wie Grammatik, Geometrie, Notenwerke usw. im Bestand ihrer Bibliothek gehabt haben. Über die in den Brandenburger Frauenklöstern vorhandenen Bibliotheken gibt es sehr wenig Material. Die Existenz einer größeren Bibliothek ist für Kloster Heiligengrabe belegt durch ein als Bibliothek bezeichnetes separates Gebäude sowie durch Urkunden. Der alte Bibliotheksbestand ist den Bränden und Plünderungen zum Opfer gefallen.

Aufschlußreich sind auch hier die Funde von Seehausen, unter denen sich eine große Anzahl von Buchrelikten, wie metallene Buchrahmen, bronzene Buchschließen und Buchbeschläge – sogar mit Initialien – befinden.

Die Bücher wurden von Hand abgeschrieben, entweder nach ausgeliehenen Vorlagen oder eine Äbtissin, die in ein neu gegründetes Kloster zog, nahm aus ihrem Mutterkloster eine Grundausstattung der notwendigen Handschriften mit. Da grundsätzlich alle Vervielfältigungen von Hand getätigt wurden, besaßen die Klöster eine Schreibstube (Skriptorium) und Schwestern, die mit dem Abschreiben beschäftigt waren, sowie andere, die auf den schlichten Buchschmuck der Zisterzienser, wie das Ausmalen der Initialen oder die Herstellung der Einbände sowie anderer buchbinderischer Arbeiten spezialisiert waren. Aus dem Kloster Mühlberg sind Pergamentblätter eines Meßbuches aus der Zeit um 1400 erhalten mit den charakteristischen rot ausgemalten Initialen.

Daß auch die Brandenburger Zisterzienserinnen sich der Schreib- und Malkunst befleißigt haben, beweisen die Seehausener Funde mit ihren unterschiedlichsten Griffelformen aus Bein, Blei oder Eisen für Schreibübungen auf Wachs- und Schiefertafeln sowie die rund oder viereckig gestalteten Farbnäpfe und Farbsteine, in denen die für die Buchmalerei benötigten mineralischen oder pflanzlichen Farben einst aufbewahrt und zubereitet worden sind.

Neben den Büchern dienten die sogenannten Devotionalien den täglich durchgeführten geistlichen Übungen und Andachten. Devotionalien sind kleine Bildwerke, welche zum Zwecke der Andacht im Besitz der Klöster oder meist im Privatbesitz der Nonnen waren.[17] Sie kamen vor allem im 14. Jahrhundert im Zusammenhang mit der Verbreitung der Mystik in Gebrauch und waren Sinnbilder der spirituellen Verbundenheit mit dem Göttlichen beispielsweise in der Brautmystik oder in der Passionsmystik als Versenkung in die Stationen des Leidensweges Christi. Diese Heiligenbilder stellten Christus an der Geiselsäule, den Kreuz tragenden Christus, den Schmerzensmann oder Stationen aus der Marienlegende dar.

Die Andachtsbilder galten als förderlich für die Frömmigkeit der Novizen und Nonnen, die vor ihnen nicht nur auswendige Reihengebete sprachen, sondern auch Andachtstexte lasen.

Vor allem nach der katholischen Reform des 15. Jahrhunderts begann in den Klöstern eine rege handwerkliche und künstlerische Betätigung der Nonnen. Neben feiner Tuchweberei und Stickerei entstanden eine Vielzahl von Andachtsbildern, zum Teil als illuminierte Drucke, die in die Gebetbücher eingelegt wurden, oder als Täfelchen, die sich die Nonnen in ihren Zellen anbrachten oder aber als kleine Altäre, die sie ins Fenster stellten. Da die Nonnen aus den Adelsgeschlechtern kamen, besaßen sie zumeist auch wertvollere Devotionalen, wie silberne Kruzifixe, Ringe und kostbare Rosenkränze. Aus den in Kloster Seehausen gefundenen halbfertigen und roh bearbeiteten Rosenkranzperlen läßt sich schlußfolgern, daß dieselben im Kloster hergestellt worden sind und sich dort vermutlich eine Werkstatt für Devotionalien befunden hat. Bekannt ist, daß in den Frauenklöstern vor allem kirchliche Textilien hergestellt und ausgeziert worden sind. Überlieferungen von kostbarer Paramentenstickerei sind in Brandenburg vor allem aus den Klöstern in Heiligengrabe und Zehdenick belegt; das berühmte Zehdenicker »Hungertuch« befindet sich im Märkischen Museum in Berlin. Die Grabungsfunde von Kloster Seehausen in der Uckermark – zu besichtigen im Museum der Stadt Prenzlau – lassen mit ihrer Fülle von Spinnwirteln, Stecknadeln, Nähnadeln und Fingerhüten auf eine intensive und umfangreiche textile Handarbeit hinter den Klostermauern schließen.

Kloster Güldenstern in Mühlberg

Lage und Gründung

Kloster Güldenstern in Mühlberg ist das älteste Frauenkloster der Zisterzienser im heutigen Brandenburg.

Die Stadt selbst – mit den Namen Moleberg, Molburgk, Malbergk, Mulbergk – ging vermutlich aus einer Grenzfeste hervor, welche die sächsischen Könige im 10. Jahrhundert gegen die Wenden errichteten. Im Schutze der Burg und gefördert durch die Schiffahrt auf der Elbe siedelten hier neben den Ackerbürgern bald Handwerker, Kaufleute, Schiffer. Burg und Stadt kamen in Besitz derer von Ileburg, einem Seitenzweig der Wettiner, die um 1228 dort ein Nonnenkloster der Zisterzienser als Hauskloster der Familie gründeten. Um 1280 erbaut Ulrich von Pack jenseits des Stadtgrabens die Neustadt mit eigener Pfarrkirche, Markt und Rathaus und bildete somit einen kommunalen Gegenpol zu der vom Kloster dominierten Altstadt. Die Altstadt ist entlang der von Torgau kommenden Straße, die direkt auf die Elbfähre führt, wie ein zweizeiliges Straßendorf angelegt. Die Bebauung in regelmäßigen Rechtecken ist charakteristisch für die östlichen Kolonialstädte, die im 11. und 12. Jahrhundert nach einem einheitlichen Schema angelegt worden waren. Der Markt ist eine Erweiterung dieser Straßenzeile, in nordöstlicher Richtung von der Klosterkirche gekrönt, hinter der sich nach Norden zu die weitläufige Anlage des Klosters erstreckt. Gegenüber der Kirche führte eine kleine Gasse – Klostergasse genannt – zum kleinen Fischerdorf, einer ehemaligen Siedlung aus der Wendenzeit.

Kirche, Kloster und Klostergasse bildeten so ein gewisses religiöses Zentrum im Norden der Stadt. Die Quellenlage zur Gründung ist nicht eindeutig. Im Theatrum saxonicum (Leipzig 1608) wird die Gründung in das Jahr 1219 – ein urkundlich nicht bestätigtes Datum – gelegt und Jutta, der Gemahlin des Markgrafen Dietrich von Meißen, zugesprochen. Als Beleg gilt das älteste bekannte Klostersiegel von 1245, auf dem die Maria ihre segnende Hand über eine Frau mit Fürstenkrone – die Stifterin Jutta von Meißen – hält. Auch die päpstliche Bestätigungsurkunde Gregors IX. vom 20. März 1247 spricht mit »der in Christo geliebten Tochter« von einer weiblichen Person als Gründerin. Die älteste Urkunde stammt aus dem Jahre 1227. Darin bestätigt Markgraf Heinrich von Meißen den Brüdern Otto und Bodo von Ileburg die Umwandlung der Mühlberger Pfarrkirche in eine Klosterkirche, daher wird in der Regel 1227 als das Gründungsjahr des Klosters angesehen. Um diese Zeit haben sich die Grafen zu Ileburg das am Elbübergang gelegene Mühlberg als festen Sitz erkoren und unterstützten das dortige Nonnenkloster, das sie als Haus- und Familienkloster ansahen. Aus der Linie der Ileburger stammten mehrere Äbtissinnen, u. a. Jutta von Ileburg (1346–1351), Agnes von Ileburg (1. Hälfte 15. Jahrhundert) und Anna von Ileburg (1493–1501) sowie drei Pröpste. Im Jahre 1231 wurde das Kloster auf päpstlicher Anordnung visitiert von Abt Ludger aus dem Zisterzienserkloster Altzella bei Meißen und das Visitationsprotokoll bestätigt der Äbtissin und dem Konvent die Einhaltung der Benediktsregeln in allen Stücken. Damit ist erstmals für Mühlberg die Zugehörigkeit zum Orden der Zisterzienser urkundlich belegt; enge Beziehungen bestanden zu den Zisterzienserinnen des Klosters Torgau, später verlegt nach Nimbschen. Ob Mühlberg allerdings eine Filiation von Torgau gewesen ist, bedarf noch weiterer Klärung.

Die ehemalige Pfarrkirche wurde per Urkunde in eine Stiftskirche umgewandelt und das Dorf Meinardig und zwei Vorwerke wurden dem Kloster übereignet. Der Stadtpfarrer Martinus trat mit Genehmigung des Bischofs von Meißen und des Erzbischofs von Magdeburg als Propst ins Kloster ein.

Drei Jahre später verfügte Markgraf Heinrich der Erlauchte dem Kloster die Dörfer Niendorf, Luckau, Wenzendorf, Buckendorf, Treskau sowie Vorwerke, Wiesen, Wald und Fischereirechte in der Elbe und am Kuhnauer See sowie die dem Kloster nächstgelegene Gasse, »damit nicht in Zukunft, wenn sich vielleicht die Nachbarschaft anständiger Leute ändert, die Klosterzucht einen beklagenswerten Verlust gewohnter Ehre und Vorteils erleide«.

Die Klosterkirche

Derweil ging der Bau der Klosterkirche zügig voran: eine im Grundriß romanische Kreuzkirche, deren Joche nach dem Grundmuster des Quadrates errichtet sind. Vermutlich handelte es sich um eine klassische romanische Basilika, deren Seitenschiffe später zerstört oder bei Umbauten beseitigt worden sind. Als charakteristische Baumasse aus der Romanik ist der nördliche Arm des Querschiffes mit seiner halbrunden Apsis , die in der äußeren Gestalt kleeblattförmig angelegt ist, heute noch zu erkennen. Die Rundbogenfenster bestätigen dies. Am nördlichen Ende des Querschiffes befindet sich eine Sakristei mit zwei ebenfalls quadratischen Jochen. Sie ist überliefert als Brigittenkapelle und gehört ebenfalls zu den ältesten Bauteilen. Daran schloß sich der zweischiffige Kapitelsaal mit Krankensaal im Obergeschoß an.

Klostersiegel von Güldenstern, Mühlberg

Propst Johann Fabricius von Forchheim, Grabplatte von 1480

Äbtissin Jutta, Grabrelief von 1351

Die zugleich als Stadtkirche fungierende Klosterkirche wurde neu erbaut und um 1232 geweiht. Aus dem 13. Jahrhundert stammt ein imposantes Klostersiegel mit der Inschrift »S. SCE. DEI GENITRICIS: ET. VIRGINIS. MARIE IN MULBERG« in der Randleiste des Kreises, in dessen Mitte die Mutter Gottes thront, flankiert von zwei Begleitfiguren, rechterhand der Evangelist Johannes und linkerhand Johannes der Täufer, in der Hand den Kreis mit Lamm und Fahne, Symbol für Christus als Weltenherrscher. Zum Siegel gehört ein breites florales Band mit Ranken, Blüten und Weinreben, das auf den durch den Orden vermittelten Anbau von Wein und anderen Kulturpflanzen hinweist.

Das Kloster betrieb in den ersten Jahren eine intensive Wirtschaftspolitik, deren Inhalt in der Sicherung von Schenkungen und Ankäufe von Ländereien an beiden Ufern der Elbe, in den Heidedörfern und den Marschdörfern der Flußniederungen, bestand. Die Jahre zwischen 1230 und 1253 waren eine Zeit der Kaufverträge und der Erweiterung des Besitzes nach außen. In den folgenden Jahren – etwa von 1253 bis 1280 – wurden die Geldmittel des Klosters fast ausschließlich für Baumaßnahmen an der Klosterkirche verwendet. Die Vierung, der Chor und der Südflügel des Querschiffes wurden in einem einheitlichen frühgotischen Stil errichtet. Der Chor besteht aus zwei Rechteckjochen und einer fünfseitigen Apsis; den oberen Abschluß bildet ein Gratkappengewölbe. Der Verzicht auf jegliche Schmuckelemente tritt hier besonders zutage und läßt die bewußte Kargkeit der Zisterzienser sinnfällig werden. Auch die Außenwand des Chores ist ohne Strebepfeiler, aber die Wandgliederung durch die getreppten Fenster und die hochgezogenen Nischen ist in ihrer Licht/Schattenwirkung äußerst effektvoll. Im Kircheninnern stehen die frühgotischen Kelchknospenkapitelle der Chorarkaden in einen so lebendigen Gegensatz zu der eher einfachen Backsteinarchitektur, daß die Herkunft der Gotik aus dem Französischen spürbar wird. Die Kelchkapitelle mit ihren eingerollten Voluten und Schilfblättern sowie mit dem klassisch geschnittenen Akanthus stehen ganz in der Tradition der maßgebenden Bauhütten der Zisterzienser von Maulbronn, Ebrach oder Walkenried. In der Seitenapsis des südlichen Querschiffes sind vergleichbare Details zu finden. In halber Höhe der Spitzbogenfenster fangen Knospenkonsolen aus Sandstein die Birnstabrippen der Gewölbe auf. Auch in der Außenansicht weist der Südflügel die gotische Gliederung auf: Im Giebel sind drei schlanke Blendnischen in aufstrebender Gruppierung nach Art der Dreieinigkeitsfenster ausgespart. Sägefries und Kreuzbogenfries sind hier wie am Chorgiebel anzutreffen.

Im Ganzen gesehen stehen in der Kirche romanische, romanisierende, früh- und spätgotische Bauformen nebeneinander.

Für die Symbolik des Mittelalters sind die figurativen Schlußsteine der Gewölbe von Interesse: im Chorjoch der Christuskopf mit Kreuznimbus, in der Vierung die Taube als Symbol des Heiligen Geistes, im nördlichen Querschiff das

Otto von Ileburg, Grabplatte, 13. Jh.

Westfassade der Kirche

Wirtschaftsgebäude

Südgiebel des Westflügels der Klausur

Lamm Gottes, im westlichen Vierungsbogen die Mutter Gottes, ein Löwe und ein Engel.

Zusammen mit dem Neubau der Kirche wurde vermutlich auch die Klausur vollendet. Ab 1280 erhielt das neugewandete Kloster wieder vermehrt Schenkungen und Übereignungen, die auch notwendig waren, um die leeren Klosterkassen aufzufüllen. Von Bodo und Jutta Ilenburg kamen die Dörfer Cavertitz, Sörnevitz, Kleinborschütz, Lindberg, Treptitz und Zeckritz in den Klosterbesitz. Von den Brüdern Pack kamen teil als Schenkung, teils als Kauf die Dörfer Luberaß und Kukewitz. 1288 wurde Kuhnau vom Münzmeister Siegfried abgekauft. 1321 verkauften die Ileburger, zu dieser Zeit ist Jutta von Ileburg Äbtissin, dem Kloster das Dorf Saxdorf, 1346 Möglenz und Coßdorf und verpfändeten dem Kloster im Jahre 1349 sogar Stadt und Schloß Liebenwerda. Das ganze 14. Jahrhundert wurden weitere Käufe von Land, Mühlen und Dörfern getätigt. Außerdem vergab das Kloster Darlehen und hatte daraus Zinseinnahmen und verwaltete die Almosenstiftungen der Grafen von Ileburg, der Brüder Pack und Haynich. Im Zusammenhang mit der Bautätigkeit unterhielt das Kloster Lehmgruben und eine eigene Ziegelbrennerei.

In den Jahren 1330 bis 1350 erhielt das Langhaus seine heutige Gestalt. Der romanische Grundriß wurde zweigeschossig aufgestockt mit einer Nonnenempore. Kreuzgewölbe, Gitterfriese und Ziernischen kamen als Elemente der Hochgotik in das Langhaus. Die Seitenwände sind durch die gotische Gliederung definiert. An der Außenwand ergeben die Strebepfeiler eine vertikale Dreiteilung, ein Gitterfries markiert die Geschoßteilung, am Dachgesims verläuft ein Kreuzbogenfries. Im Untergeschoß befinden sich pro Joch zwei Spitzbogenfenster. Auch die Oberlichter sind paarig angeordnet, zwischen ihnen sind kreuzförmige Zierblenden ausgespart, gefüllt mit Bäumchen. Die Nordseite enthält einzeln gesetzte Zierelemente, wie Gitter, Kreuz oder Kleeblatt.

Die Westfassade bildete als letzter Bauabschnitt ein typisches Beispiel der reifen Gotik des 15. Jahrhunderts mit der Achsialität und aufgipfelnden Dreierordnung. Dabei wird die Wand der beiden unteren Zonen durch eine Reihe schlanker Blendnischen in eine Vertikalbewegung aufgelöst, die durch die gleiche Höhe und die waagerecht verlaufenden Simse gleichsam zur Ruhe gebracht wird und den filigranen Sockel bildet, auf dem sich das gleichschenklige Dreieck des Giebels erhebt. Das Motiv der Blendnischen ist zur Mitte hin gestaffelt. Ihr Rhythmus wird genau in der Mitte gebrochen durch eine hoch aufragende Kreuzblende, die mit den Zickzacklinien eines Gitterfrieses gefüllt ist. Eine analoge Gitterblende verläuft waagerecht am Fuße des Giebels. Diese bindet den Vertikalismus wieder an die Horizontale. Insgesamt bestimmt das Spiel zwischen klaren senkrechten und klaren waagerechten Elementen den Charakter der Westfassade, so daß sie leicht und schwer zugleich wirkt, himmelaufstrebend im Wollen, aber Erdverbunden im Sein.

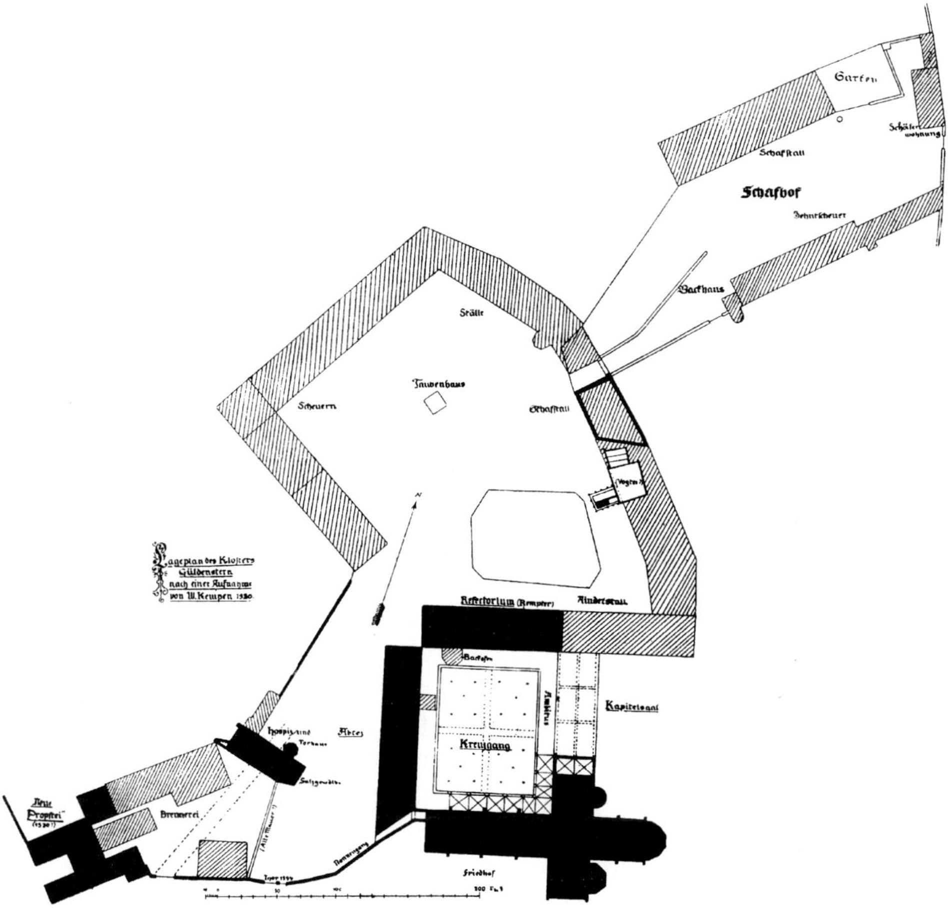

Lageplan des Klosters (1820)

Der einzige spätgotische Teil der Kirche ist das Westportal aus Sandstein. Das Gewände ist in drei Stäbe aufgelöst, - der mittlere als Birnstab –, die auf kleinen Sockeln mit gedrehter Kanellierung stehen.

Die Gesamtanlage des Klosters

Der Verlauf der Gesamtanlage ist nach einem Grundrißplan von 1820 rekonstruierbar. Er ist nach den Regeln der raumplanerischen Struktierung aller Klöster angelegt und bietet so etwas wie eine ideale Anlage für die Ordensbaukunst der Zisterzienser.

Es gibt in der Klosteranlage die sogenannte Klausur, die sich um den Kreuzgang gruppiert und den internen Klosterbereich bildet. Der überdachte Kreuzgang hat die Funktion, die einzelnen Gebäude der Nonnen und der Äbtissin mit der Kirche zu verbinden. An der Ostseite befindet sich meist ein größerer Saal, der Kapitelsaal, der den Zusammenkünften des Konvents diente. Der Kirche gegenüber lagen Küchen und Speiseraum (Refektorium). Die Gebäude der Westseite gehörten nicht zum eigentlichen säkularen Bereich. Hier befanden sich die Wohn- und Arbeitsräume der Äbtissin sowie die Arbeitsräume der Nonnen. Nach dieser funktionalen Ordnung ist auch die Anlage des Klosters Güldenstern aufgebaut.

Der Kreuzgang schließ sich an die Nordwand des Längsschiffes an. Dort sind noch die Reste der Gewölbe und Joche des Kreuzganges zu finden. Eine Besonderheit tritt in Güldenstern jedoch auf. Einige Teile des Kreuzganges sind zweimal gewölbt worden, vielleicht aufgrund von Zerstörung oder Einsturzgefahr. Diese doppelte Wölbung läßt sich deutlich an der Wand des Nordkreuzes ablesen: die ältere Wölbung verfügt über regelrecht eingebundene Schildsteine in hohen Spitzbögen und diese Struktur gilt für vier Joche zu je vier Metern als Grundmaß; von der jüngeren Wölbung zeugen eingehackte Schildlinien und gedrückte Bögen; die gleichen Wölbungen ziehen sich auch am Langhaus entlang und zwar über sechs Joche mit teilweisen Sandsteinkonsolen. Aus diesen Maßen ist zu vermuten , daß der heute zerstörte Kreuzgang mit seinen Gewölben in einer Breite von vier Metern das Carré des Innenhofes umlief.

In der Verlängerung des nördlichen Querschiffes und der Brigittenkapelle (Sakristei) befand sich ursprünglich der Kapitelsaal für Versammlungen. Er ist bis auf die Fundamente abgetragen worden. Die beiden Schildbögen an der Außenmauer der Brigittenkapelle lassen vermuten, daß es sich um einen zweischiffigen kreuzgewölbten Saal gehandelt haben muß. Andererseits sind auch Reste eines Tonnengewölbes zu bemerken, die auf Umbauten in der spätgotischen Zeit zurückzuführen sind. Das Gebäude des Kapitelsaales war zweigeschossig angelegt und im Obergeschoß wird sich der im Zisterzienserorden übliche gemeinsame Schlafsaal der Schwestern befunden haben, vielleicht auch die Krankenstation, denn es ist der ruhigste Teil der Anlage.

Ansicht der Kirche von Osten, Chor 1250–1280

Ansicht der Kirche von Süden, 13./14. Jh.

Das Refektorium befindet sich genau gegenüber der Kirche und beherbergte Küche, Backhaus und Speisesaal. Unmittelbar nach der Schließung des Klosters wurde es als Kuhstall genutzt, während die Klosterküche und auch das Backhaus noch lange Zeit nach der Reformation in Betrieb gewesen sein müssen, da sie in dem Plan von 1820 genau eingezeichnet und benannt worden sind. Das Obergeschoß des Refektoriums wurde 1990 durch einen Brand zerstört; ursprünglich lagen hier die Zellen der Nonnen. Von der Südseite aus sind 18 Fensteröffnungen sichtbar, die klein und schmal in der ansonsten ungegliederten Wand stehen und die Lage der Zellen erkennen lassen. Wenn wir davon ausgehen, daß sich auf der Nordseite dieselbe Anzahl von Fenstern befunden hat, so wäre die durchschnittliche Anzahl des Konvents mit ca 36 Schwestern festzulegen.

An der Westfront des Kreuzganges liegt bei Nonnenklöstern die Abtei. Der heutige Anblick ist etwas verstellt durch einen Umbau zu einem bescheidenen Herrenhaus um 1717; vom äußeren Erscheinungsbild haben Fensterrahmungen und ein mittlerer Risalit die Fassade verändert. Über der Eingangstür steht die Inschrift: Dominus Providebit MDCC XVJJ. Zwischen den lateinischen Jahreszahlen ist ein goldener Stern als Reminiszenz an den Namen Güldenstern angebracht.

Aus der Klosterzeit stammen noch die spätgotischen Zellengewölbe in Flur, Küche und angrenzenden Räumen. Diese etwas vornehmer ausgestatteten Baulichkeiten waren einst die privaten Räume der Äbtissin, das Sprechzimmer (Parlatorium) sowie wahrscheinlich auch Gästezimmer für Besucherinnen, zumeist Frauen aus den Adelsgeschlechtern der Umgebung oder hochstehende Klosterfrauen aus anderen Konventen. Bei den umfangreichen wirtschaftlichen Transaktionen, die das Kloster während der ganzen Zeit seines Bestehens durchgeführt hat, wobei es auch um Kreditvergabe durch Einzelpersonen, wie der Äbtissin oder vermögender Ordensschwestern, ging, fand natürlich ein reger Austausch zwischen Kloster und Stadt bzw. dem Umland statt – wofür, da den Klosterfrauen das Verlassen der Anlage untersagt war, geeignete Räumlichkeiten innerhalb der Anlage selbst geschaffen werden mußten. Diese lagen normalerweise in der Propstei, in Güldenstern aber teilweise auch in den eleganter angelegten unteren Räumen der Abtei, eine Besonderheit, die in den Nonnenklöstern der Zisterzienser nicht üblich war und auf die besonders ausgebaute Position des Klosters in der Stadt selber und auch in der Region schließen läßt.

Im Obergeschoß der Abtei herrscht in der Raumordnung wieder die gewohnte Kargheit der Zisterzienser; von einem Mittelgang gehen seitlich die Zimmer ab. Wir haben hier die Aufenthaltsräume und die Arbeitsräume für die Nonnen, in denen die vorgeschriebenen Handarbeiten ausgeführt wurden. Der Mittelgang führte in einen Laufgang zur Kirche, der direkt in die Nonnenempore einmündet, so daß die Ordensfrauen sehr leicht und ohne mit dem weltlichen

Kirche, Südwand des Längsschiffes, 1330–1350

Innenansicht des Nordkreuzes, 1230

Klostersiegel von Güldenstern, Mühlberg

Publikum in Berührung zu kommen zu den Gottesdiensten, Gebeten und Messen in die Kirche gelangten.

Nach dem Grundriß von 1820 gab es einen zweiten überdachten Laufgang, der von der Kirche zum Untergeschoß der Abtei und dann weiter zur Propstei führte und der den Priestern vorbehalten war. Der westliche Teil der Anlage, bestehend aus Herberge, Propstei, Brennerei, Kellerei und weiteren Gebäuden, ist von dem Klosterbezirk der Ordensfrauen räumlich ein Stück abgerückt und diese Distanz ist funktional begründet in der Verbindung des Klosters zur Außenwelt. Diese Gebäudegruppe wird dominiert von der neuen Propstei, die unter Propst Konrad Gundeloch um 1530 errichtet wurde und die Amts- und Wohnräume des Propstes und weiterer Priester beherbergte. Architektonisch äußerst reizvoll ist im Vergleich zur sparsam verzierten Baumasse der Klosterkirche die Giebelgestaltung der Propstei. Aus der Verflechtung von Zirkelschlag und Kreuzbogenfries ist eine filigrane Übermusterung hervorgegangen, die in einer sechsreihigen Komposition lesbar ist, zugleich aber das gleichförmige Kontinuum eines Geflechts als Grundstruktur hat: Geist der Spätgotik, Verlebendigung, Überhöhung und Verfeinerung, das Spiel mit den geometrischen Möglichkeiten, die in ihrer Konsequenz und Dichte eher Wachstum, Wucherung und Vegetabilität denn rationale Gestaltungsprinzipien versinnbildlichen.

Hinter der Propstei liegt mit einer eigenen Wagenzufahrt die Herberge (Hospitium) mit Gasthaus und einer gewölbten Torhalle (Remise) für die Reisewagen.

Über die landwirtschaftliche Tätigkeit des Klosters geben die nördlich vom Refektorium gelegenen Wirtschaftsgebäude und Stallungen Auskunft: Schafstall und Kuhstall sowie eine Wohnung des Wirtschafters (Vogtei). Durch ein Tor abgetrennt bildete die ebenfalls von Mauern umzogene Schäferei einen eigenen Komplex mit Schäferwohnung, Backhaus, Scheunen und einem zweiten Schafstall. An der östlichen Seite erstreckte sich von der Schäferei bis hin zur Kirche ein großer Gemüsegarten, während der Obstgarten sich auf der rechten Seite der Anlage befand, wo heute ein Park angelegt ist. Die Weinberge werden bei dem heutigen Ort gleichen Namens, knapp zwei Kilometer nördlich des Klosters, gelegen haben.

Grabdenkmäler

Die großen brandenburgischen Klöster wie Lehnin, Zinna und Chorin waren Grabklöster der Landesfürsten und ihrer Familien. Die enge Bindung zwischen Orden und Landesherrschaft, die Badstübner [18] mit der repräsentativen Ausgestaltung der Westfassaden in Zusammenhang bringt, äußert sich am sichtbarsten in den Fürstengräbern in der Kirche selbst oder in deren unmittelbarer Nähe. Seit die Frauenklöster bestehen und vor allem seit sie die enge Bindung an bestimmte Adelsfamilien haben, spielte die Bestattung von Laien in der Kirche oder auf dem Klostergelände

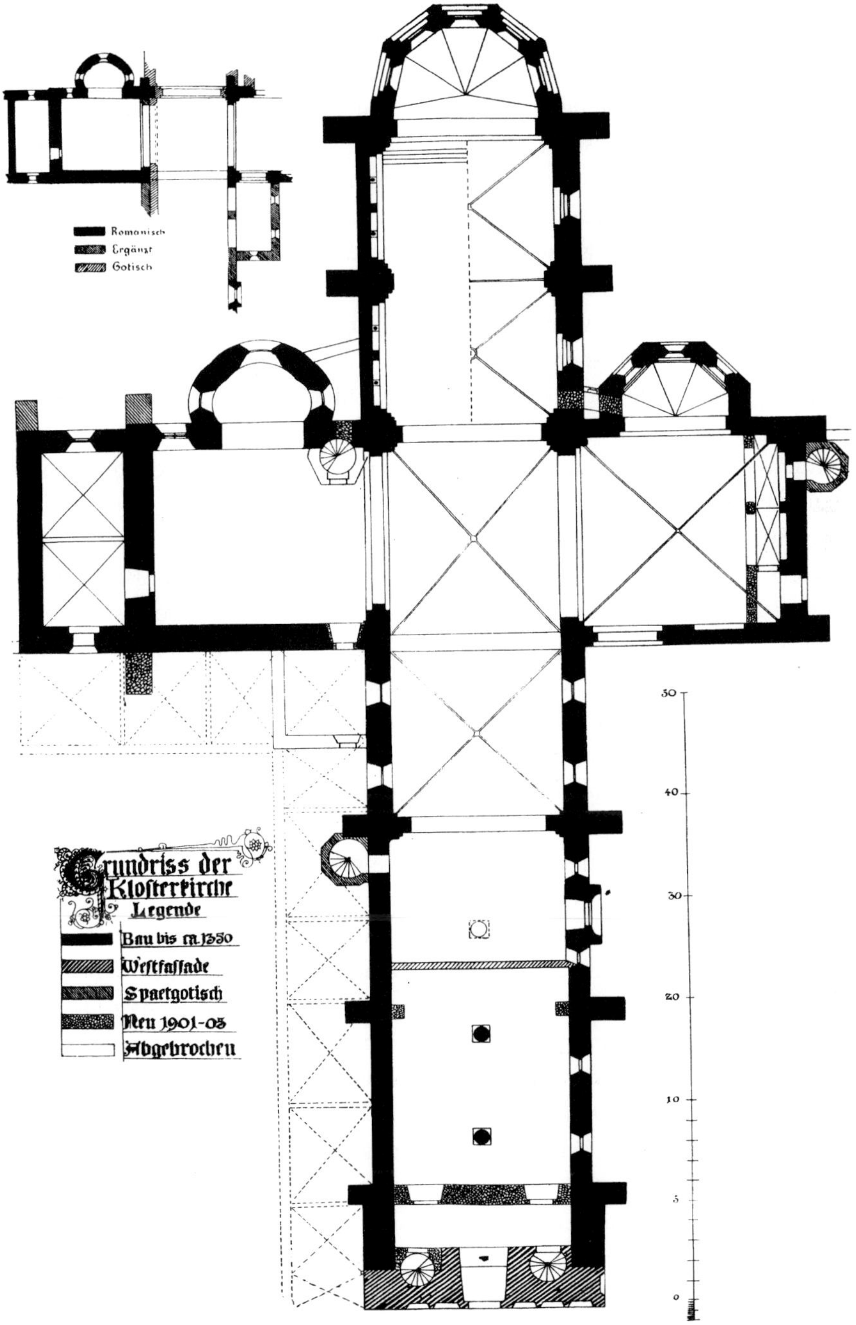

Grundriß der Klosterkirche in Mühlberg

eine große Rolle. Obwohl die Bestattung von Laien in geweihter Erde von den Orden anfangs nicht geduldet wurde, wie das eingangs beschriebene Beispiel der gemaßregelten Äbtissin Hildegard von Bingen zeigt, setzte sich diese Sitte doch durch. Maria Hasdenteufel-Röding [19] weist sogar nach, daß die Landesfürsten mit besonderer Vorliebe in den Frauenklöstern bestattet werden wollten. Es war das besondere Ideal der Reinheit und der göttlichen Gnade, das eine Bestattung in unmittelbarer Nähe der Jungfrauen erstrebenswert machte. Oft standen dahinter auch enge familiäre Bindungen; denn nicht selten wurden die Schwestern oder andere enge Verwandte der landesfürstlichen Gründer und Stifter auch Äbtissinnen oder Priorinnen in den gestifteten Klöstern, so daß eine Bestattung innerhalb der Klostermauern den familiären Zusammenhang wieder herstellte. Es wurde aber auch zur Regel, daß sich Laien einen Grabplatz auf dem Klosterfriedhof kaufen konnten und die Klöster darin eine nicht unwesentliche Einnahmequelle hatten.

Der Begräbnisplatz in der Kirche lag für Laien in der Regel im westlichen Teil des Langhauses, wie seit dem frühen Kirchenbau der Westriegel der weltlichen Macht vorbehalten war. Da die Kirchen der Frauenklöster auf der Westseite die Nonnenempore eingebaut haben, lagen die Gräber unmittelbar unter der Nonnenempore.

Im Mühlberger Frauenkloster hat es zwei große Perioden der Kirchenbestattung gegeben; die erste lag in der Klosterzeit und begann unmittelbar nach Fertigstellung der Kirche um 1350 und endete in der zweiten Hälfte des 15. Jahrhunderts; die zweite Periode setzte unmittelbar nach der Reformation um 1550 ein und wurde durch den Dreißigjährigen Krieg unterbrochen. Auch später wurde diese Tradition nicht wieder neu belebt, es gab lediglich in den Jahrzehnten vor der Mitte des 18. Jahrhunderts einige Bestattungen in der Kirche.

Die nach der Restaurierung aus dem Kirchenboden herausgenommenen Grabplatten wurden an verschiedenen Orten der Kirche – vor allem im Querschiff – aufgestellt. Die hier ausgewählten Beispiele gehen auf die »Beschreibende Darstellung der älteren Bau- und Kunstdenkmäler des Kreises Liebenwerda« [20] zurück, wo vierzig einzelne Grabdenkmale – nach dem Ort ihrer späteren Aufstellung in der Kirche geordnet – erläutert werden. Zu den ältesten Grabplatten gehört diejenige der Äbtissin Jutta aus dem Jahre 1351. Der Stein zeigt das Flachrelief – durch die jahrhundertelange Lage auf dem Kirchenboden stark abgetreten – einer Klosterfrau mit dem Krummstab der Äbtissin in der rechten Hand. Die linke Hand liegt auf der Höhe der Brust genau in der Mitte. Das verschleierte Haupt ruht auf einem Kissen; das Gewand zeigt den Faltenwurf des 14. Jahrhunderts. Das in zwei Reihen umlaufende Schriftband ist durch willkürliche Beschriftung in späterer Zeit übermalt worden. Die darunterliegenden Majuskeln ergeben einen fragmentarischen Textzusammenhang, der in Versform gesetzt ist und sich auf die Tugenden der Verstorbenen bezieht. Bei

Rekonstruktion des romanischen Nordkreuzes der Klosterkirche

Frühgotische Kelchkapitelle der Chorarkaden, 1250–1280

Aufriß der Westfassade, um 1400

Bodo von Ileburg, Grabplatte von 1571

den Zisterziensern war die Form der Grablyrik durchaus üblich und die Dichterin dürfte in den Reihen des Konventes von Güldenstern zu suchen sein. Die Äbtissin Jutta wurde urkundlich in den Klosterakten erwähnt und stammte aus der Familie der Ileburger. Da Güldenstern das Hauskloster der Ileburger gewesen ist, finden sich dort auch die Grabsteine der männlichen Linie.

Der älteste ist einem Bodo oder Otto von Ileburg aus dem 13. Jahrhundert zuzuordnen und zeigt in der von den Zisterziensern vorgeschriebenen Ritzzeichnung einen Ritter, der in der Rechten eine Lanze mit Wimpel und in der Linken das gesenkte Schwert und den Schild mit dem Wappen der Ileburger hält. Wieder tritt hier die Umschrift in der Poesie der Zisterzienser bestehend aus zwei gereimten Hexametern auf.

Eine zweite Ritzplatte aus der Zeit um 1490 stammt vom Grab des Bodo von Ileburg (wolgeborne edeler Here Her bathe von eyleborgk). Sie zeigt einen barhäuptigen jugendlichen Ritter in prunkvoller Rüstung, umgeben von vier Wappenschilden. In dieser späten Zeit bezieht sich die umlaufende Schrift lediglich auf Namen und Lebensdaten der Verstorbenen, die Zeit der mittelalterlichen Ordenslyrik lief mit dem Ende der Mystik um die Mitte des 14. Jahrhunderts aus. Zu den weiteren Adelsgräbern gehört dasjenige von Otto (1355) und Johannes (1376) von Wettin, die nicht aus dem Fürstenhause stammten, sondern Burggrafen von Golßen waren. Etwa zu dieser Zeit wird in den Klosterurkunden eine Hildegunde von Wettin als Unterpriorin genannt. Desweiteren ist zu nennen das Grab des Ritters Friedrich von Maltitz von 1361, der auf Burg Cavertitz saß und in Falkenberg und Umgebung begütert war.

Nach der Vorschrift wurden auch die Pröpste des Klosters in der Ruhe des Kirchenraumes bestattet. Gut erhalten ist die Grabplatte des Propstes Johann Fabritius von Forchheim aus dem Jahre 1480. Die Ritzungen zeichnen die hohe Mütze und den spätmittelalterlichen Faltenwurf des Gewandes nach. Die Linie ist flüssig in den Stein geschnitten, nur bei der Gestaltung der Hände, deren rechte den Kelch hält, verrät sich eine merkwürdige Plumpheit. Der Verstorbene war nicht nur Propst in Mühlberg, sondern wirkte auch als Professor in Leipzig und war im Jahre 1472 Rektor der Leipziger Universität.

Die meisten Grabbildwerke sind aus der Zeit nach der Reformation und sie zeigen die Amtmänner und Geistlichen sowie deren Familienangehörige. Eines der vielen ist hervorhebenswert; die Nachempfindung und Übersetzung der seit der Frührenaissance üblichen Landschaftsdarstellung und der darin eingebetteten szenischen Komposition – hier freilich als Raumbühne im Vordergrund und ohne geglückter Einbindung in die Landschaftskulisse. Doch gerade die Disproportionen machen den Reiz der Sandsteintafel des Diakonus Paul Taucher von 1571 aus. Der fromme Mann kniet betend vor dem gekreuzigten Christus. Die Bedeutungsperspektive ist im Vergleich zum Mittelalter genau in ihr Gegenteil verkehrt. Während im Mittelalter die heiligen Figuren groß und die Stifter klein am Rande dargestellt waren, thront jetzt der Diakon in einer geradezu gleichschenkligen Dreieckskomposition groß in der Bildmitte und der Gekreuzigte hängt klein und schematisch in der linken oberen Bildecke. Von rechts schwebt Gott Vater heran – ebenfalls klein hinter einem Wolkenband. Die Taube in der Mitte oben – das Symbol des heiligen Geistes – ist in einer sehr klaren und heraldischen Form wiedergegeben. Am unteren Ende des Kreuzes liegt auf der Erde ein Totenkopf mit Knochen, das Vanitassymbol der Neuzeit. Das Ganze spielt sich im Freien auf einer Wiese ab, deren Gräser und Kräuter genau gezeichnet sind, und die im Hintergrund zu einem felsigen Gelände ansteigt. Ruinen und Reste eines antiken Amphitheaters weisen nach Italien. Die Burgzinnen rechts auf der Bergkuppe sind der deutschen Burgenlandschaft des Mittelalters nachempfunden.

Die Reformation

Im Jahre 1539 erging von Herzog Heinrich an die Äbtissin und den Konvent der Befehl, die Kappen abzulegen und zum neuen Glauben überzutreten sowie das Kloster und seine Besitzungen der weltlichen Herrschaft zu übergeben. Die Zisterzienserinnen verweigerten den Gehorsam gegenüber dem Landesherrn und steckten – so die Legende – aus Zorn und Verzweiflung über die bevorstehende Auflösung des Klosters die Kirche und das Zellenhaus in Brand. Der Kirchenbrand aus dem Jahre 1539 ist urkundlich belegt, jedoch hielt sich der angerichtete Schaden in Grenzen. 1540 nahm Mühlberg die Nonnen aus dem aufgelösten Kloster in Riesa auf.

Es gab Überlegungen, die letzten Nonnen mit denen des Klosters zum heiligen Kreuz in Meißen zu vereinigen. Im Jahre 1544 verließen die ersten Nonnen – ausgerüstet mit kleinen Abfindungen und Pensionen – das Kloster. Die letzten 37 Nonnen und zehn Laienschwestern hatten zusammen mit der Äbtissin Katharina von Pack noch bis zum Jahre 1559 ausgeharrt.

Bei den Restaurierungsarbeiten im Jahre 1906 wurde unter der Deckplatte des Altars ein ungewöhnlicher Fund gemacht: Eine Relique aus der ersten Hälfte des 15. Jahrhunderts, bestehend aus Knochensplittern von 28 Heiligen. Jede einzelne Relique ist mit Leinen- und Seidenstoff umwickelt und trägt auf einem Pergamentstreifen den Namen der oder des Heiligen.

Vor der Inbetriebnahme als lutheranisches Gotteshaus erfolgte im Jahre 1565 die Generalrenovierung der Kirche; im Stil der Renaissance wurden hinzugefügt ein Treppenturm am Südkreuz und eine neue Tür zum Treppenturm an der Nordseite des Langhauses. Die Erben des Klostervogtes Valentin Fuchs stifteten 1566 einen wertvollen Altar von Hans Goedechen. 1570 kauften die von Maltitz das Kloster.

Im Jahre 1643 setzten die durchziehenden Landsknechte – angeblich bei dem Versuch, den goldenen Stern vom Dachreiter zu schießen – die gesamte Kirche in Brand. Es folgten noch weitere kleinere Beschädigungen und notdürftige Schadensbehebungen und Renovierungen. Im Jahre 1889 ging das »Rittergut Kloster Güldenstern« an den Geheimen Justizrat Winterfeldt. In den Jahren danach kam es zu umfangreichen denkmalpflegerischen Arbeiten mit dem Ziel, den ursprünglichen Raumklang wieder herzustellen, wobei der Chor eine Erneuerung erfuhr. Die fünf Chorfenster wurden von Geiges aus Freiburg i. Br. und die Wand- und Deckenmalerei von Oetken ausgeführt. Zu dieser Zeit erhielten auch verschiedene Grabplatten einen neuen Standort und es wurde eine Sammlung mittelalterliche Skulpturen in der Kirche aufgestellt. Diese befinden sich heute in dem Stadtmuseum, das seit 1926 in der ehemaligen Propstei untergebracht ist.

Diakonus Paul Taucher, Grabplatte von 1571

Kloster Lindow

Fontane in Lindow

Wie seh ich, Klostersee, dich gern!
Die alten Eichen stehn von fern
Und flüstern, nickend, mit den Wellen.

Und Gräberreihen auf und ab;
Des Sommerabends süße Ruh
Umschwebt die halbzerfallnen Grüfte.

Mit schwärmerischen Worten gedenkt Theodor Fontane in seinen Wanderungen in der Grafschaft Ruppin des alten zerfallenen Klosters, zwischen dessen Grabsteinen in der Ruinenlandschaft eines romantischen Parkes der Dichter gerne wandelte und die Gedanken nach rückwärts in die Geschichte gleiten ließ bis sie in jenem Dunkel anlangten, welches am Ursprung des Klosters und des Ortes Lindow sich ausbreitet. Er notiert: »Seine Vorgeschichte versagt; alles Archivalische ward ein Raub der Flammen, und nur mit hoher Wahrscheinlichkeit ist anzunehmen, daß das Kloster eher da war als die Stadt« [21] Der Dichter sieht in den Ruinen von Lindow die Reste eines Prämonstratenser-Nonnenklosters, das gegen Ende des 12. Jahrhunderts oder zum Anfang des 13. Jahrhunderts von dem Grafen Gebhard von Ruppin als Hauskloster gegründet wurde. Da die Prämonstratenser des Norbert von Xanten der erste Orden waren, der zur Verbreitung des christlichen Glaubens in den eroberten Ländereien eingesetzt wurde, liegt der Schluß durchaus nahe, in dem ältesten Nonnenkloster des brandenburgischen Raumes eine Niederlassung von Premontré zu sehen.

Prämonstratenser oder Zisterzienser

Martin Dieterich bringt in seinem Quellenwerk zur Geschichte der Grafen zu Lindow und Ruppin im Jahre 1725 wohl als erster Historiker die prämonstratensische Zuordnung: »Es ist daselbst ein adeliches Praemonstratenser Frauen-Closter von den Grafen gestiftet, und mit vielen Dörfern begabet worden«. Der Historiker Samuel Lentz schloß sich 1751 dieser Meinung an und weitere Interpreten taten es ihm gleich. Noch in der 1920 in Wien erschienenen Festschrift zum 800jährigen Bestehen des Ordens, die eine Auflistung aller im deutschsprachigen Gebiet bestehenden Prämonstratenser-Klöster vornimmt, ist zu lesen: »263. Frauenkloster Lindow bei Ruppin, gegründet angeblich um 1200, jedoch zweifelhaft, ob O. Praem.«. Hier also wird trotz der Nennung die Ordenszugehörigkeit bezweifelt. Weitere Verwirrung wird dort gestiftet durch die Nennung eines Prämonstratenserklosters Themenitz, das urkundlich als Filiation von Brandenburg erwähnt wird. Möglicherweise hat dieses Kloster am Temnitz-Fließ, der 20 Kilometer von Lindow entfernt verläuft, gelegen und war das ältere Prämonstratenserkloster, aus welchem sich dann der Zweig der Zisterzienserinnen mit eigenem Kloster in Lindow herauslöste. So hätten wir hier eine Parallele zur Entstehungstheorie von Seehausen in der Uckermark, das sich aus dem Prämonstratenser-Doppelkloster Gramzow abzweigte.

Daran, daß Lindow ein Frauenkonvent des Zisterzienserordens gewesen ist, besteht heute kein Zweifel mehr. Als Beweis wird die Papsturkunde vom 1501 genannt, die dem Kloster die Zugehörigkeit zu den Benediktsregeln anerkennt und dasselbe als »monasterium monalium in Lindow ordinis s. Benedicti« bezeichnet. Desweiteren ist urkundlich bestätigt, daß die Vorsteherin des Klosters immer eine Äbtissin gewesen ist und nicht wie bei den Frauenklöstern der Prämonstratenser eine Priorin.

Letzte Zweifel können durch den stilistischen Vergleich der Klosterbauten mit anderen Anlagen der Zisterzienser beseitigt werden. Schließlich wird in einer Urkunde aus dem 17. Jahrhundert berichtet, daß sich das Zisterzienserinnenkloster von Zehdenick nach dem Kloster Lindow »reguliert« habe, womit ein weiterer Beweis für die Einbindung von Lindow in die brandenburgische Linie der Zisterzienser erfolgt ist.

Gründung

In welchen historischen Zusammenhang ist die Gründung von Kloster Lindow zu stellen? Die Stifter aus dem Hause von Arnstein waren keine ortsansässige Adelsfamilie. Sie stammten aus dem Anhaltinischen und hatten im Ostharz und in Lindow bei Zerbst ihre Güter, wovon sich der Name Lindow ableitete, und kamen vermutlich mit dem Kreuzzug, der zur Zeit Albrechts des Bären und des Bischofs Anselm von Havelberg in die Gebiete östlich der Elbe führte, nach Brandenburg. Das war im Jahre 1147 und zu dieser Zeit begründeten sie ihre Grafschaft zwischen dem Wutz-See, dem Gudelack-See und dem Vielitz-See an eben jener Stelle, wo sich ein wendisches Heiligtum zu Ehren des Gottes Joduth befand. Es wird angenommen, daß die ersten dort errichteten Bauten später den Grundstock für den Frauenkonvent nach der Regel der Zisterzienser bildeten. Über den Zeitpunkt der Gründung gehen die Meinungen weit auseinander. Die früheste Datierung stammt von Karl H. Schäfer, der das Hauskloster der Grafen von Lindow schon auf Walter III., den Vater des

1. Kirche
2. Kreuzgang
3. Ostflügel
4. Südflügel
5. Westflügel
6. Pförtnerstube
7. »Schule«
8. Dominat
9. Erweiterung
10. Keller
11. Früher Amt (Propstei)
12. Waschhaus
13. Mauerzug
14. Uferweg
15. Wohnhaus
16./17. Ställe
18. Alte Scheune

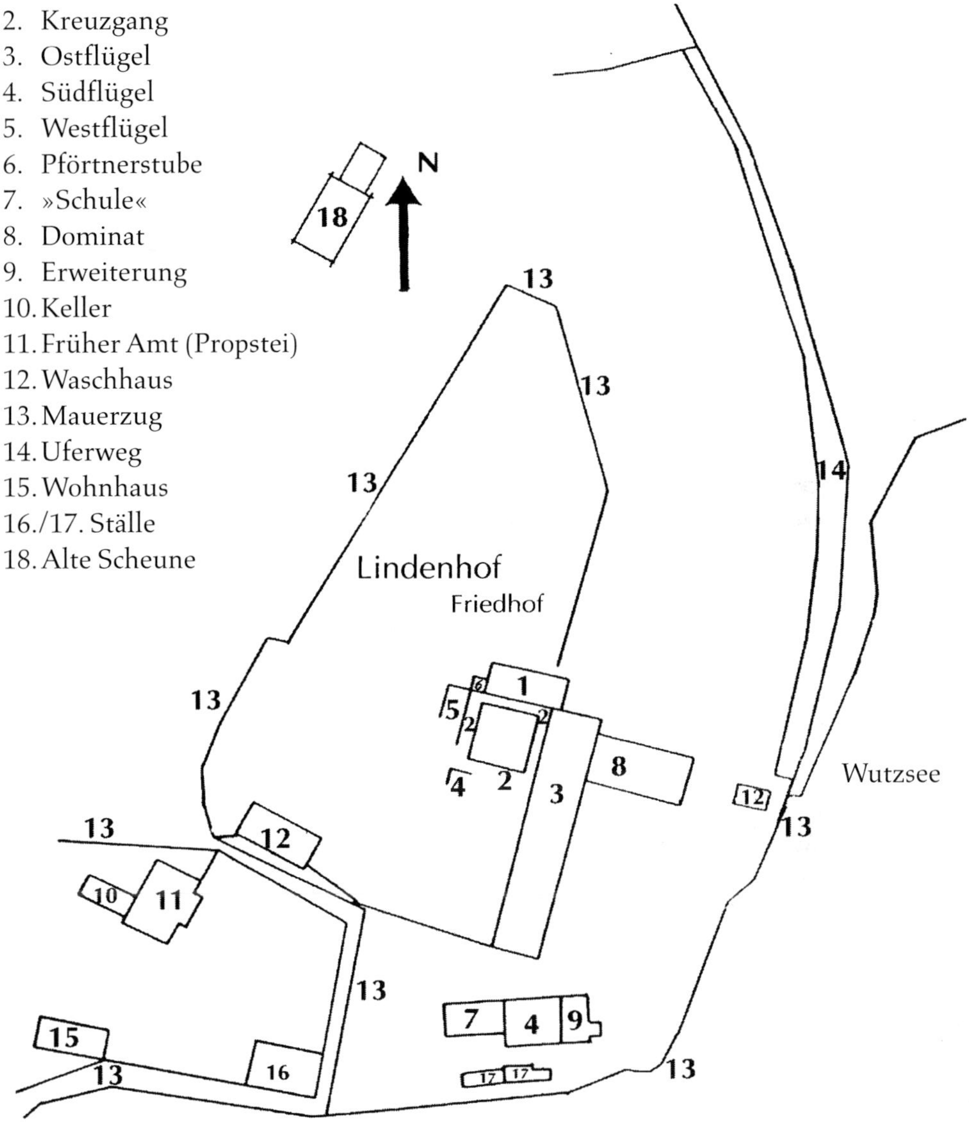

Plan des Klosters Lindow

Wichmann, Prior von Havelberg, und des Grafen Gebhardt von Arnstein, zurückführt. [22]. Walter III. war mit Gertrud von Ballenstedt, einer Enkelin Albrechts des Bären, verheiratet und starb um 1196 – wenn die Gründung ihm zugeschrieben wird, so müßte diese spätestens um 1195 erfolgt sein. Möglich ist auch, daß nach seinem Tode die Witwe Gertrud von Ballenstedt die Klostergründung angeregt hat. Beider Sohn Gebhard schlug die politische Laufbahn ein und war von 1230 bis 1239 Reichslegat Kaiser Friedrichs II. in Italien. Da die Gründung mit seiner wirtschaftlichen Unterstützung vonstatten gegangen ist, könnte sie nur vor oder nach dem Auslandsaufenthalt des Grafen stattgefunden haben.

Geschichte des Klosters

Durch Schenkungen der Lindower und Ruppiner Grafen und durch kluge Wirtschaftspolitik, welche auch die umliegenden Städte Neuruppin und Altruppin sowie Gransee und die entfernteren Oppida Wusterhausen und Berlin-Cölln einbezog, gehörte es zu den reichen Klöstern des Bistums Havelberg. In seinem Besitz waren 19 Dörfer und 18 wüste Feldmarken, die Mühle von Baumgarten östlich von Lindow, die Kramnitz-Mühle in Wendisch-Kramnitz am Gudelack-See und Hebungen aus der Mühle Zippelsförde sowie Wälder mit Jagdrechten. Das Landgebiet des Klosters erstreckte sich zwischen Löwenberg, Ruppin, Gransee und Rheinsberg bis an die südlichen Ausläufer der Mecklenburger Seenkette. Von allen Brandenburger Klosterbesitzungen war Lindow mit Abstand am reichsten mit Gewässern und Seen ausgestattet. Redorffers Landbuch der Herrschaft Ruppin von 1525 gibt folgende als Eigentum an: den Gudelack- und den Wutzsee in Lindow, Alt-Globsow mit allen dazugehörigen Seen, Dollgow bei Rheinsberg mit dem Dollgower See und dem Großen Törn-See, das Dorf Köpernitz mit dem Köpernitzer See, Seebeck und Vielitz mit dem Vielitz-See, das Dorf Strubensee mit den beiden dazugehörenden Seen. Aus einer Bestätigungsurkunde durch den Kurfürsten Joachim I. aus dem Jahre 1530 – ausgestellt am Tag der Heiligen Drei Könige - sind zu nennen Burow mit dem gleichnamigen See, Grambeck mit dem Grambeck- und Krutzkow-See, das Dorf Krukow mit dem Krukow-, dem Steutze- und dem Nehmitz-See, Pritzkow mit dem gleichnamigen See sowie Roofen mit See und das Dorf Stechlin mit dem Großen und dem Kleinen Stechlin, dem Goderling-, Teufels- und Wulwitz-See. Insgesamt verfügte Lindow über mehr Landbesitz als die Klöster von Marienfließ in Stepenitz und Heiligengrabe – beide ebenfalls im Bistum Havelberg und in der weiteren Nachbarschaft gelegen – sowie Chorin, die bekannte Klosteranlage bei Angermünde.

Außerdem besaß das Kloster das Patronatsrecht über 15 Mutterkirchen und sechs Filialkirchen, die in der Mehrzahl innerhalb der klösterlichen Grundherrschaft gelegen sind. In ihrem schlichten Charakter und der rechteckigen Feldsteinarchitektur entsprechen sie dem

Konventshaus, Schnitt

Ziermotiv aus der Klostermauer

Kloster Lindow
Giebel des Konventshauses, um 1300

Typus der gänzlich zerstörten Lindower Klosterkirche.

Vor allem verstanden die Äbtissinnen von Lindow die städtische Struktur mit Handel und Märkten in ihrem Sinne zu nutzen. In dem Landstädtchen Lindow besaß es einen Lehnrichterhof und unterhielt ein Beginenhaus, in dem vier Beginen Aufnahme fanden. Seit 1365 unterhielt das Kloster in Neuruppin über zweihundert Jahre einen regelrechten Stadthof in der Nähe des Dominikanerklosters, der erst nach der Reformation 1558 verkauft wurde. In dieser »curia dominarum in Lyndow« wohnten die Äbtissin oder andere Klosterfrauen, wenn sie in der Stadt ihren Geschäften nachgingen. Es hatte auch die Funktion eines Handelskontors zwischen dem Kloster und der Bürgerschaft. Obwohl das Generalkapitel den Handel, die Kaufmannstätigkeit sowie die Geldleihe und die Anhäufung von Besitztum als unchristlich verurteilten, waren die zum großen Teil mit dem ländlichen Adel, aber auch mit Frauen aus der wohlhabenden Bürgerschicht versehenen Konvente sehr wohl an der Mehrung ihres Reichtums und ihres Einflusses interessiert. Gerade die nicht so stringente Bindung an den Orden hat den Frauenklöstern viel Spielraum gelassen und namentlich die Hausklöster der Adelsgeschlechter verfügten über genug Macht und Einfluß, um den Besitz des Klosters zu mehren und zu schützen. So erteilten die Klöster Darlehen gegen die Verpfändung von Abgaben, Grundstücken und Hoflagen und bisweilen auch ganzen Dörfern. Solche Geschäfte wurden ganz selbstverständlich auch in Lindow gemacht. M. Neumann schildert das folgende Beispiel: »Die Äbtissin Agnes (um 1423) hatte den Lehnsbesitzern der von Lindow zu entrichtenden Urbede, nämlich Wedego, Lüdeke und Claus von Quitzow, gegen Verpfändung derselben, welche 10 Mark betrug, 100 Mark Silber geliehen, und ihre Nachfolgerin, Liutgard Gronenveld bewog im Jahre 1436 durch Hinzuzahlung von noch 42 Mark Silbers den damals alleinigen Lehnsträger der dem Kloster verpfändeten Hebung Claus von Quitzow zu Rühstadt, diese für immer dem Stift abzutreten, welches Abkommen Graf Albrecht bestätigte. Diese Abgabe der Stadt Lindow – jährlich 10 Reichsthaler und 16 Groschen – wurde noch bis ins 19. Jahrhundert als »Kloster- oder Jungfernschoß« dem Kloster entrichtet. Dann endigte sie durch Kapitalabfindung, nachdem ein Jahrhundert zuvor, im Jahre 1707, die Bürgerschaft der Entrichtung dieses Schoßes mit Gewalt sich zu entledigen versucht hatten.« [23]

Erst der wirtschaftliche Niedergang nach der Reformation machte den Verkauf des Stadthofes notwendig, der für 60 Florin Landeswährung an den Ruppiner Bürger Joachim Bellé ging. Im Jahre 1437 verpfändete Graf Albrecht von Lindow dem Kloster eine Hebung aus der Stadt Gransee. Berlin-Cölln, die Doppelstadt an der Spree, hatte eine jährliche Renten von 14 Schock Groschen märkischer Währung zu leisten, eine Zahlung, die im Jahre 1502 durch die dortigen Stadträte anerkannt und bestätigt wurde.

Wie lauteten die Namen der Äbtissinnen, die so geschickt die Geschäfte zu führen wußten. Die Akten setzen auch hier erst im 15. Jahrhundert ein und nennen Agnes (um 1423), Liutgard Gronenveld in den dreißiger Jahren, Anna Gräfin zu Lindow in den achtziger Jahren, Anna von Kröcher in den neunziger Jahren und in der ersten Hälfte des 16. Jahrhunderts Barbara Gräfin zu Lindow und Elisabeth von Kröcher.

Die Klosteranlage

Die Klosteranlage ist nur in Resten erhalten. Fontane ortete dort um die Mitte des 19. Jahrhunderts »ein buntes Durcheinander von Blumen- und Gemüsegärten und, mitten hineingestellt in diese, das villenartige Haus der Domina, dicht grenzend mit einem in Trümmern liegenden Langbau, der sehr wahrscheinlich einst das Refektorium des alten Klosters ausmachte. Jetzt ist es Wirtschaftshof, Eis- und Vorratskeller der drei, vier Damen, die hier ihre Tage leben und beschließen, und jeder Zauber wäre dieser Verfallsstätte längst abgestreift, wenn nicht die hohen, stehengebliebenen Giebelwände wären, mit ihren gotischen Nischen und Fenstern und ihrem Storchennest darauf«.

Von der Klosterkirche ist bis auf einen Sockelrest nichts erhalten. Nach Grabungen von M. Neumann in den dreißiger Jahren handelte es sich um einen einschiffigen Langhausbau von 37 Metern Länge und einer Breite von 11,50 Metern. Von einem Choranbau im Ostteil wird nichts berichtet, sondern von einem geraden Giebelschluß im Osten. Die Freilegung von Gräbern und Doppelgräbern innerhalb der Kirchenruinen beweist, daß die Kirche als Begräbnisstätte genutzt wurde und mit großer Wahrscheinlichkeit sind hier die Verstorbenen aus dem Hause der Grafen zu Lindow bestattet worden. An die Südwand des Langschiffes schloß sich der überwölbte Kreuzgang an, der einst einen geschlossenen Innenhof bildete. Am aussagekräftigsten ist die Ruine des Ostflügels, eine zweigeschossige Anlage, in deren unteren ebenfalls gewölbten Räumen sich Refektorium, Kapitelsaal und Küche befanden, während die obere Etage das Dormitorium des Konvents beherbergte. Dieses Konventsgebäude ist zwischen 1250 und 1270 fertiggestellt worden. Das Mauerwerk besteht aus behauenen Feldsteinquadern und Backstein für die Gewände der Fenster. Es war ursprünglich verputzt und mit roter und weißer Farbe bemalt. Die lineare Malerei stellte Maßwerkmotive dar. In den beiden Giebel stammt je ein hohes Spitzbogenfenster aus der originalen Bausubstanz. Den Eingang bildete ein im Nordwesten gelegenes Spitzbogenportal. Südlich vom Konventsgebäude lag die Klosterschule – einziger Bildungsort für die Töchter aus dem Adel und dem Bürgertum in der Grafschaft. Es ist ein spätgotischer Bau des ausgehenden 15. Jahrhunderts mit großen Spitzbogenfenstern im Untergeschoß und einer ursprünglich niedrigen Reihe von Stichbogenfenstern im Obergeschoß. Die Giebel sind mit gestaffelten Zwillingsblenden verziert.

Im Süden lagen die umfangreichen Wirtschaftsgebäude und nördlich der Klosterkirche die Gartenanlage.

Aus dem mittelalterlichen Kirchenschatz verzeichnete das Inventar von 1727 einen Kelch, eine Patene, eine Monstranz und ein Gefäß, alles in Silber, sowie ein kleines und ein großes silbernes Klostersiegel.

Das evangelische Damenstift

Mit dem Aussterben des Lindower Grafengeschlechtes fiel die Herrschaft Ruppin im Jahre 1524 an den Kurfürsten von Brandenburg. Zwar wurden von Kurfürst Joachim I. in den Jahren 1525 und 1530 noch Bestätigungsurkunden für den umfangreichen Klosterbesitz ausgestellt, doch bereits zehn Jahre später kam im Zusammenhang mit der Reformation die Visitation des Klosters. Kurt von Rohr, Hauptmann im Lande Ruppin, überbrachte 1541 die Nachricht der bevorstehenden Visitation. Offenbar hat es keine größeren Widerstände gegen den Übertritt zum lutheranischen Glauben gegeben. Andererseits scheint die letzte Äbtissin Elisabeth von Kröcher nicht konvertiert zu sein, denn in späteren Berichten wird lediglich ausgesagt, daß der letzte Propst Johannes Fischer, die Priorin Margarethe Kule sowie der gesamte Konvent die neue Lehre und die Kirchenordnung angenommen hätten. Über den Verbleib der letzten Äbtissin gibt es keine Aussagen. Ihre Stelle wurde von einer Domina eingenommen und die Anzahl des Konventes sank von 35 Nonnen vor der Reformation bis auf wenige Stiftsdamen und der Grundbesitz von vier Quadratmeilen auf knappe einhundert Morgen.

Ein Jahr später verpfändete der Kurfürst die Einkünfte des Klosters an Hans von Arnim den Jüngeren und Mitte der fünfziger Jahre an den Kurprinzen. Diese neuen Herren verfügten über die Einnahmen des Klosters, das um 1550 neben der Domina noch 14 Stiftsdamen beherbergte. Merkwürdigerweise wird in den Klosterurkunden von 1558 und 1563 immer noch von Äbtissin, Priorin und Konvent gesprochen.

Nach dem dreißigjährigen Krieg bestand das Kloster nur mehr aus fünf Personen.

Neben den Kriegswirren haben vor allem die vielen Feuersbrünste für die Plünderung der Bausubstanz gesorgt, da für den Wiederaufbau ein jeder Lindower Bürger sich aus dem ruinösen Mauerwerk der Klosteranlage frei bedienen konnte. Die Niederbrennung des Klosters, die im Jahre 1638 durch die Truppen des kaiserlichen Feldmarschalls Gallas erfolgte, brachte den totalen Verfall der Klosterkirche, die wohl bis zu diesem Zeitpunkt von der Stadt als Kirche angenommen worden war, obwohl Lindow seit 1457 eine eigene reformierte Stadtkirche besaß.

Anträge zum Neubau der Kirche wurden in der Zeit nach dem dreißigjährigen Krieg nicht realisiert. Wo gebaut wurde, geschah es mit privaten Mitteln. So ließ beispielsweise die einstige Domina Ilse von Rochow nach ihrer Heirat um die Mitte des 18. Jahrhunderts das »neue

Dominat« errichten, da der ursprüngliche, zweihundert Jahre alte Bau »täglich vom Einsturz bedroht« war.

Zu Beginn des 19. Jahrhunderts wurde aus dem ehemalige Beginenhaus das Armenhaus der Stadt Lindow. Etwa zur selben Zeit wurde ein klassizistisches Wohnhaus für die Stiftsdamen errichtet. 1816 wohnte in dem Dominat die Domina von Lichnowska. In der Nähe befand sich das Brauhaus des Stiftes, die einstige Klosterbrauerei. Zur selben Zeit wohnte in dem ausgebauten ruinösen Ostflügel der Klosteranlage die Stiftsdame von Lostin. Daß die Stiftsdamen immer noch standesgemäß in der Mischung aus mittelalterlichen Ruinen und klassizistischen Gebäuden lebten, wird daraus geschlossen, daß jede Bewohnerin eine geräumige separate Wohnung und eine eigene Remise für Wagen besaß. Die wenigen Stiftsdamen, die das Dominat oder andere Gebäude bewohnten, kamen zumeist aus dem Ruppiner oder havelländischen Adel; so finden wir unter den Dominas Elisabeth von Zieten (1557), Anna von Gühlen (1625), Katharina von Döberitz (1685), Anna Hedwig von Fratz (1709), Maria Elisabeth von Quast (1736), Ilse Margarete von Rochow und Anna Elisabeth von Bredow.

Im Jahre 1945 wurde das Damenstift aufgelöst. Heute befindet sich in den noch erhaltenen Gebäuden der Propstei, des Waschhauses und weiterer Bauten ein evangelisches Altenpflegeheim.

Fenster des Schulgebäudes

Heilig-Blut-Verehrung, Zinnaer Marienpsalter, 1492/93

Kloster Marienfließ in Stepenitz

Gründung

Das Nonnenkloster Marienfließ in Stepenitz wurde im Jahre 1231 vom Ritter Johannes Gans zu Putlitz als Familienkloster gegründet. Es lag in der Nähe des Dorfes Stepenitz am Oberlauf des Flüßchens Stepenitz, woraus sich der Name Marienfließ ableitete. In der Gründungsurkunde, ausgestellt von Bischof Wilhelm von Havelberg, wurden die Regeln der heiligen Benedikt als verbindlich genannt und das Kloster – genannt »der heiligen Marien Bach« – als dem Zisterzienserorden angehörend bezeichnet. Knapp dreißig Jahre später wurde es in einer Urkunde »der seligen Jungfrau Mariae bach« genannt. In der zweiten Hälfte des 13. Jahrhunderts wurde der Klostername mit dem Ortsnamen verbunden: Ecclesia in stepeniz sancte Marie (1275), ecclesia sanctimonalium in Stepeniz (1287), Cenobium Stepeniz (1288). Mit der Wende zum 14. Jahrhundert wurde der Name der Jungfrau Maria meist nicht mehr genannt und einfach von claustrum stepeniz (1291), Closter tho der stepenitz (1387) oder auch vom godes huse thor Stepenitze (1391) gesprochen. Ab 1400 erschienen die Jungfrauen im Klostertitel und es hieß Juncvrowen Closter thu der stepenitze.

Das Wunderblut – eine Legende und ihre Hintergründe

Um die Mitte des 13. Jahrhunderts kam im Zusammenhang mit der Klostergründung eine Legende in Umlauf, die sich auf die Verehrung des heiligen Blutes an eben diesem Ort berief. Nach dieser Legende hatte Kaiser Otto IV. das Heilige Grab in Jerusalem besucht und der damalige Sultan von Palästina schenkte ihm einige Tropfen Blut, das Christus am Kreuz auf dem Hügel von Golgatha vergossen hatte. Der Kaiser hütete das religiöse Kleinod. Als er jedoch im Jahre 1218 auf seiner Burg im Harz starb, brachte einer seiner Ritter das Blut an sich. Einige Jahre später kam es in die Hände des Johann Gans zu Putlitz, der in seiner märkischen Grafschaft ein Jungfrauenkloster zu Ehren der Jungfrau Maria und Maria Magdalena stiftete, um die kostbare Relique auf Dauer an einem geweihten Ort zu wissen. Heute wird die Legende als eine vom Havelberger Bischof in Umlauf gesetzte Geschichte angesehen mit dem Ziel, die Heiligkeit des Ortes zu bestätigen und dadurch eine Klostergründung im äußersten Grenzland zu rechtfertigen. In Wirklichkeit haben den Edlen Gans zu Putlitz wohl eher strategische Überlegungen zur Gründung eines Frauenklosters an der äußersten Grenze der Prignitz bewogen als religiöse Gefühle. Seine Herrschaft in der Prignitz war von den Askaniern, den Grafen von Schwerin und von Dannenberg und von den Mecklenburger Fürsten bedroht – eine Übermacht, gegen die militärische Gewalt wenig ausrichten konnte. Hier galt es, kluge Bündnispolitik zu betreiben und vor allem die eigenen Ländereien vor den Einfällen der Nachbarn zu schützen. Das war eben durch die Klostergründung möglich, denn der dem Kloster gehörende Landbesitz war als Land Gottes zwar nicht gänzlich vor Übergriffen gefeit, aber es gab doch eine deutliche Hemmschwelle, denn selbst die härtesten Landsknechte wollten sich nicht mit den Vertretern Gottes anlegen.

Die Geschichte des Klosters

Das am Flüßchen Stepenitz gelegene Kloster erhielt den Namen Marienbach bzw. Marienfließ und wurde von seinem Stifter mit 60 Hufen Land der Ortslage Stepenitz ausgestattet. Der Bischof von Havelberg bestätigte als Lehnsherr der Herrschaft Putlitz die Schenkung.

Die erhoffte Pilgerschar zu der Blutrelique, die dem Kloster gewisse Einkünfte sichern und seine religiöse Bedeutung über die regionalen Grenzen hinaus tragen sollte, blieb allerdings aus. Im Vergleich zum Wilsnacker Wunderblut, das bald den Ort zu einer viel besuchten Wallfahrtsstätte machte, erlangte Stepenitz keine entsprechende Beachtung. Dieses geht aus einem Schreiben hervor, in dem die erste Äbtissin Gertrudis, die Priorin Christina und die Scholastica Hilderidis »harte Klage führen über den Mangel an Glauben, über das Erkalten der Liebe zu Gott und die mangelnde Verehrung des heiligen Blutes«. Daraufhin bekräftigte Bischof Heinrich von Kerckow in Havelberg in einer Urkunde von 1256 die Glaubhaftigkeit der Relique und erteilte gemeinsam mit den Bischöfen von Cammin und Lübeck allen denen einen Ablaß auf vier Jahre, die dem Heiligtum in Marienfließ ihre Opfer darbringen würden. Doch blieb die Zahl der Spendenwilligen gering und das Kloster mußte von Seiten des Adels mit Schenkungen gestützt werden. Putlitz übereignete dem Kloster das Dorf Gandersdorf (heute Jännersdorf) und mehrere Landhufe in Stepenitz und Krempendorf. 1259 schenkte Gans der Jüngere weitere Landhufe in Krempendorf;der Anlaß war der Eintritt seiner Schwester Irmgard Gans von Wittenberge in das Kloster Stepenitz. Die ausführliche Urkunde darüber liegt in einer deutschen Übersetzung aus dem 18. Jahrhundert von Chr. Max. Spener vor und sie ist ein charakteristisches Beispiel für die mit dem Eintritt ins Kloster verbundenen »Geschäftsabschlüsse«: Der kaum ge-

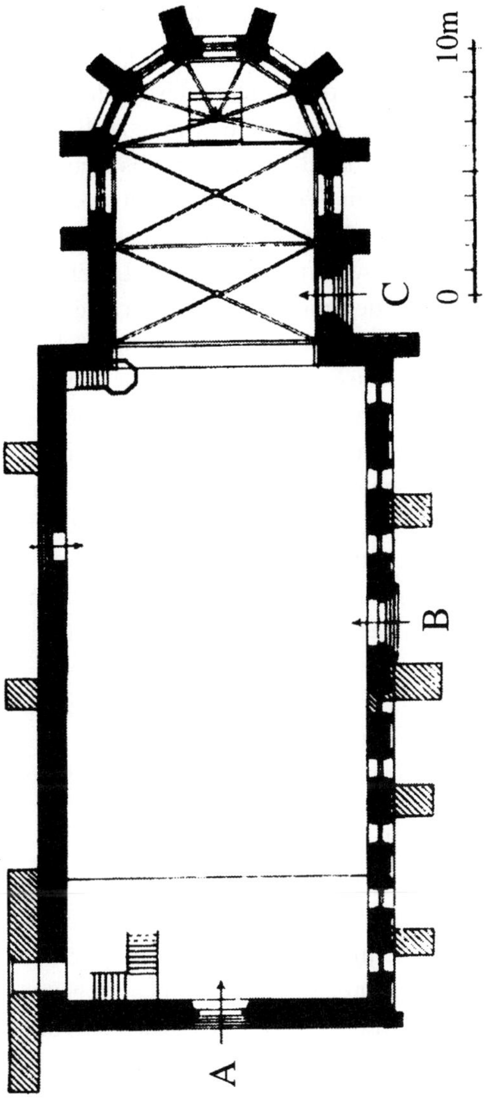

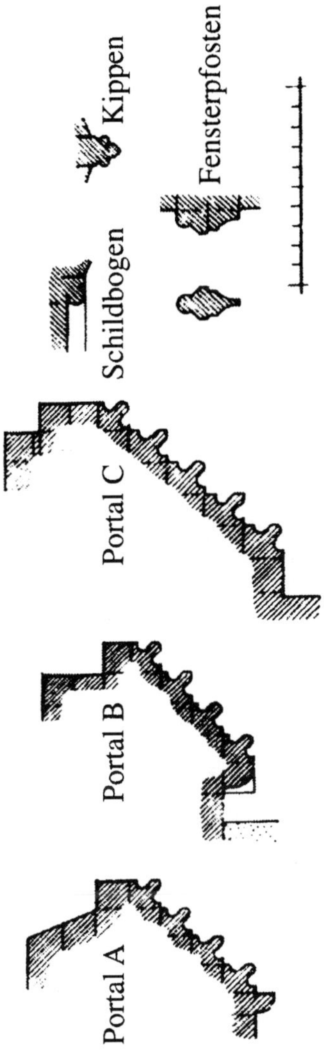

Grundriß der Klosterkirche Marienfließ in Stepenitz, 13./frühes 14. Jh.

Profile der Kirchenportale

kürzte Wortlaut ist im folgenden wiedergegeben: »Im Nahmen der heiligen und unzertheilten Dreyfaltigkeit Amen. Ich Johannes, genannt Ganß von Wittenberge, thue hiermit allen und jeden zu wissen ... daß unsere leibliche Schwester, obwohl noch jung von Jahren, doch alt an Verstand, aus Antrieb göttlicher Gnade, umb die Unbeständigkeit dieser gegenwärtigen und vergänglichen Welt zu vermeiden, und ihrem Heil desto mehr und gewisser vorzustehen, sich verlobet und in reiner Keuschheit übergeben dem Orden derer Dienerinnen Christi in der seligen Jungfrau Mariaebach, willens, unter eben dem rauhen Ordens Habit, nach dem Exempel derer übrigen sich daselbst aufhaltenden Jungfrauen, unter dem Gelübde der ewigen Jungfrauschafft, Gott und der seligen Maria zeit ihres Lebens zu dienen. Alß haben wir ihre Andacht hierinne billig angesehen, und ihre Begierde und Verlangen würdig geschätzet, daß wir, nachdem gemeldet unsere noch sehr junge Schwester würcklich in Orden getreten, mit guten willen das Dorf Krempendorff selbiger Kirche, mit allem Recht, was wir daran haben, Alß 10 Hufen zur rechten Seite desselben liegende, deren Eigenthum Herr Henrich, Bischoff der Havelbergischen Kirchen, hierzu übergeben, und auf der andern Seite, was uns zugehöret hat, vorgemeldeten Kloster frank und frei geschencket und überlassen. Daß diese Sache fest, beständig und unverletzt bleiben möge, alß haben wir Zeugen darzu genommen, deren Nahmen sind: Heinrich, Bischoff zu Havelberg, Wiprecht Propst, Johannes Prior, Echbert und andere Stifftsherren ... Gegeben zu Havelberg im Jahre der Menschwerdung des Herren 1259 den 10 Novbr.« Diese Urkunde sagt aus, daß die noch sehr junge Adlige Irmgard Gans Edle zu Putlitz aus eigenem sehnlichen Wunsch dem Konvent beigetreten ist. Neben dem religiösen, Gott und der Jungfrau geweihtem Leben haben sie auch die unsicheren kriegerischen Zeiten zum Eintritt bewogen. Die Brüder wissen den Entschluß der jüngeren Schwester zu würdigen und unterstützen den Eintritt durch Landschenkungen an das Kloster. Sodann ist es ihnen wichtig, daß diese übereigneten Höfe und Ländereien »fest, beständig und unverletzt« bleiben mögen, das will heißen in den kriegerischen Zeiten möglichst unversehrt und im Eigentum des Klosters verbleibend. Um eben diesen Schutz durch Gott und Klerus zu bestätigen, werden der Bischof von Havelberg und weitere hohe Kirchenleute zu Zeugen der Landübereignung.

Somit sind die Interessen verschiedener Parteien gewahrt: Der Novizin ist der Eintritt ins Kloster ermöglicht, das Kloster erweitert seinen Landbesitz und festigt seine Wirtschaftlichkeit, die Familie der Gans zu Putlitz hat weitere Ländereien vor dem Zugriff der Schweriner Grafen gerettet und der Bischof begrüßt die Stabilisierung seines Territoriums gerade in den Grenzregionen.

Auf ähnliche Weise kamen einige Jahre später die Dörfer Karbow, Wilsen, Darre und Damerow in Klosterbesitz. Die Edlen von Werle brachten dem Kloster aus ihren Besitzungen in Mecklen-

Klosterkirche Stepenitz, Ansicht von Südosten, Chor um 1300

Stift Marienfließ, Luftaufnahme

burg große Anteile von Vietlübbe, Barkow, Plau, Dersenow und Lübz ein.

Die Grenzlage als nordöstlichster Vorposten von Brandenburg wirkte sich vor allem im 13. Jahrhundert, als zwischen Brandenburg und Mecklenburg kriegerische Auseinandersetzungen an der Tagesordnung waren, sehr ungünstig auf die weitere Entwicklung des Klosters aus. Die Nonnen mußten um ihren Besitz fürchten und ließen sich von Markgraf Otto IV. einen Schutzbrief ausstellen. Indes kamen aus der Mitgift der adligen Töchter, die in das Kloster eintraten, Besitzungen in Blesendorf, Krumbeck, Porep und Quaslin hinzu.

Zu Beginn des 14. Jahrhunderts baute das Kloster seinen Landbesitz im Grenzland zwischen Brandenburg und Mecklenburg weiter aus. Es kaufte für 60 Silbermark vom Schweriner Grafen weitere Anrechte auf Porep und für den gleichen Preis Besitzrechte in den Dörfern Suckow und Drenckow.

1396 erwarb Marienfließ das Dorf Dresenow einschließlich der Mühle.

Auch der Klerus war um die Unterstützung des Nonnenklosters weiterhin bemüht: Im Jahre 1400 schenkte der Domherr von Havelberg, Johann Möllendorf, dem Kloster ein wundertätiges Marienbild, welches dem Kloster auch gewisse Einkünfte sichern sollte, denn jedem Gläubigen, der vor dem Heiligenbilde knieend sieben Ave Maria sprach und Geld spendete, wurden seine Sünden erlassen.

Im Jahre 1404 konnte sich das Kloster seinen größten Förderern, den Gans von Putlitz, seinerseits hilfreich erweisen: In den Kriegswirren war Caspar Gans zu Putlitz in die Gefangenschaft des Herzogs Albrecht von Mecklenburg geraten. Das Kloster bot seine Vermittlung an und kaufte den Gefangenen für 50 Mark Lübschen Geldes frei. Dafür ging das Dorf Kuwalk an das Kloster.

Immer wieder kamen auch Ländereien bei dem Eintritt der Bürgertöchter an das Kloster; so 1405 vier Landhufe zu Telschow beim Eintritt der Tochter von Claus Biner zu Silmersdorf. Andererseits mußte das Kloster Ländereien an die Ritter Otto von Britzke und Otto von Stendal als Schutzzoll geben.

Viele Besitzungen des Klosters lagen in Mecklenburg, wie das 1473 zusammen mit der Mühle erworbene Dorf Wilsen.

1476 erhielt das Kloster einen Schutzbrief des Herzogs Albrecht von Mecklenburg für die Mühle im mecklenburgischen Dorf Dresenow, einige Jahre später erfolgte die Verleihung der Mühle an das Kloster. Das Dorf Quaßlin mit dem Klostersee gehörte ebenfalls zum Mecklenburger Besitz des Klosters.

Als Äbtissinnen werden im 13. Jahrhundert Gertrud und Diethburg genannt, im 14. Jahrhundert Adelheid von Plau und Katharina von Karstedt, im 15. Jahrhundert Irmgard von Predöhl, Anna von Klitzing, Anna Gans Edle zu Putlitz, Mechthild Gans Edle zu Putlitz sowie im 16. Jahrhundert nochmals Anna Gans Edle zu Putlitz. Aus dem Bürgertum kam mit Katharina Bertold nur eine Äbtissin; bis 1491 war sie Priorin des Klosters und wurde 1493 zur Äbtissin gewählt.

Klosterkirche Stepenitz, Westfassade

Klosterkirche Stepenitz, Langhaus (2. H. 13. Jh.) und Chor von Süden

Die Klosterkirche

Obwohl Stepenitz als armes Kloster bezeichnet wird, verfügt es doch über eine der schönsten Backsteinkirchen, welche die Zisterzienser in der Mark bauen ließen. Der heute noch erhaltene einschiffige Bau stammt aus dem 13. Jahrhundert und war der Jungfrau Maria und Maria Magdalena geweiht. Der Bau des Langhauses wurde vermutlich 1231 begonnen, zog sich aber bis in die zweite Hälfte des 13. Jahrhunderts hin. Entsprechend der zisterziensischen Einfachheit wurde das Längsschiff lediglich mit einer Flachdecke versehen, während der um 1300 errichtete Chorteil mit Kreuzrippen gewölbt war. Die Nonnenempore bildete nicht nur im Westteil des Schiffes ein Obergeschoß, sondern erstreckte sich auch auf die beiden Längswände. Dieser zweigeschossige Aufbau ist an der Südseite des Schiffes durch die zwei Fensterreihen deutlich erkennbar. An der Nordseite entfällt die untere Fensterreihe durch den Anbau des Kreuzganges und der Klausurgebäude. Die Südfront wird in der Außenansicht von drei massiven Stützpfeilern blockhaft gehalten, die erst Jahrhunderte später zur Sicherung des Bauwerkes angebracht worden sind. Die ursprüngliche Komposition zeigt die Wandfläche in einer lebhaften Gliederung von Bogenfriesen und Fenstern, sowie den malerischen Wechsel von Backsteinmauerwerk, Glasursteinen in den Fenstern und hellem Putz in den Blendnischen. Das hochgezogene Untergeschoß wird nur von kleinen Lanzettfenstern unterbrochen, die jedoch von hohen schlanken Blenden umfangen werden, deren strenger Rhythmus der Reihung das optische Bild bestimmt. Das Südportal fügt sich in der gedrückten Spitzbogenform der Fensterfront ein und zeigt ein Gewände von vier Rundstäben aus glasierten Ziegeln. Die Oberlichter sind dreigeteilte Spitzbogenfenster im Wechsel mit verputzten Spitzbogenblenden. Im Westgiebel ist das Portal ähnlich dem Südportal gestaltet, jedoch schlanker und hochgezogener, darüber eine gestaffelte Gruppe von drei Spitzbogenfenstern und im Giebelfeld zweigeteilte Blenden. In der Mitte des 13. Jahrhunderts, als die Kirche allein aus dem Längsschiff bestand, war auch der Ostgiebel mit entsprechenden Blenden versehen, deren Ansätze unter dem Dach des Chores noch erkennbar sind.

In einer zweiten Bauzeit zum Ende des 13. Jahrhunderts wurde der Ostteil mit dem Chor fertiggestellt. Im Gegensatz zum Langhaus ist der Chor ein Gewölbebau, dessen besondere Statik die kräftigen dreifach abgestuften Strebepfeiler am Außenbau notwendig machte. Sie haben die Funktion, den Schub des Kreuzrippengewölbes abzufangen. Im Innern des geräumigen Chores setzen die kräftig profilierten Gewölberippen – drei Stäbe mit gespitztem Rundstab in der Mitte – über konsolenartig sich verbreiternden Runddiensten an. Die Konsolen werden durch überkragende Backsteinsetzungen gebildet. An den Wänden ruhen die Gewölbekappen auf Schildbögen mit Rundstabprofil. Der eingezogene Chor setzt direkt an den querschifflosen Hauptraum an, erstreckt sich über zwei Joche und endet in einem aus fünf Seiten gebildeten polygonalen Schluß. Dieser polygonale Chorschluß hatte in Chorin sein Vorbild und ist auch in Boitzenburg und Heiligengrabe zu finden. Im westlichen Joch ist an der Südseite ein Portal eingelassen, das von einem steilen Wimperg aus Glasursteinen überfangen wird. Eine Reihe von vier spitzgiebeligen Blenden ist darüber gesetzt. Die hohen Chorfenster sind dreigeteilt.

Nach Fertigstellung des größten Teils der Kirche wurden Altäre zu deren Ausstattung und zur Ausübung der religiösen Funktion gestiftet. Um 1300 wird ein Altar zur Abhaltung von Seelenmessen für die Grafen von Schwerin urkundlich erwähnt, 1355 ein ebendsolcher für die Familie von Metzeke. Außerdem gab es einen Altar der heiligen Katharina sowie jenes, im Jahre 1400 vom Havelberger Domherr Johannes von Möllendorff den Jungfrauen von Marienfließ gewidmete Marienbild, das vermutlich Bestandteil eines weiteren Altares gewesen ist. Von diesen Altären ist nichts in die Gegenwart hinüber gerettet worden. Wer heute ein nennenswertes Bildwerk aus der Klosterzeit besichtigen möchte, sollte sich in die Kirche des ehemaligen Klosterdorfes Porep begeben, wo es einen sehr schöner mittelalterlicher Schnitzaltar gibt.

Von dem Kreuzgang und den Klausurgebäuden, die sich im Norden an das Kirchenschiff anschlossen, ist heute nichts mehr erhalten. Auch Ausstattungsstücke aus der Klosterzeit sind nicht mehr vorhanden, der gotische Kelch kam erst im 17. Jahrhundert als Geschenk in die Kirche.

Reformation

Anfang des 16. Jahrhundert besaß das Kloster Marienfließ insgesamt 21 Dörfer, die zwischen den Städten Lübz, Plau, Meyenburg und Putlitz teils auf brandenburgischem, teils auf mecklenburgischem Gebiet lagen. Die Beziehungen zu den verschiedenen Landesherren waren alles andere als freundschaftlich. Die Rechtmäßigkeit der Klosterbesitzungen wurde mehrfach angezweifelt. Im Jahre 1507 hatte Herzog Heinrich von Mecklenburg das Kloster aufgefordert, seine Besitzurkunden über die mecklenburgischen Dörfer vorzulegen. Die Vögte von Plau und Lübz bedrängten das Kloster auch auf gewaltsame Weise, vor allem die Steuern wurden von den Landesfürsten immer rücksichtsloser eingetrieben. Daß auch der innere Zusammenhalt zerbrochen war, wurde offensichtlich als die Äbtissin Anna Gans zu Putlitz damit begann, Ländereien an das Haus Putlitz zurückzugeben. So war das Kloster bereits wirtschaftlich geschwächt und in seiner inneren Struktur ausgehöhlt, als die Reformation sich ankündigte und nach dem Tod des letzten Bischofs, Busso von Alvensleben, im Jahre 1548 in der Prignitz vollzogen wurde und in deren Gefolge aus dem Zisterzienserinnenkloster Marienfließ ein evangelisches Stift gemacht wurde. In dieser Zeit des Umbruchs gingen die meisten Güter in Mecklenburg verloren und auch das Haus Putlitz, einst Gründer und Hauptförderer des Klosters, verlangte seine Anteile zurück. Nur widerstrebend haben sich die Nonnen des evangelischen

Stiftes unter die Schutzherrschaft der Grafen von Putlitz stellen lassen. Im Jahre 1552 kam es durch Vermittlung des Landeshauptmanns der Priegnitz, Conrad von Rohr, zu einem Vertrag, der die dem Stift verbleibenden Besitzungen und Rechte festlegt. Danach standen ihnen weiterhin Hebungen, Gefälle und Dienste aus 10 Dörfern zu. Das Dorf Telschow wurde verpflichtet, dem Stift unentgeldlich Bau- und Brennholz zu liefern, Suckow jährlich pro Bauerngehöft vier Scheffel Roggen und Dachstroh und die Stadt Putlitz hatte wie zu Klosterzeiten das Bier zu bringen. Von den einstigen Ländereien blieb nichts, das nie reich gewesene Kloster verwandelte sich in ein noch weit ärmeres Stift, das sich nicht mehr in der Lage sah, eine eigene Leitung durch die Domina zu finanzieren und deshalb einem ehrenamtlichen Verwalter unterstellt wurde. Der dreissigjährige Krieg ebnete die Klosteranlage ein, nur die Kirche blieb erhalten. Unterstützt durch den Landadel der Priegnitz begann im Jahre 1655 der Wiederaufbau der notwendigen Gebäude und die Reorganisation des Stiftes. Die Stiftsdamen wählten aus ihrer Mitte eine Domina, die als »gute Mutter« für Disziplin, Frieden und Einigkeit im Kloster zu sorgen hatte. Auch sie war, ähnlich wie einst die Äbtissin, an den Ort ihres Wirkens fest gebunden und durfte das Kloster nur ausnahmsweise und keineswegs länger als zwei Wochen verlassen. Neben der Wahl der Domina durch die Stiftsfrauen hatten die Landesherren und Förderer das Recht, die Ämter im Stift nach ihren eigenen Vorstellungen zu vergeben. Gerade dieses Privileg machte den großen Unterschied zur inneren Autonomie des zisterziensischen Konvents aus. Für die neu Eintretenden gab es eine Probezeit, die jedoch auf ein Vierteljahr gekürzt worden war, und für die Aufnahme bestand eine festgesetzte Einschreibegebühr von 37 Talern – im Vergleich dazu waren im Stift Heiligengrabe cirka 100 Taler zu entrichten. Außerdem mußte die Novizin weitere persönliche Geldgeschenke leisten: an die Domina 10 Taler, an jede Stiftsdame und an den Prediger von Stepenitz 5 Taler, an den Klosterverweser 4 Taler, an den Klostersekretär 1 Taler, an den Küster 20 Silbergroschen und an den Nachtwächter 5 Silbergroschen. Diese Aufzählung zeigt auch, daß jetzt viele Ämter innerhalb des Stifts, wie Sekretär, Verweser, Küster, von männlichen Personen ausgeübt werden und daß die einstige Selbstverwaltung durch Frauen nicht mehr bestand.

Außerdem hatte die Novizin Bett und Bettbezüge mitzubringen und ein sogenanntes »Einkleidungsmahl« für den Konvent auszurichten.

Verglichen mit anderen Einrichtungen wurden die Konventualinnen von Stift Stepenitz gut versorgt. Nach den Unterlagen aus dem Jahre 1780 erhielt jede Stiftsdame jährlich 120 Taler, 21 Taler für Holz, 1 Scheffel Salz, 15 Scheffel Roggen, Hühner, Eier, Milch von zwei Kühen, Flachs zum Spinnen, Fisch sowie zwei bis drei freie Fuhrdienste. Heute ist Marienfließ ein evangelisches Stift mit Altenpflegeheim.

Kloster Heiligengrabe

Die Legende vom Wunderblut

Über die Gründung des Klosters Stift zum Heiligengrabe sind wir nur durch eine Legende informiert, da die meisten Archivalien aus dem Kloster dem dreißigjährigen Krieg zum Opfer gefallen sind. Diese Legende wurde 1521 in plattdeutscher Sprache von Ludwig Dietz in Rostock gedruckt und mit 15 Holzschnitten illustriert. Ihr Inhalt hört sich in knappe Worte gefaßt folgendermaßen an: Im Jahre 1287 hat in der Freitagsnacht nach Himmelfahrt ein durchreisender Jude die Hostien aus der Dorfkirche zu Techow gestohlen. Der flüchtende Dieb wurde verfolgt und vergrub seine Beute unter einem Galgen. In Pritzwalk schließlich wurde er gefaßt, weil seine blutenden Hände den Hostienfrevel verrieten. Er wurde überführt und zum Tode verurteilt. Zuvor aber führte er das Gericht an den Ort, wo er die Hostien vergraben hatte. Die Hostien wurden wieder ausgegraben und – siehe da – sie bluteten. Fortan wurden an dieser Stelle Kranke geheilt und viel Volk pilgerte zu der Stätte. Der Pfarrer zu Pritzwalk holte das Wunder in seine Pfarre, um durch die Pilger Reichtum zu erlangen – jedoch das Wunder blieb aus, die Hostie blutete nicht mehr, woraufhin sie wieder in die Gegend von Techow zurückgebracht wurde und zwar auf Befehl des Bischofs Heinrich von Havelberg, der zunächst der Erzählung mißtraute, aber dann selbst durch das Wunder von einer schweren Krankheit geheilt wurde. Auch Markgraf Otto V., der an diesem Ort ein Kloster errichten wollte, aber dann doch von seinem Vorhaben abließ, wurde durch das Blutwunder und eine göttliche Stimme, die ihm gebot an ebendieser Stelle ein Jungfrauenkloster der Zisterzienser zu errichten, veranlaßt, zur Tat zu schreiten. Noch im selben Jahr wurde mit dem Bau des Klosters begonnen und aus dem Zisterzienserinnenkloster Neuendorf in der Altmark kamen – wiederum erst nach einer himmlischen Weisung - elf Nonnen und eine Äbtissin.

Worauf weist die Legende hin? Zum einen auf die gerade im 13. Jahrhundert verbreitete Judenverfolgung, denn der Hostienfrevel wird einem Juden angelastet; und zum anderen wird mit auffallender Hartnäckigkeit das Blutwunder an eben jenem Ort – und nur dort – beschworen und durch die göttliche Bekehrung der zunächst ungläubigen hohen Kirchenvertreter und des Landesherren sozusagen didaktisch und rhetorisch untermauert. Bei den Grabungen in der nahe dem Kloster gelegenen Heilig-Blut-Kapelle aus dem frühen 16. Jahrhundert, stieß man auf ältere Fundamente eines Grabbaus, was die Ansicht erhärtete, daß hier noch vor der Klostergründung ein Wunderblut verehrt worden ist und man das Kloster in unmittelbarer Nähe dieses Wallfahrtsortes errichtet hat.

Es besteht aber auch die Möglichkeit, daß sich an diesem Ort ursprünglich eine slawische Kultstätte befunden hat und die in der Legende auffallende Ortsgebundenheit des Wunders einen sehr alten vorchristlichen Ursprung hat. Die Tatsache, daß in der Heilig-Blut-Kapelle Holz sorgsam verwahrt wurde, könnte auf diesen slawischen Kultbezug hinweisen. Es gibt hier auch die Parallele zum Zisterzienserkloster Lehnin, dem Hauskloster der Askanier, wo Holz von dem Baum verwahrt wird, unter dem Markgraf Otto I. einst den Traum von der Gründung Lehnins hatte. Hier schimmert noch die Erinnerung an slawische Baumheiligtümer durch.

Neben Stepenitz, Wilsnack und Zehdenick war Heiligengrabe ein weiterer Ort in der Mark mit einer Blutlegende, die als volkstümliche Variante der Transsubstantiation – zu deutsch Substanz- und Wesensverwandlung – beim heiligen Abendmahl angesehen werden kann. Im Meßopfer vollzieht sich die Verwandlung der Substanz von Brot (in Form einer Hostie) und Wein in den Leib und das Blut des gekreuzigten Christus. Die Hostienverehrung und die Verehrung des Blutes Jesu sowie verschiedener geweihter Reliquien war ein fundamentaler Bestandteil der Frömmigkeit in den Klöstern und erhöhte deren Wirksamkeit und Ausstrahlung.

Gründung des Klosters

Es wird angenommen, daß das Kloster parallel zur Blutkapelle – für welche das Jahr 1287 verbürgt ist – errichtet wurde. Es war eine Stiftung des askanischen Markgrafen Otto V. der Lange, der aus dem Zisterzienserinnenkloster Neuendorf bei Gardelegen elf Nonnen und eine Äbtissin in Techow ansiedelte. Damit ist Heiligengrabe ein nach der Ordensregel der Filiation gegründetes Zisterzienserinnenkloster. Das Ereignis ist in den oben genannten Drucken ebenfalls festgehalten: Man sieht zwei Reihen von Klosterfrauen in Schleier und Ordensgewand auf die zwischen Säulen liegende Heilig-Grab-Kapelle hinzutreten, von denen eine ein Buch in der Hand hält. Die Bildunterschrift »Wo dat kloster ghebuwet wart« bezieht sich direkt auf die Klostergründung.

Das Kloster selbst wird dann urkundlich das erstemal 1306 als Kloster bei dem Dorf Techow erwähnt: Cenobium ad sanctum sepulchrum in Thegow. Der Name Heiligengrabe taucht in den Schriften erst 1371 auf: Monasterium in heilgen grabe und Closter to dem hilgengraue (1469).

»Wie das Kloster gebaut wurde zur Ehre des heiligen Leibes unseres Herrn Jesu Christi«, Holzschnitt, 1521

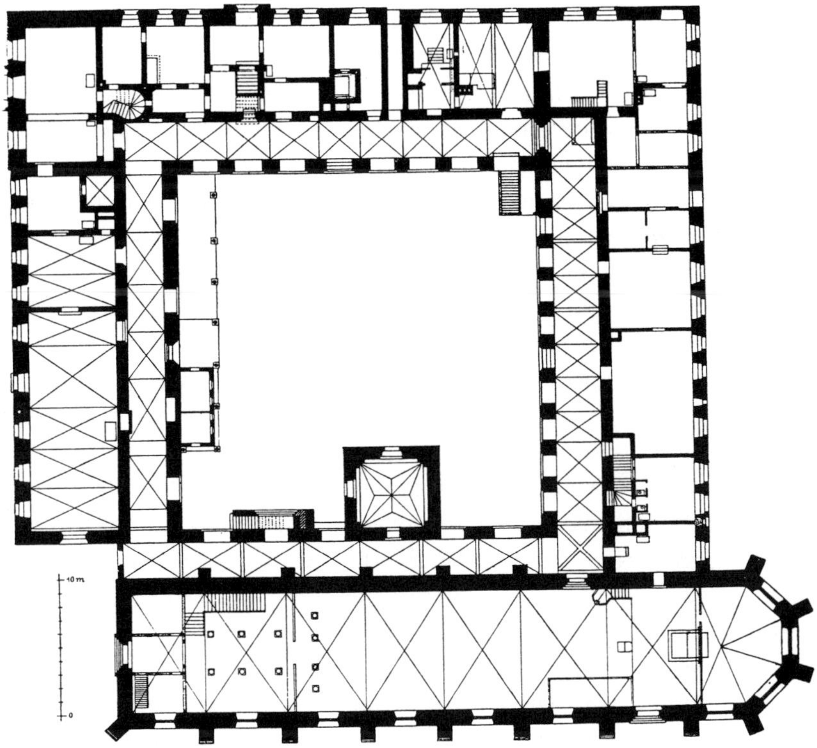

Grundriß des Klosters Heiligengrabe mit Kirche und Klausur

Architektur: Klosterkirche und Klausur

Die Gesamtanlage wurde von einer Feldsteinmauer umgeben, deren rustikale Reste die einstige Abgeschiedenheit von der profanen Welt nacherlebbar werden lassen. Die Kirche ist das religiöse Zentrum des Klosterbereiches. Sie ist eine einschiffige Saalkirche mit Kreuzrippengewölbe, Strebepfeilern und großen Maßwerkfenstern. Das Langhaus besteht aus sechs Jochen. Im westlichen Teil ist die Wand noch in großen Teilen aus behauenen Feldsteinen hochgemauert, die von Mauerwerk aus Backsteinen flankiert wird. Das Format der Backsteine liegt zwischen 28–30 x 13–14 x 8–9 cm. Die große Nonnenempore erstreckte sich über die fünf westlichen Joche des Kirchenschiffes und machte im Westteil der Kirche eine zweite Fensterreihe notwendig, die an der Südwand des Langschiffes eine geschlossenen Front bildet mit der unteren Reihe der Stichbogenfenster und den im Spitzbogen geschlossenen Fenstern der Empore. Die Strebepfeiler durchbrechen die Waagerechten der Lichtgaden und untersetzen den Höhenzug der Architektur, indem sie bis an das Hauptgesims reichen und dort den umlaufenden Maßwerkfries zerteilen. Dieser besteht aus roten und schwarzen Glasursteinen, die ein Kleeblattmotiv in fortlaufender Reihung bilden, welches auch als Rautenband mit dem vierblättrigen Motiv im Binnenfeld gesehen werden kann. Die Westfront der Kirche bietet einen massiven geschlossenen Anblick mit den seitlich hochgemauerten Feldsteinen, die von backsteinernen Strebepfeilern flankiert werden und das aus Backsteinen und Glasurziegeln errichtete Mittelfeld einfassen. In diesem mittleren Gebäudestreifen ist das reich profilierte Spitzbogenportal eingelassen; darüber befindet sich ein Rechteckfeld aus schwarz glasierten Gittersteinen sowie in der Emporenhöhe ein großes Spitzbogenfenster. Am Fuße des Giebels verläuft analog zur Längswand der Kleeblattfries aus ebenfalls schwarz glasierten Formsteinen. Das Giebelfeld wurde einst durch eine Gruppe von fünf Spitzbogenblenden gegliedert, die heute jedoch zugemauert sind. An der Nordwand des Längsschiffes befindet sich in Höhe des sechsten Joches ein Portal, das den Zugang zum Kreuzgang ermöglichte.

Mit der Turmlosigkeit und dem Verzicht auf Raumgliederung entspricht die Klosterkirche von der Baumasse her zwar dem Ideal der zisterziensischen Strenge und Schmucklosigkeit, doch im polygonalen Chor wird die Bauregel des Ordens – in der Architektur auf farbigen Schmuck zu verzichten – für jedermann sichtbar unterwandert durch die farbigen Glasfenster mit der Darstellung der Apostel.

Der Chor selbst ist in der zweiten Bauphase zum Anfang des 14. Jahrhunderts errichtet worden und hat den von Chorin und Boitzenburg her bekannten Fünf-Achtel-Schluß, der auch im Mutterkloster Neuendorf bei Gardelegen vorhanden ist. Die beiden östlichen Joche des Langhauses haben durchgehende Spitzbogenfenster.

Kapelle des Heiligen Grabes, Südseite, frühes 16. Jh.

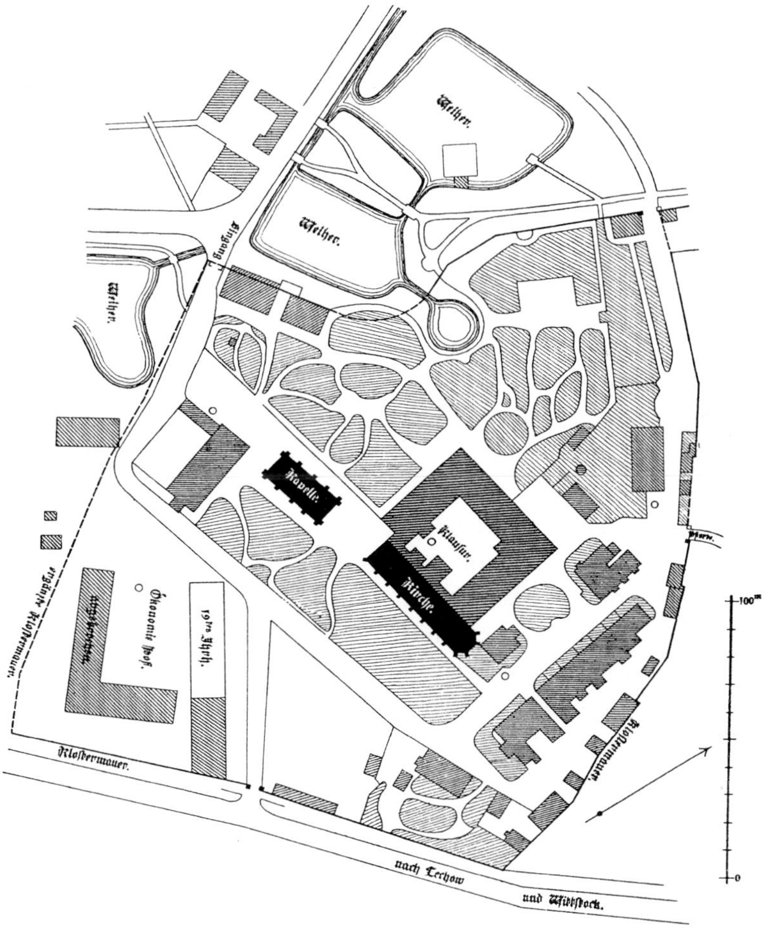

Anlage von Heiligengrabe, Lageplan im Besitze des Stiftes

Das Innere der Kirche ist betont schmucklos; die Rippen der Kreuzgewölbe haben im Profil den Birnstab oder die Doppelkehle und laufen ohne Konsolen in die Wand. Auch auf die Verwendung von Schlußsteinen im Schnittpunkt der Gewölberippen ist verzichtet worden. Die Nonnenempore verlief einst über fünf Joche, was an den langgestreckten Blenden, die als Auflagen für die Balkendecke dienten, erkennbar ist.

An die Nordwand der Kirche schließen sich Kreuzgang und Klausur an; die den quadratische Kreuzgarten umfassen, der einst den Klosterfriedhof bildete. Die Nonnen wurden hier, im räumlichen Zentrum der Klosteranlage, ohne Sarg, bekleidet mit ihrem Ordensgewand und einer hölzernen Schale auf dem Antlitz bestattet. Der Kreuzgang ist eine vierseitig geschlossene Anlage, dessen spitzbogige Arkaden sich zum Innenhof öffnen. Der Nord- und Ostflügel ist mit quadratischem Kreuzrippengewölbe aus dem 14. Jahrhundert überdacht und am südlichen Ende des Ostflügels befindet sich ein Gurtrippengewölbe. Im West- und Südflügel entsprechen die Gewölbejoche dem rechteckigen Maßsystem der Gotik und werden in das 15. Jahrhundert datiert. Der Südflügel, der sich an das Kirchenschiff anschließt, ist zweigeschossig ausgebaut und hat in der Höhe des fünften Joches einen quadratischen Anbau, der über drei Etagen geht und im unteren Teil möglicherweise das Brunnenhaus und in den oberen Etagen Archiv und Bibliothek des Klosters beherbergte. Alle drei Stockwerke sind gewölbt, das untere mit spätgotischem Sterngewölbe.

Die Funktion der Klausurräume wurde vor allem durch die Lage der Nonnenempore im westlichen Teil der Kirche bestimmt, so daß es hier eine Veränderung im Vergleich zu den Männerklöstern gegeben hat. Bei ihnen lagen die Haupträume im Ostteil, bei den Frauenklöstern im Westteil der Klausur, um den Konventualinnen den ungehinderten und kürzesten Zugang zur Nonnenempore zu ermöglichen. Das betrifft insbesondere den gemeinsamen Schlafraum, der für die nächtlichen Gebete in unmittelbarer Nähe der Nonnenempore gelegen hat, nämlich im Obergeschoß. Unter dem Dormitorium befand sich der Kapitelsaal, der sich anfangs vermutlich nicht über die ganzen sieben Joche erstreckte, da der Konvent am Beginn des Klosters nur sieben Nonnen umfaßte – jedoch stieg die Anzahl des Konvents auf fünfzig bis sechzig Nonnen, so daß eine Erweiterung des Versammlungsraumes vorgenommen werden mußte. Am Beginn der Klosterzeit wird am Südende des Flügels ein Raum für die Pförtnerin reserviert gewesen sein, da sich in der Nähe einst eine Tür und ein Fenster zum Befragen der Besucher befunden haben; heute ist beides vermauert. Im Nordteil dieses Flügels war auch der gemeinsame Speisesaal, das Refektorium, da sich dort eine Herdanlage mit ehemaliger Küche ausmachen läßt. Verschiedene Umbauten verschleiern aber die Funktion gerade dieses Konventshauses. Im Südflügel waren die Wirtschaftsgebäude des Klosters untergebracht.

Von Interesse sind einige Analogien in den architektonischen Details zum

Heiligengrabe, Fries am am Kirchenschiff

Kapelle zum Heiligen Grabe, Ostgiebel und Westgiebel, Anfang 16. Jh.

älteren Zisterzienserinnenkloster Marienfließ in Stepenitz, unweit von Heiligengrabe gelegen. So sind beispielsweise die zwölf schmalen Blendarkaden am Giebel des Südflügels in der abgetreppten Spitzform auf die gleiche Blendenform an der Klosterkirche von Marienfließ zurückzuführen. Auch die Kreuzgangarkaden im Südflügel mit den zurückliegenden Friesflächen darüber zeigen große Ähnlichkeit mit den Bauformen in Stepenitz. Auf die Parallelität in der Form des Chores wurde oben bereits hingewiesen.

Die Heiliggrabkapelle

Westlich der Stiftskirche befindet sich die Heiliggrab- oder Heiligblutkapelle. In ihr verehrten die Pilger das heilige Grab und die Bluthostie, die dort in einem Kristallgefäß aufbewahrt wurde. Die heutige Kapelle hatte einen Vorgängerbau und war vermutlich schon in der Wendenzeit ein geheiligter Ort; sie wurde unmittelbar an dem legendären Fundort der Hostie errichtet.

Diese 1512 geweihte Kapelle ist ein Kleinod brandenburgischer Architektur, das im Unterschied zu den Klausurgebäuden von dem Stilwollen nur einer einzigen Zeit, nämlich der Spätgotik, geprägt ist. Der einschiffige Rechteckbau ist in den unteren Teilen aus behauenem Feldstein und im übrigen aus Backstein errichtet. Die Halle erstreckt sich über vier Joche mit spätgotischem Sterngewölbe. Die Strebepfeiler sind nach innen gezogen und zu Spitzbogennischen verbunden. Die Gewölberippen weisen drei verschiedene Profile auf – den vierteilig gedrehten Bündelstab für die Scheitel- und Diagonalrippen, den Birnstab und die doppelte Kehle für die Zwischenrippen – und ruhen auf kleinen, mit Maßwerk verzierten Wandkonsolen.

Der Außenbau ist reich gegliedert. Die vier flachen Strebepfeiler der Seitenwände tragen am oberen Abschluß und in der unteren Sockelzone einen Maßwerkfries, der in derselben Form den oberen Wandabschluß bildet. Die Maßwerkfenster sind abwechselnd in Zweier- und Dreiergliederung unterteilt.

Der Westgiebel zeigt in der Horizontalen wieder den Maßwerkfries, durchbrochen von zehn gestaffelten und verzierten Pfeilern, die ein fünfstöckiges Giebelfeld bilden. In der unteren Giebelseite befindet sich das spitzbogige Eingangsportal und darüber ein vierteiliges Fenster zwischen zwei Kreisblenden. Dieser Staffelgiebel wurde zum Vorbild für den Chorgiebel verschiedener Dorfkirchen in der Priegnitz, beispielsweise in Alt-Krüssow und Falkenhagen bei Pritzwalk und Wulfersdorf bei Wittstock. Der Ostgiebel zeigt eine analoge Struktur, ist aber im Ganzen schlichter gehalten.

Geschichte des Klosters

Das Kloster Heiligengrabe ist nicht nur die einzige noch vollständig erhaltene Anlage der Zisterzienserinnen in Brandenburg. Es bestand dort auch der größte Frauenkonvent des Ordens mit einem

Heiligengrabe, Schnitt durch Kirche und Archiv sowie Profile, 14./15. Jh.

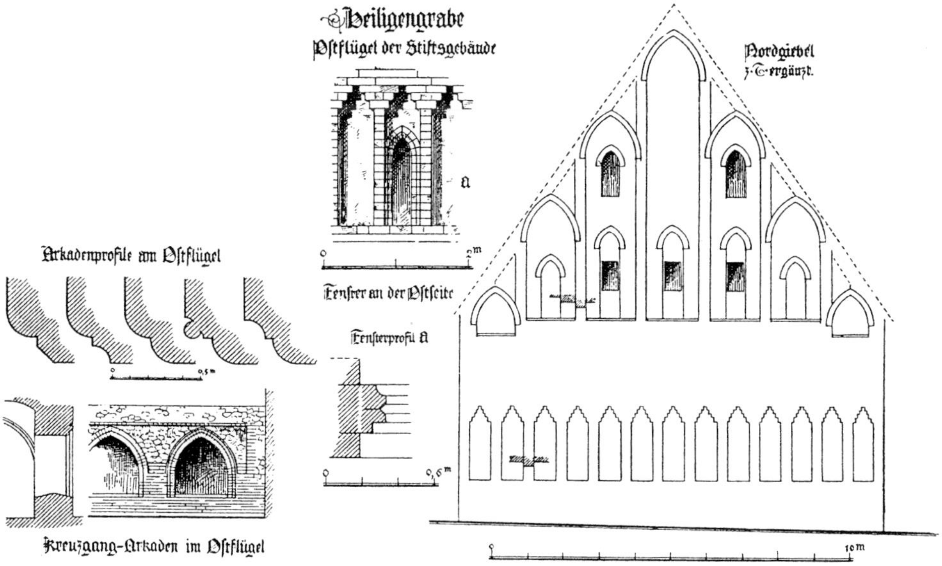

Heiligengrabe, Ostflügel: Portal und Details, 14. Jh.

umfangreichen Stiftsarchiv, das über die Geschichte und die Wirtschaftsführung eines Frauenklosters sehr genau Auskunft erteilen könnte, wenn nicht ein großer Teil dieser jährlich geführten Rechnungsbücher und Urkunden auf unterschiedliche Art und Weise verloren gegangen wäre. Aus dem noch vorhandenen Material hat Johannes Simon in den zwanziger Jahren seine Studie »Bilder aus dem Leben eines märkischen Frauenklosters um 1500« veröffentlicht und daran anschließend seine Dissertation zum Thema Kloster Heiligengrabe geschrieben. Zu Heiligengrabe gibt es im Unterschied zu den anderen brandenburgischen Frauenklöstern eine Vielzahl von kultur- und kunsthistorischer Literatur, die allen Interessenten weitere Informationen geben kann. Ich möchte mich im Rahmen dieses Sachbuches auf das notwendige Maß beschränken, um ein gewisses Verhältnis zu den weniger bekannten Klosterorten zu wahren.

Da die Stiftungsurkunde zu den Verlusten des Archives zählt, können über die ursprüngliche Ausstattung durch den markgräflichen Stifter nur Vermutungen angestellt werden. Angenommen wird eine Grundausstattung des Klosters mit Liegenschaften und Hebungen in der Altmark und in den Dörfern Langnow und Techow. In der ersten Hälfte des 14. Jahrhunderts erwarb das Kloster die Dörfer Breitenfeld, Kemnitz und Volmersdorf in der Nähe von Heiligengrabe, sowie Hennekendorf und Heidelberg auf der Stiftsheide; desweiteren Hebungen aus der Mühle in Papenbruch bei Wittstock.

In der Urkunde vom 17. September des Jahres 1351 – den Marienaltar in der Wilmersdorfer Kirche betreffend – werden erstmals die Äbtissin Margarete und die Priorin Margareta Grassau namentlich genannt. Die Erwerbsurkunde für das Dorf Bölzke – ausgestellt am 23. Februar 1360 – wird unterzeichnet von derselben Priorin und von der neuen Äbtissin Gertrud von Osterburg. Im Jahre 1450 verliehen die Äbtissin Adelheid von Wartenberg und die Priorin Anna von Kunow Ländereien und Holzungen in Sadenbeck nordwestlich von Heiligengrabe und unter der Äbtissin Elisabeth von Lüderitz und der Priorin Anna von Burghagen erwarb das Kloster 1469 das Dorf Halenbeck. Auch die Namen der Nonnen und Novizen tauchen immer wieder in den Urkunden auf, so in der Pfandurkunde über fünf Landhufen in Rohlsdorf im Jahre 1420 die Nonnen Ilse von Lüderitz, Margarete Scarbow sowie Anna, Elisabeth, Ilse und Katharina von Rohr und die Novizinnen Adelheid und Ilse von Grabow und Margarete von Quitzow. Wie in allen Frauenklöstern war der Eintritt der Töchter aus dem Adel mit Schenkungen an das Kloster verbunden. Neben den bisher genannten Familien gehörten zum Heiligengraber Konvent Frauen aus den Häusern Möllendorf, Klitzing, Rochow, Alvensleben, Weyde, Schepelitz, Bismarck, Jagow, Blumenthal, Platen, Mundt, Wuthenow, Prignitz, Schulenburg und Oppen. Der Konvent umfaßte annähernd siebzig Nonnen, von denen viele – da die Klausur für höchstens die Hälfte der Zahl geschaffen war – in eigenen Häusern

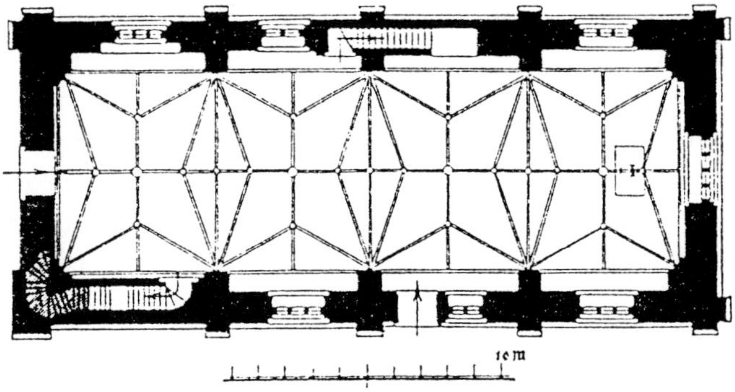

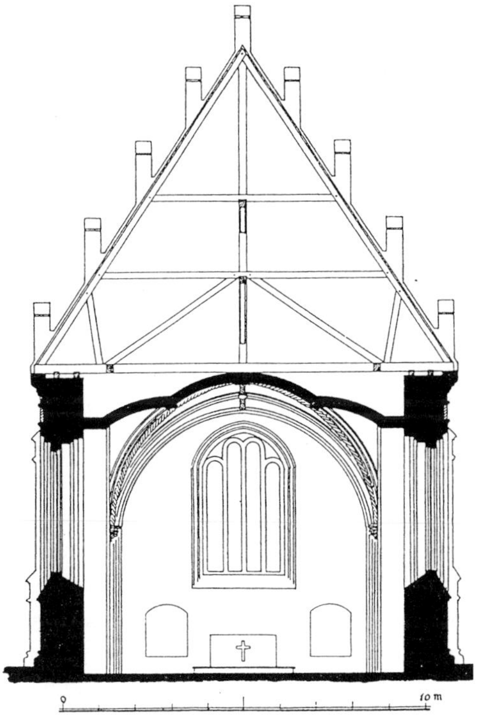

Kapelle zum Heiligen Grabe, Anfang 16. Jh., Grundriß und Schnitt

Die klugen und die törichten Jungfrauen, verschollene Paramentenstickerei, 13./14. Jh.

wohnten. Auch dieses ist eine Besonderheit gegenüber den anderen Konventen der Zisterzienserinnen und läßt auf eine individuellere Lebensführung innerhalb der Klosterordnung schließen.

Entsprechend der Konventsgröße war auch der Klosterbesitz erheblich; er wurde jedoch durch die städtischen Besitzungen von Pritzwalk im Westen und den bischöflichen Besitz um Wittstock im Osten in seiner räumlichen Ausdehnung eingeschränkt, erstreckte sich aber in südlicher Richtung über ein Gebiet von zirka 30 Kilometer. Das um Heiligengrabe liegende Besitztum war relativ geschlossen und ermöglichte so eine effektive Wirtschaftsführung. 17 Klosterdörfer bildeten die Zentren: Blesendorf, Boddin, Bölzke, Breitenfeld, Halenbeck, Kemnitz, Kolrep, Alt- und Neu-Krüssow, Langnow, Rohlsdorf, Sadenbeck, Sarnow, Schönebeck, Techow, Wilmersdorf und Klein-Woltersdorf, denen acht wüste Feldmarken zur landwirtschaftlichen Erschließung angegliedert waren. Die Zinsabgaben und die meistenteils in Geldleistungen umgewandelten Zehnten und Dienste bildeten im späteren Mittelalter die Haupteinnahmequellen des Klosters, die zum Beginn des 16. Jahrhunderts jährlich etwa 160 Schock Groschen ausmachten.

Die Eigenwirtschaft wurde zum kleineren Teil vom Wirtschaftshof des Klosters selber, ansonsten von den Grangien Kutschow und Halenbeck und den dort beschäftigten Konversen erbracht. Die Viehzucht machte den größten Teil der Landwirtschaft aus. Sie versorgte den Konvent mit Fleisch; Wolle und Häute wurden nach Wilsnack zum Verkauf gebracht. In der klösterlichen Gartenwirtschaft wurden u.a. Hopfen, Hanf, Lein, Kohl und Zwiebeln angebaut. Das Kloster besaß zwei Wassermühlen, in denen das Brotgetreide gemahlen wurde. Des weiteren gehörten zur Klosterwirtschaft die westlich des Territoriums gelegenen Fischteiche sowie weitere Gewässer, eine Brauerei und eine Ziegelei, die nicht nur für den Eigenbedarf produzierten.

Zum Besitz des Klosters zählten außerdem neun Mutterkirchen und vier Filialkirchen, unter anderem die Nicolaikirche in Pritzwalk.

Ausstattung und klösterliches Kunsthandwerk

In der Klosterzeit war die Kirche mit mehreren, wahrscheinlich fünf Altären ausgestattet, von denen einer den Aposteln Petrus und Paulus, ein zweiter der Jungfrau Maria und dem heiligen Georg und ein dritter der heiligen Anna geweiht waren. Im Hochaltar hing ein Gemälde der gekrönten Gottesmutter mit dem Christuskind auf dem Arm, umgeben von Aposteln und Heiligen. Dieses Werk wurde bei dem großen Brand des Jahres 1719 zerstört, ebenso die farbigen Glasfenster im Chor mit den Darstellungen der Apostel. Unsere heutige Kenntnis über diese Werke beruht zumeist auf Urkunden. Auch von einer ewigen Lampe im Chor vor Tabernakel und Marienbild wird im 15. Jahrhundert berichtet. Daraus ist ersichtlich, daß die

Marienverehrung in Heiligengrabe wie auch in den anderen Klöstern einen besonderen Stellenwert hatte. Im Vorraum der Kirche hängen acht Tafeln, die in Temperamalerei die Gründungslegende illustrieren. Diese Darstellungen hat das Kloster selbst in Auftrag gegeben und nach den Holzschnitten der Rostocker Buchausgabe anfertigen lassen.

Im klösterlichen Kunsthandwerk nahm in Heiligengrabe der Textilbereich mit dem Anfertigen von Meßgewändern und Antependien einen großen Raum ein.

Neben dem Hungertuch aus dem Kloster Zehdenick gehörten die in den Kriegswirren 1945 verschollen Leinenstickereien von Heiligengrabe zu den wenigen Originalen, die sich in Brandenburg aus der Klosterzeit bis ins 20. Jahrhundert erhalten haben. Da in allen Frauenklöstern die Textilkunst ausgeübt wurde, stehen diese Beispiele stellvertretend für das Kunsthandwerk der Zisterzienserinnen im allgemeinen. Von den alten Leinenstickereien, die möglicherweise schon im 13. Jahrhundert angefertigt wurden, waren zu Beginn des 20. Jahrhunderts noch fünf Stücke erhalten. Ein Antependium von fast drei Meter Länge ist unterteilt in senkrechte Streifen, von denen die breiteren mit gekrönten Löwen, Einhörnern, Hirschen und Hasen bestickt sind und die schmaleren einen Schmuck aus Arkaden, Wappen und Ornamenten tragen. Den Tierbildern liegt eine allgemeine, oft ambivalente Symbolik zugrunde. Der gekrönte Löwe steht als König der Tiere für das Göttliche und gilt als Symbol für Christus, ebenso der Hirsch; das Einhorn ist eines der vielen Mariensymbole, der Hase hat seine Bedeutung in der Marienverehrung, steht aber auch als Symbol für die Dreifaltigkeit.

Ein kleineres Antependium zeigt Tierdarstellungen, die in Sechspässen eingefügt sind, sowie stilisierte antithetische Tierfiguren, bei denen dasselbe Motiv eine Rücken an Rücken gesetzte Zweiergruppe bildet. Eine solche ist der sogenannte Doppeladler, eine Allegorie auf die göttliche Allmacht. Der untere Rand trägt die Inschrift »Benedicte Deus Gusta« in gotischen Majuskeln. Auf einer weiteren Stickerei sind die törichten und die klugen Jungfrauen dargestellt - unterteilt in Rechteckfelder mit je zwei Reihen von drei Jungfrauen, von denen die klugen erhobenen und gekrönten Hauptes mit ihrer brennenden Öllampe daherschreiten, während die törichten den Kopf gramvoll neigen und mit der rechten Hand abstützen. Das Hungertuch von Heiligengrabe zeigt im Zentrum Christi als Weltenrichter in der Mandorla, flankiert von zwei Reihen figürlicher Stickerei mit Szenen aus dem Neuen Testament.

Mit Sicherheit verfügte Heiligengrabe über eine gut ausgestattete Klosterbibliothek, deren Handschriften und Drucke ihren Platz in dem quadratischen Anbau im Kreuzgarten hatten. Leider sind die letzten Bestände aus der Klosterzeit im 18. Jahrhundert verloren gegangen. Sehr wahrscheinlich bestand auch ein Scriptorium, eine Schreibstube, in der die in Schönschrift kundigen

Nonnen die Abschriften der Gesangbücher und weiterer für die täglichen Gebete notwendigen Schriften anfertigten. Dafür sprechen zwei Gründe; erstens mußte die Neuendorfer Äbtissin mit ihren Nonnen bei der Neugründung des Konvents in Heiligengrabe eine Grundausstattung an Abschriften erstellen, welche für die religiösen Übungen, Gebete und für die Lesungen im Kapitelsaal und während der gemeinsamen Mahlzeiten notwendig waren. Zu jeder Filiation – Tochtergründung – gehörte nach der Ordensregel eine solche abgeschriebene Bibliothek. Zweitens stieg der Konvent auf ein vielfaches seiner ursprünglichen Zahl, mit zirka 70 Konventualinnen war Heilgengrabe mit Abstand das größte Frauenkloster in Brandenburg, was zur Folge hatte, daß ständig neue Abschriften der Texte gemacht werden mußten, um den Novizinnen und den Nonnen die Grundlagen für ihre geistlichen Übungen in die Hand zu geben. Es darf auch mit einiger Wahrscheinlichkeit vermutet werden, daß sich unter den vielen Nonnen etliche Begabte befunden haben, die für den im Rahmen der zisterziensischen Einfachheit möglichen Buchschmuck, das Verzieren der Versalien, der großen Anfangsbuchstaben, die Gestaltung der Bucheinbände und vielleicht sogar der Buchmalerei ausgebildet wurden.

Widerstand gegen die Reformation

Das wirtschaftlich starke und über einen großen Konvent verfügende Kloster setzte der Reformation entschiedenen Widerstand entgegen. Schon in den Jahren vor der Reformation, als der Pilgerstrom zum Blutwunder merklich nachließ und sich im Lande, ausgehend von den Städten und ihren Universitäten, ein neues Denken ausbreitete, demonstrierte die Äbtissin Anna von Rohr die konservative Haltung, indem sie im Jahre 1532 die Bildtafeln zur Heiligengraber Blutlegende im traditionellen gotischen Stil malen ließ und diese für jedermann sichtbar im Vorraum der Klosterkirche aufhängte. Hinter sich wußte sie Busso von Alvensleben, Bischof zu Havelberg und streitbarer Anhänger des Katholizismus.

Im November des Jahres 1539 trat Joachim II., Kurfürst von Brandenburg, zum lutheranischen Glauben über und leitete damit auch die Reformierung der Klöster ein. Heiligengrabe maßregelte den abtrünnig gewordenen Landesherrn, indem es ihm die Zahlung der Landessteuer verweigerte. Um der drohenden Visitation und Auflösung des Klosters entgegenzutreten und dem Konvent bei den bevorstehenden Veränderungen gewisse Rechte zu bewahren, führte die Äbtissin Anna von Quitzow, gestützt von ihrem Bruder Dietrich von Quitzow, Verhandlungen, die jedoch wenig Erfolg hatten. Der Ruppiner Landeshauptmann Curt von Rohr wurde als eine Art Klosterhauptmann eingesetzt und der Kurfürst überschrieb das Klostergut im Jahre 1542 an Erasmus von Retzdorff. Der Prignitzer Adel protestierte gemeinsam mit dem Konvent gegen die Überschreibung und hinderte den neuen Eigentümer an der Inbesitznahme des Klosters. Als die Äbtissin zur Einleitung weiterer Schritte den Prignitzer Adel versammeln wollte, hintertrieb Curt von Rohr das Vorhaben und fiel den ihm anvertrauten Nonnen in den Rücken, indem er sich selbst das Kloster verpfänden ließ auf zehn Jahre – für 5000 Gulden, die er dem Kurfürsten geliehen hatte – und damit auch seine rechtliche Überordnung als Klosterhauptmann konsolidierte. Indessen verhandelten die Nonnen mit einer kurfürstlichen Kommission über die neuen Formen des Gottesdienstes; sie fanden notgedrungen einen Mittelweg, indem sie zwar auf die Messen verzichteten, jedoch an den Horen – den vorgeschriebenen Stundengebeten – festhielten. Zu einer Unterordnung unter den Klosterhauptmann waren sie jedoch nicht bereit und der Vogt, den von Rohr in das Kloster geschickt hatte, wurde mit Steinen und Stöcken davongetrieben. Der Kurfürst schickte daraufhin einen Marschall mit einigen Bewaffneten, der die Herausgabe der Schlüssel und Siegel forderte. Doch die Nonnen blieben standhaft und auch die Pritzwalker Bürger, die das Kloster stürmen sollten, verweigerten den Gehorsam. Einige Wochen später kam der Marschall mit einer 700köpfigen Streitmacht und konnte doch das Kloster nicht zur Aufgabe zwingen. Daraufhin setzte Curt von Rohr die Bauern in den Klosterdörfern unter Druck und ließ die Nahrungszufuhr zum Kloster unterbinden. Als die Nonnen dennoch nicht bereit waren, das Kirchengut in weltliche Hände zu geben, ordnete der Kurfürst die Abriegelung des Klosters an und ließ den Ort durch Landsknechte belagern. Zwar durften die Nonnen das Kloster verlassen und bei ihren Familien Zuflucht suchen – die Äbtissin fand mit einigen Getreuen beim Bischof in Wittstock ein Unterkommen –, doch war ihnen der Rückweg versperrt, während die im Kloster Verbliebenen inzwischen fast verhungerten und die ersten Toten zu beklagen waren. Nun wurden die Familien der Konventualinnen aktiv; der Adel aus der Prignitz, der Altmark und von Ruppin versammelte sich im Herbst 1543 in Werben und verurteilte in einem Brief an den Kurfürsten das harte und eigenmächtige Vorgehen gegen das Frauenkloster. Der Konflikt weitete sich aus und zog sich lange Zeit hin, bis 1548 eine Einigung zugunsten des Klosters erzielt wurde: Zwar trat das Kloster zum lutheranischen Glauben über, aber es behielt seine Besitzungen und sollte dem Ruppiner Hauptmann eine angemessene Entschädigung zahlen. Dieses ist der einzige Fall, in dem ein Zisterzienserinnenkloster nach der Reformation seine Güter behalten konnte. Am 17. April des Jahres 1548 zog Anna von Quitzow – nun als Domina – mit ihrem Konvent wieder in das Kloster ein und dieser Tag wurde fortan als Klostereinzugstag gefeiert.

Das Stift Heiligengrabe

Im Zuge des Dreißigjährigen Krieges wurde auch Heiligengrabe stark in Mitleidenschaft gezogen, jedoch verglichen mit den Verwüstungen der anderen Frauenklöster hielt sich der Schaden noch in Grenzen. In der Schlacht bei Wittstock im Jahre 1636 verließ die noch junge Domina Eva von Wartenberg zusammen mit 14 Nonnen das Kloster und fand in Wittstock Zuflucht. Sie überlebte die ausbrechende Pestepidemie nicht und erst 1645 konnten die sieben überlebenden Stiftsdamen unter der neuen Domina Anna von Rathenow in das Kloster zurückkehren. Da das Konventsgebäude durch Brandschatzung unbewohnbar geworden war, ließen sich die Frauen kleine Häuser am heutigen Damenplatz errichten. Als der Brand von 1719 auch einen Teil dieser Häuser vernichtete, ließen einige Klosterfrauen Teile des Konventshauses wieder herrichten, andere verzogen nach außerhalb und gehörten nur noch juristisch zum Stift. Die ursprüngliche Gemeinschaft verlor mehr und mehr ihr geistiges Band und ihre Geschlossenheit. Auch die Tatsache, daß in der Folgezeit Heiligengrabe zum Aufenthaltsort der unverheirateten Adelstöchter wurde, die keineswegs immer gewillt waren nach dem Gelübde der Keuschheit zu leben, hat das Selbstverständnis des traditionsreichen Konventes auf manche harte Probe gestellt.

Daß zwischen dem Klosterhauptmann von Rohr, der verschwenderisch wirtschaftete und gegenüber dem Kloster von unvorstellbarem Geiz besessen war, und dem Konvent Streitigkeiten an der Tagesordnung waren, bedarf keiner weiteren Erklärung. Doch auch mit dem Königshaus mußte sich die Domina mehrfach auseinandersetzen, da die Eingriffe der weltlichen Herrschaft im Konvent auf schärfste Kritik stießen. So wollte Königin Sophie Luise ihre Kammerfrau mit einer Präbende von Heiligengrabe belohnen; jedoch wurde der bürgerlichen Frau nach den Statuten des Konvents der Eintritt ins Kloster verwehrt. Sie verkaufte daraufhin ihr Anrecht an Elisabeth von Schorlemmer. Zu Beginn des 18. Jahrhunderts machte Friedrich Wilhelm I. gegen den Willen des Konvents Juliane Dorothea Gans Edle Freiin zu Putlitz zur Domina, nach dem zuvor schon ihr Eintritt ins Kloster ein Willkürakt des Königshauses gewesen ist. Der Soldatenkönig belohnte auch seine Offiziere mit einer Anwartschaft auf die Klosterhauptmannschaft, welche diese oft meistbietend weiterverkauften. Mit zähen Auseinandersetzungen und Beschwerden erkämpfte sich der Konvent eine Statutenänderung beim Landesherrn, welche die Wahlrechte des Konvents wieder stärker berücksichtigte, jedoch dem König das Vorrecht einräumte, die Anwartschaft auf eine Präbende nach seinem Ermessen zu erteilen. Unter König Friedrich Wilhelm II. wurde Heiligengrabe 1742 zum Stift erhoben und der Titel der Äbtissin wieder eingeführt. Die erste Äbtissin war seit der Reformation Juliane Henriette von Winterfeldt, eine Schwester des königlichen Generaladjutanten. Der König erwies dem Stift manche Vergünstigung und legte Wert auf ein standesgemäßes Leben im Konvent, so trugen nach seiner Weisung die Äbtissin und die vier ältesten Stiftsdamen ein goldenes Kreuz als Zeichen ihrer Würde. Der Grabstein mit der Bildnisbüste der Äbtissin Henriette von Winterfeldt ist heute in der Kirche in der Nähe des Altars aufgestellt. Auf die Zeit des Gedeihens unter der klugen Führung der Äbtissin folgten die napoleonischen Kriege mit Einquartierungen im Kapitelsaal und dem Raub der Stiftskasse, die im Jahre 1806 ungefähr 250 Taler Gold und 200 Taler Courant enthielt.

Weit gefährlicher für das Fortbestehen des Klosters war der Beschluß der Reichsdeputation vom Jahre 1803, der die Säkularisierung aller geistlichen Klöster und Stifte vorsah. Friedrich Wilhelm II. folgte diesem Beschluß nicht und stellte ausdrücklich die Stifte als Mittel, Verdienste um den Staat zu belohnen, unter seine Oberhoheit, besonders diejenigen »aus der Klasse der Staatsdiener im Militär- und Civilstande«. Damit unterstanden die Stiftsangelegenheiten und auch das Stiftsvermögen endgültig der Staatsgewalt. Mit den Stein-Hardenbergschen Reformen wurde im Jahre 1811 die Leibeigenschaft aufgehoben, wodurch das Stift seine Ansprüche aus den einstigen Klosterdörfern verlor und lediglich die drei Güter Heiligengrabe, Könkendorf und Bölzke noch im Stiftsbesitz verblieben.

Es ist dem unermüdlichen Wirken der Äbtissin Luise von Schierstedt (1794–1876) zu verdanken, daß das Stift wieder neue, über das profane Versorgungsimage hinausgehende Bildungs- und caritative Funktionen übernehmen konnte. Luise von Schierstedt gründete 1847 eine Schule als »Erziehungsanstalt für Töchter aus verarmten adligen Familien«, ein Waisenhaus für Mädchen aus den ehemaligen Stiftsdörfern, ein »Beginenhaus« als Altersheim für Frauen und einen täglichen Mittagstisch für Arme und Bedürftige. Damit hat die Äbtissin an die sozialen Funktionen aus der Zeit der Zisterzienserinnen angeknüpft, als die Frauenklöster die ersten Schulen im Lande gründeten und ihnen die Erziehung der heranwachsenden Mädchen anvertraut war. Unter dem frommen König Friedrich Wilhelm IV. fanden solche Bestrebungen viel Unterstützung und am 11. Oktober 1853 gab selbiger König dem Stift Heiligengrabe eine neue Verfassung, die es unter die Oberaufsicht des Evangelischen Kirchenrates stellte und damit die kirchliche Zuordnung wiederherstellte.

1899 setzte Kaiser Wilhelm II. die verwitwete Adolphine von Rohr als Äbtissin ein, die den Bildungsauftrag des Stiftes zielstrebig weiterverfolgte und die Schule als höhere Mädchenschule zur staatlich anerkannten Einrichtung führte. 1909 richtete sie im Kloster ein kleines Museum ein.

Tisa von Schulenburg gibt in ihrem Buch »Des Kaisers weibliche Kadetten. Schulzeit in Heiligengrabe zwischen Kaisereich und Revolution« (Freiburg im Breisgau 1993) eine ausführliche, auch die Hintergründe beleuchtende Schilderung dieses neuen Abschnittes in der Geschichte des Stiftes.

Die Novemberrevolution von 1918 führte auch in Heiligengrabe zu Veränderungen; die Schülerinnen setzten die alte Kleiderordnung und insbesondere den hohen Stehkragen ab.

In den dreißiger Jahren griff der Nationalsozialismus in den Schulalltag von Heiligengrabe ein. Der nationalsozialistische Schulleiter Pfarrer Österreich bespitzelte die Äbtissin Elisabeth von Saldern, die als erklärte Nazigegnerin den Boykott gegen die jüdische Bevölkerung eine »Kulturschande« nannte und einer Stiftsdame, die dem Faschismus nahestand, vor die Wahl stellte, entweder im Stift zu bleiben oder Parteigenossin der NSDAP zu werden. Den Lehrerinnen Hedwig von Saenger, Gertrud von Wulffen und Auguste von Lindeiner gen. von Wildau wurde durch die nationalsozialistische Schulbehörde die Lehrbefugnis entzogen. Dieses sind nur wenige ausgewählte Beispiele für den Widerstand des Stiftes gegen den Nationalsozialismus. Zum Gründungsjubiläum des Klosters veröffentlichte Hedwig von Saenger, die an der höheren Mädchenschule als Deutschlehrerin tätig war, eine Publikation über die Entwicklung von Heiligengrabe in der Zeit von 1287 bis 1937.

Zum Ende des Zweiten Weltkrieges versorgte das Stift Flüchtlinge aus Ost- und Westpreußen. Am 2. Mai 1945 wurde es von der sowjetischen Armee besetzt, die Bewohnerinnen wurden evakuiert und das seit 1909 bestehende Museum mit seiner Sammlung zerstört, darunter auch das berühmte Hungertuch aus dem 13. Jahrhundert. Nach zähen Verhandlungen mit der sowjetischen Militäradministration konnte das Stift im Jahre 1946 wieder bezogen werden. Die Schule wurde geschlossen, der Besitz an Land und Wald enteignet, doch das Stift selber blieb als kirchliche Einrichtung bestehen. In der Folgezeit richteten die Miechowitzer Diakonissen dort eine Station zur Betreuung hirngeschädigter Kinder ein. Seit 1952 ist eine Paramentenwerkstatt in Betrieb und stellt eine echte Anknüpfung an die einstigen kunsthandwerklichen Werkstätten der Zisterzienserinnen dar. Die Äbtissin Ingeborg-Maria Freiin von Werthern war als ausgebildete Theologin lange Zeit Pfarrerin in der Gemeinde Techow. Sie führte das Stift von 1952 bis 1996 in einem offenen Dialog mit der heute weitgefächerten theologischen Praxis. Es gibt dort ein Rüstzeitenheim und ein Gästehaus, das im Jahre 1987 zum siebenhundertjährigen Jubiläum von Heiligengrabe eröffnet wurde. Heute finden in der Blutkapelle und in der Stiftskirche regelmäßige Konzerte statt und seit 1995 besteht in Heiligengrabe wieder ein Stiftsdamenkonvent.

Kloster Marienwerder bei Seehausen

Die Klöster der Uckermark

In der Uckermark finden wir eine Konzentration von Klöstern, die alle kunstgeographisch gesehen die Fortsetzung der Linie Altmark-Havelland-Prignitz-Ruppin bilden, die sich über die Oder hinaus bis nach Hinterpommern fortsetzt.

Die Uckermark wurde von den Ucrani oder Vucrani, einem Volk der Wenden besiedelt und gehörte bis zum ausgehenden 12. Jahrhundert zu Pommern. Im Zuge der Ostexpansion hatten die Prämonstratenser, die noch vor den Zisterziensern in den Randgebieten der christlichen Welt ihre Klöster errichteten und vor allem missionarisch tätig waren, auch in der Uckermark ihre Niederlassungen. So bestand in Gramzow ein Prämonstratenser-Doppelkloster, das sowohl einen männlichen wie einen weiblichen Konvent hatte. Der von Norbert von Xanten gegründete Reform-Orden der Prämonstratenser ist dafür bekannt, daß er großen Zulauf aus der religiösen Frauenbewegung hatte und den Frauen auch die offizielle Aufnahme in die Kongregation ermöglichte, während sich die meisten anderen Orden ihren weiblichen Anhängerinnen gegenüber eher ablehnend verhielten – ein Umstand, der natürlich den Zulauf zu Norbert von Xanten noch beträchtlich erhöhte, jedoch in letzter Konsequenz zur Auflösung der Doppelklöster führte, die dem Ansturm der in den Orden drängenden Frauen nicht mehr gewachsen waren. Es spricht vieles dafür, daß Kloster Marienwerder in Seehausen aus dem Frauenkonvent des ehemaligen Prämonstratenser-Doppelklosters in Gramzow in der nordöstlichen Uckermark hervorgegangen ist.

Zu Brandenburg kam die Uckermark durch die Askanier, die um 1230 den Barnim und die nördlich angrenzenden Landstriche erobert hatten und ihren Besitz durch Kauf vermehrten. Das Jahr 1250 markierte den Übergang von der pommerschen in die brandenburgische Herrschaft für das gesamte Gebiet. Diese Jahreszahl ist auch zugleich das Gründungsdatum von drei Frauenzisterzen in der Region: Seehausen am oberen Uckersee bei Prenzlau, Zehdenick an der Havel – beide Klöster liegen an der Handelsstraße zum Baltikum – und schließlich Friedland am Rande des Oderbruch und an der Handelsstraße nach Frankfurt an der Oder. Die Männerklöster der Uckermark waren alle spätere Gründungen: Mariensee (1258), Chorin (1273) und Himmelpfort (1299).

Klostergründung und Prämonstratenser

Das 23 km nordwestlich von Angermünde gelegene Frauenkloster in Seehausen ist die nördlichste Frauenzisterze im Land Brandenburg. Ihre Gründungsgeschichte liegt im Dunkeln. Die erste urkundliche Erwähnung stammt aus dem Jahre 1250 und bezieht sich auf den Aufbau der Klosteranlage, denn sie enthält den üblichen Ablaß für die Helfer und Unterstützer beim Klosterbau. In seinem Indulgenzbrief vom 19. November des Jahres 1250 gewährt der Bischof Wilhelm von Kammin allen Mithelfenden einen 40tägigen Ablaß.

Die Gründung wird also eine längere oder kürzere Zeit vor diesem Datum gelegen haben; im Kloster Zehdenick lagen beispielsweise zwischen der Gründung und der ersten Ablaßerteilung für die Unterstützung des Klosterbaus immerhin fünf Jahre.

Doch nicht nur die Gründungszeit ist unklar, auch der Stifter oder die Art der Gründung hat zu einigen Vermutungen Anlaß gegeben. So wurden Beziehungen zu dem seit 1177 im 15 km entfernten Gramzow gelegenen Kloster der Prämonstratenser angenommen. Die Prämonstratenser hatten häufig Doppelklöster, in denen sowohl Konvente von Nonnen als auch von Mönchen untergebracht waren. Etwa um 1200 wurden die Doppelklöster aufgelöst und die Konvente nach der Geschlechtszugehörigkeit getrennt, wobei sich die Nonnenkonvente aus dem Prämonstratenserorden ausgeschlossen fühlten und viele von ihnen bei den Zisterziensern Zuflucht suchten und Frauenzisterzen gründeten – eine Erscheinung, die auch vom Zisterzienserorden nicht gerade mit Begeisterung aufgenommen wurde. Da Seehausen weder durch Filiation entstanden ist, noch einen benennbaren Stifter aus den Reihen der Landesherren hat, besteht durchaus die Möglichkeit einer zunächst »wilden« Gründung, die dann vom regionalen Adel und Klerus unterstützt wurde. Der Bischof hat jedenfalls in den folgenden dreißig Jahren noch weitere Ablässe erteilt, die alle auf den eher schleppend voranschreitenden Ausbau der Klosteranlage hindeuten. Auch die Bischöfe von Brandenburg und Havelberg sowie weitere hohe Kirchenvertreter unterzeichneten Ablaßbriefe zugunsten des Klosterbaus von Seehausen.

Der einzige Grundriß von dem heute vom Erdboden verschwundenen Bauwerk stammt aus der Zeit von 1870/75 und wurde von Pfarrer Kamzow angefertigt. Er zeigt die rechteckige Anlage der Klausur mit den nahezu quadratischen Maßen von 36 Metern. An der Südseite erstreckte sich die Klosterkirche, ein einfacher Saalbau mit plattem Chorschluß von 27 Meter Länge und sieben Meter Breite. Die im Westen gelegene Nonnenempore zog sich bis zur Hälfte des Kirchenschiffes vor und hatte einen Zugang für Nonnen über den Kreuzgang. Den zweiten Zugang zur Kirche bildete das Portal des Westgiebels. Vor dem Westgiebel hat sich eine Art Vorplatz befunden, der auch als Freiraum von der Klosterarchitektur be-

Das Prämonstratenserkloster in Gramzow

stimmt wurde, nämlich von der Westfassade der Klosterkirche und von der Südfassade des westlichen Klausurflügels. Beide Giebel stoßen im rechten Winkel aufeinander und bilden so die Kulisse des Außenraumes. Der Innenhof des Klosters ist mit einem hufeisenförmig verlaufenden Kreuzgang versehen; nur die im Norden gelegenen Wirtschaftsgebäude sind ohne Kreuzgang angelegt.

J. A. Schmoll gen. Eisenwerth hat in den dreißiger Jahren auf den Feldern, die sich auf dem ehemaligen Territorium des Klosters befinden, nach Architekturresten gesucht und Maßwerkteile, Sockelprofile, Reste von Gewölberippen im Birnstabprofil und ein Ornamentstück gefunden, die eine stilistische Zuordnung zur Gramzower Bauhütte der Prämonstratenser erlauben. Namentlich das Architekturornament – ein plastisch aufgesetztes fünflappiges Blatt mit dikken Mittelrippen – hat große Ähnlichkeit mit einem in Gramzow gefundenen Palmettenstein. [24] Andererseits ist die basilikale Bauform nach dem lateinischen Kreuz und mit apsidial ausgebautem Ostteil, wie sie für die Klosterkirche von Gramzow charakteristisch ist, im Kirchenbau von Marienwerder keineswegs anzutreffen. Hier herrschte nach Ergebnissen von Grabungen und überlieferten Grundriß-Zeichnungen der reduzierte Bautyp mit plattem Chorschluß vor, wie er in den Klosterkirchen von Lindow, Zehdenick und Altfriedland anzutreffen ist. Diese Reduktion in der Bauform läßt vielleicht auf direkten Einfluß des Zisterzienserordens schließen. Immerhin waren in den dreißiger Jahren in unmittelbarer Nachbarschaft von Seehausen die Zisterzienser aus Walkenried tätig; sie besaßen dort Dörfer und versuchten in dem Ort Potzlow eine Stadtgründung, wovon der Roland zu Potzlow heute noch Zeugnis ablegt. Es ist sehr wahrscheinlich, daß Walkenried als eines der bedeutensten Klöster im norddeutschen Raum auch in der nördlichen Uckermark seine Spuren hinterlassen hat. So tragen die zum Außenbesitz von Walkenried gehörenden uckermärkischen Dörfer Kaakstedt und Haßleben jene für die Harzregion charakteristischen Namen; dasselbe trifft auch auf Seehausen zu, so daß die Annahme der Mitwirkung von Walkenried bei der Gründung der Frauenzisterze in Seehausen zumindest eine ernstzunehmende Hypothese darstellt.

Da die Bauhütten des Prämonstratenserordens vor denen der Zisterzienser in der Mark tätig waren und einen architektonischen Grundfundus im romanischen bzw. frühgotischen Stil geschaffen haben, liegt eine Beeinflussung durchaus nahe. Zumal Marienwerder dem einfachen Typus der frühen Frauenklöster angehört und im Gegensatz zu Boitzenburg die Bautradition vor der Wirkung der Choriner Bauhütte repräsentiert. In diese Gruppe der Frauenklöster mit einfacher Saalkirche und plattem Chorschluß wären dann auch Lindow und Zehdenick einzuordnen.

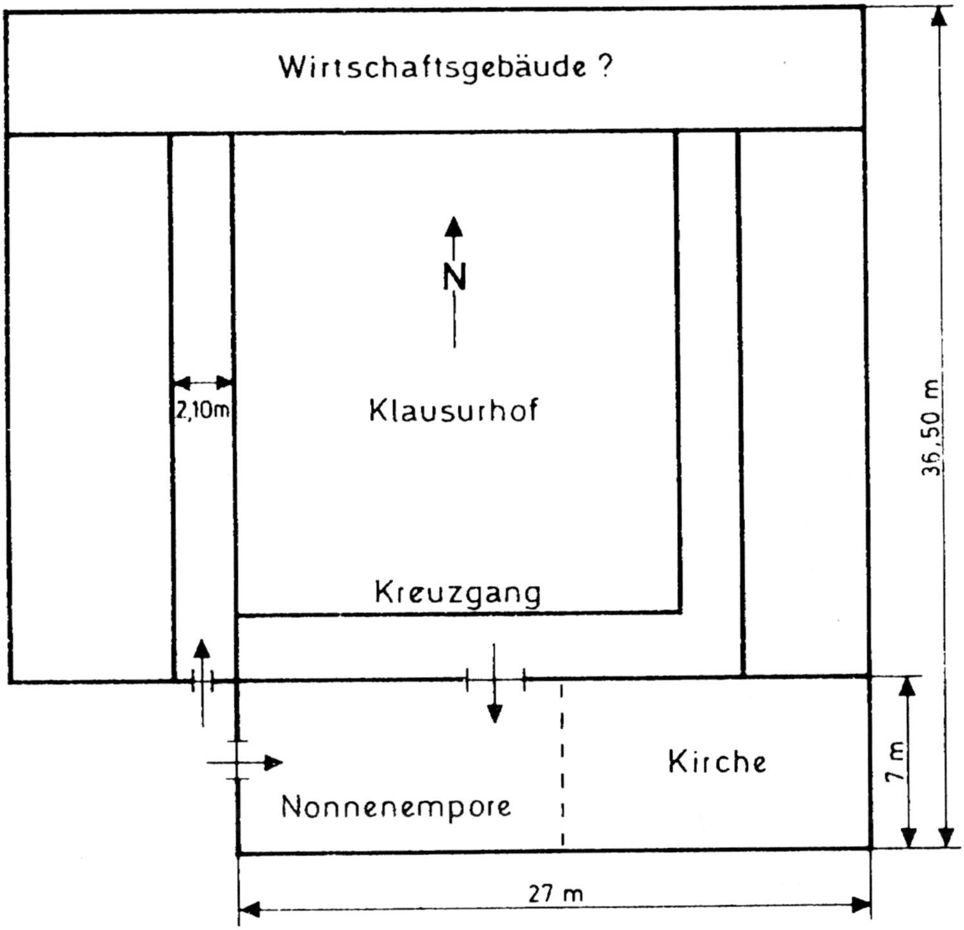

Gesamtgrundriß des Seehausener Nonnenklosters, 2. Hälfte des 19. Jahrhunderts

Klostergeschichte

Die erste Erwähnung eines Stifters haben wir mit dem Ritter Reiner von Lenz im Jahre 1283, der dem Kloster eine größere Landschenkung in unmittelbarer Umgebung der Anlage selbst macht. Bei den Besitzzuweisungen wird allgemein davon ausgegangen, daß das Kloster den Ort Seehausen aus Anlaß seiner Gründung erhalten haben könnte. Im Jahre 1319 übereignete Anselm von Blankenburg dem Kloster seinen Besitz in Seelübbe und wenige Jahre später seine Besitzungen in den Dörfern Drense und Grenz. Später kam noch Besitz in Grünow, Kreis Pasewalk, aus der Hand des Ritters von Biesenbrow dazu. Im Gegensatz zu den Klöstern in Zehdenick und Boitzenburg, die unter den Kriegsfehden erheblich gelitten haben, konnte Kloster Marienwerder in Seehausen bei den Kämpfen der rivalisierenden Landesherren von Brandenburg und Pommern sogar für den Konvent einige Pluspunkte sammeln. 1332 nahmen die Pommernherzöge das Kloster unter ihren Schutz und bestätigten ihm den Besitz von Seehausen, Seelübbe, Warnitz, Drense, Grenz sowie einzelner Höfe. Acht Jahre später kamen Schenkungen vom Brandenburger Markgrafen in den Dörfern Baumgarten und Werbelow sowie weitere Übereignungen aus den Häusern von Blankenburg und von Basedow, dann wiederum neue Besitzbestätigungen vom pommerschen Landadel. Das Kloster selbst hat eine umsichtige Landpolitik betrieben und entfernte oder einzeln liegende Besitzungen gegen günstigere Ländereien eingetauscht. So gab es beispielsweise im Jahre 1371 Verhandlungen mit der Stadt Prenzlau, die den Besitz in Baumgarten gegen Hebungen in Potzlow eintauschten. 1375 sind nach dem Landbuch Kaiser Karls noch Güter in Göritz, die gemeinsam mit Zehdenick und Boitzenburg bewirtschaftet wurden, sowie in Schenkenberg und Sternhagen hinzugekommen. Von den Mühlen hatte es Anteile in Pasewalk und besaß eine eigene Mühle in Seehausen. Für den Konvent war es von Vorteil, daß neben den Töchtern aus dem Adel auch die Töchter der reichen Bürgerschicht aus Prenzlau dem Kloster angehörten und die Landvergabe zu den Gunsten ihrer eigenen Verwandtschaft tätigten. So trat beispielsweise die Prenzlauer Bürgertochter Katherine Luschow im Jahre 1384 in das Kloster ein und die Luschows übertrugen ihren Besitz an den Gewässern bei Potzlow und ihr Erbe in Drense dem Kloster. 1424 brachte Mechthild von Blankenburg dem Kloster einen Hof mit zwei Landhufen in Blankenburg als Ausstattung ein. Die Landpolitik des Klosters wurde zielstrebig vorangetrieben, so daß fast alle Besitztitel in den Dörfern, wo sie Fuß gefaßt hatten, im Laufe der Zeit an das Kloster fielen. So ging es mit Seehausen, mit Seelübbe, mit Blankenburg, Bietikow, Kleptow. Die Zisterzienserinnen von Seehausen schreckten auch vor dem Austragen von Streitigkeiten nicht zurück, wenn es um die günstige Vermehrung ihrer Besitzungen ging. Es gab einen Streitfall um den 1458 erworbenen Hof in Suckow, auf den von

Weibliche Figur in bürgerlicher Tracht des 15./16. Jh.

Siegel des Klosters Marienwerder bei Seehausen, 1371

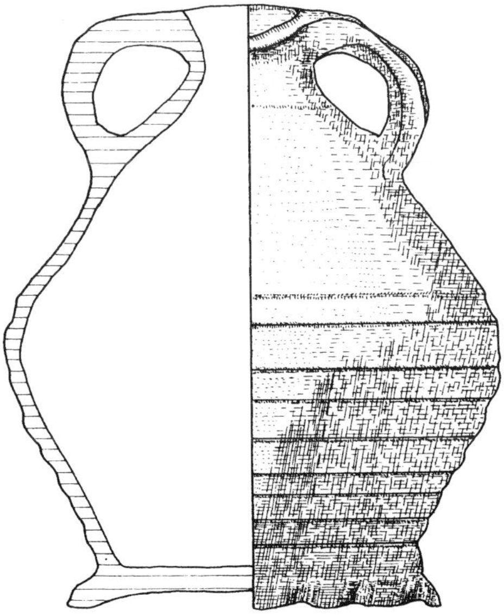

Zweihenkelkrug, Grabungssfund aus der Zisterne Seehausen

Zisterne oder Kloake eines Wirtschafts-gebäudes

Stegelitz ein Anrecht hatte. Nach zähem Ringen wurde der Streit im Jahre 1494 durch Kurfürst Johann beigelegt und zugunsten der Nonnen von Seehausen entschieden. Auf die in der Spätzeit offenbar forcierten Landkäufe deuten Besitzerwerbungen in der Nähe des Zisterzienserinnenklosters Boitzenburg hin, wo es die Dörfer Herzfelde und Berkholz erwarb, die es später gewinnbringend weiterverkaufte.

Das nach der Reformation aufgenommene Erbregister führt uns den ganzen einstigen Klosterbesitz vor Augen; er betrifft vor allem die östliche und nordöstliche Region um den Oberen Uckersee: Die acht Dörfer Seehausen, Potzlow, Blankenburg, Warnitz, Seelübbe, Grünow bei Prenzlau, Drense und Grenz sowie größere Anteile in Bertikow und Bietikow. Das Kloster hatte vier Grangien in Seehausen, Potzlow, Blankenburg und Drense, von denen aus die Landwirtschaft organisiert wurde sowie Hebungen in der Stadt Angermünde. 87 Konversen und Lohnarbeiter hatten für das Kloster die Felder zu bestellen, also Pflugdienst zu leisten und auch alle Fuhren zu machen, 48 Kossäten waren ihnen zu »Fußdiensten« verpflichtet. Die Viehhaltung umfaßte 2.800 Schafe, 40 Schock Schweine und 370 Rinder. An festem Geldzins kamen jährlich über 340 Taler ein; aus der Hufenpacht kamen 15 Wispel 2 Scheffel Roggen, 11 Wispel Gerste, 27 Wispel 22 Scheffel Hafer. Die Mühlenpacht betrug 8 Wispel 8 Scheffel Roggen. Der Krug war zur Lieferung von 19 Tonnen Bier an das Kloster verpflichtet. Hinzu kamen der Fleischzehnt und weitere kleinere Einkünfte aus Abgaben. Desweiteren besaßen sie 36 Seen, Wiesenland und die Heide bei Jacobsdorf sowie zwei Mühlen.

Aus den Klosterunterlagen sind nur die Ämter der Äbtissin und der sie stellvertretenden Priorin schriftlich belegt. Die Äbtissinnen kamen aus den Adelsfamilien von Eickstedt, von Greiffenberg, von Schwerin, von Sydow, von Oldenfleth. Schon bei den Priorinnen waren neben dem Ritteradel auch Frauen aus der Bürgerschicht vertreten und diese Mischung kann für den gesamten Konvent angenommen werden.

Das Kloster hatte, wie die meisten der »landesherrlichen« Gründungen zum Orden kaum Beziehungen. Es unterstand der kirchlichen Fürsorge durch den Bischof von Cammin und hatte diesem gegenüber seinerseits Abgaben zu entrichten, wie Hufengeld und Zehnt. Im einzelnen bestanden diese Leistungen aus Getreidelieferungen und der Zahlung der sogenannten Bischofspfennige, daneben mußten jährlich am ersten Mai abgeliefert werden: ein Pfund Safran, vier Pfund Ingwer, drei Pfund Pfeffer, ein Bund Nelken, zehn Kisten Gewürze und zehn Paar Zwirnhandschuhe, so lauten die Angaben über das Jahr 1400, die Klempin in den Diplomatischen Beiträgen zur Geschichte Pommerns (1859) veröffentlicht hat. Sie lassen erkennen, daß Kloster Marienwerder mit seinen speziellen Gewürzlieferungen an den Klerus offenbar über sehr gute Handelsbeziehungen im Mittelalter verfügt haben muß, was sicher mit seiner nahen

Kruzifix, Vorderseite eines Holzmodels von Marienwerder, Klosterzeit

Sitzende Madonna mit Christuskind, Rückseite des Holzmodels

Tüllenbeschlag

Handtreueschnalle der Nonnen von Marienwerder

Lage zur alten Handelsstraße in den Ostseeraum zusammenhängt, aber wohl auch mit dem relativ hohen Anteil von Konventsfrauen, die aus der Kaufmannsschicht kamen.

Reformation

Das einst sehr malerisch auf einer Insel im Oberen Uckersee gelegene Kloster, das daher auch den Namen »insula Sanctae Mariae« oder eben Marienwerder trug, ist in heutiger Zeit aus der Optik der uckermärkischen Landschaft völlig verschwunden. Wer in Seehausen nach erkennbaren Resten sucht, wird kaum etwas finden, denn auch die vor wenigen Jahren durchgeführten Grabungen sind vor Ort nicht gesichert worden. Das Grabungsmaterial befindet sich im kulturhistorischen Museum von Prenzlau und über der Grabungsstelle wächst längst wieder das Gras des Vergessens.

Nach der Reformation wurde das blühende Kloster Marienwerder aufgehoben, die Visitation und Aufnahme des Besitzstandes fand 1542 statt, und seine Besitzungen wurden zusammen mit denen des Prämonstratenserklosters in Gramzow zu einem kurfürstlichen Amt vereinigt. Über das Schicksal des Nonnenkonvents ist wenig bekannt, aber es ist anzunehmen, daß das so gut geführte Kloster seine wirtschaftliche und religiöse Selbständigkeit keineswegs kampflos aufgegeben haben wird. Die Fülle der im Uckersee an praktisch einer Stelle geborgenen Münzen, Schlüssel, Devotionalien, Gefäße, Bestecke usw. legt die Vermutung nahe, daß der gesamte Klosterbesitz von den letzten Zisterzienserinnen dem Wasser übergeben wurde - noch bevor die Visitatoren der Reformation das Kloster ausräumen konnten, so wie es in den anderen Zisterzen in Brandenburg geschehen ist. Der Gedanke mag absurd erscheinen, doch gibt es Vergleichbares in Mühlberg, wo die Nonnen aus Protest gegen die Reformation ihre eigene Klosterkirche in Brand gesteckt haben und von Heiligengrabe wissen wir, daß einige der Konventualinnen es vorgezogen haben, in dem belagerten Kloster zu verhungern als das Kloster den Reformatoren auszuliefern. Es waren stets die mächtigeren Frauenzisterzen, die zu den selbstgewählten Formen der Verweigerung gegriffen haben – zähe Verhandlungen, Abriegelung des Klosters und - wenn die Reformatoren nicht mehr aufzuhalten waren – Vernichtung der materiellen Werte und der eigenen leiblichen Existenz.

Die nicht mehr genutzte Klosteranlage verfiel bereits im 16. Jahrhundert. Im Dreißigjährigen Krieg wurden Sparren, Balken und alle Holzteile von den dort stationierten schwedischen Truppen verheizt. Brandschatzung tat das ihrige. Im 18. Jahrhundert standen noch einige Ruinen, doch der Chronist Riedel wandelte im 19. Jahrhundert lediglich über eine Trümmerstätte. Die Steine des Klosters wurden im 18. und im 19. Jahrhundert zu Amtsbauten im Dorf Seehausen verwendet.

Gotische Bartschlüssel

Keller und Zisterne auf Kloster Marienwerder, Grabung von 1985

Grapen (Kochgeschirr für die offene Feuerstelle), Marienwerder

25.000 Grabungsfunde

Doch das wüste Jungfrauenkloster geriet nicht in Vergessenheit. Die vielen Tonscherben, die auf dem gepflügten Acker zum Vorschein kamen, erinnerten nachdrücklich an die einstigen Bewohnerinnen von Marienwerder. Auch der Flurname »Auf dem Kloster« hat sich für den hügeligen Landstrich, der wie eine Zunge in den Oberen Uckersee hineinragt, erhalten. Für die Kunstgeschichte hat sich J.A. Schmoll, gen. Eisenwerth wohl als einziger vor Ort mit Marienwerder befaßt, jedoch nicht in Form einer Grabung, sondern anhand von Sammelfunden, die für das Auge des Kundigen die Beziehungen zur Bauhütte der Prämonstratenser vom Gramzow erkennen ließen. Nach dem Krieg wurde das Kloster ein interessanter Fall für die Grabungsfachleute aus der Ur- und Frühgeschichte. Schon in den fünfziger Jahren vermerkte der damalige Museumsdirektor aus Prenzlau, Alfred Hinrichs, »daß sich eine Nachgrabung bestimmt lohnen würde«. In den achtziger Jahren begannen die Bodendenkmalpfleger mit umfangreichen Grabungen zu Lande und mit archäologischen Unterwasserforschungen, als deren Ergebnis jene 25.000 Kleinfunde getätigt wurden, von denen Ralf Jaitner und Gerhard Kohn in ihrer Publikation »Ein wüstes Zisterzienserinnenkloster bei Seehausen in der Uckermark« [25] berichten. Das reich bebilderte Buch gestattet einen geradezu sensationellen Einblick in die Kultur und Lebensweise, die in den Landklöstern der Zisterzienserinnen von Brandenburg gepflegt wurde.

Pflanzenreste geben Auskunft über den feldmäßigen Anbau von Gerste, Roggen, Rispenhirse und Erbsen. Der Gebrauch von importierten Nahrungs- und Genußmitteln, der bereits durch die bischöflichen Abgaben belegt worden war, wird durch vorgefundene Reste von Feigen ergänzt. Der klösterliche Obstgarten war in Marienwerder nicht nur mit Äpfel und Birnen, sondern auch mit Süß-, Sauer- und Kornelkirschen, mit Pfirsichen, Zwetschken, Haferpflaumen und Walnußbäumen bestens bestellt. Von den Sträuchern wurden Hagebutte, Schlehe, Haselnuß, Himbeere und Holunder gepflanzt. Ebenso wuchs dort die Weinrebe und der Mohn wurde zur Ölgewinnung angebaut. Die Funde an Tierknochen weisen auf das hin, was aus den Urkunden schriftlich belegt ist, nämlich die Haltung von Schafen, Schweinen, Rindern und Geflügel. Daß die Zisterzen oft mit regelrechten Fischereien verknüpft waren, ist ebenfalls bekannt, denn der Fisch war nicht nur zur Fastenzeit eine beliebte Nahrungsergänzung. Gräten und Schuppen wurden vor allem in den Kellereinfüllungen gefunden, desweiteren zahlreiche Angelhaken und Netzsenker sowie ein Fischkasten, gebräuchlich bei der Aufzucht von Jungfischen. Funde aus den verschiedenen Handwerksbereichen belegen die Beschäftigung von männlichen Konversen auf Marienwerder.

Der größte Teil der Funde umfaßt die Alltagskultur, speziell die mit der Zubereitung und dem Verzehr der Speisen

Sternberger Pilgerzeichen mit herausgeschnittenen Hostien

Farbnapf (links) und Palette zum Anmischen der Farben

verbundenen Geräte und Gefäße. Da die Küchenarbeit von Nonnen und weiblichen Konversen ausgeführt wurde, haben wir hier einen Bereich, der direkt mit der Arbeits- und Lebenswelt von Frauen im Kloster verknüpft ist.

Messer in unterschiedlichsten Formen, mit verzierten Griffen aus Holz, Bein oder Geweih, zum Teil auch mit Namen oder Inschriften versehen, lassen auf den hohen Stand der Gebrauchskultur im Alltagsleben schließen. Die meisten dieser sehr individuellen und fein gearbeiteten Stücke haben die Frauen bei ihrem Eintritt ins Kloster aus ihren Familien mitgebracht oder später als Geschenke erhalten. Anderes wird auf dem Tausch- oder Kaufwege von Händlern oder Pilgern erworben worden sein. Es gibt Messer mit Buntmetallknauf, solche mit feinen Metallösen am beinernen Griff, die am Gürtel des Gewandes befestigt werden konnten und welche die Frauen offenbar bei sich trugen; andere Messer mit einem Haken am Griffende wurden bei Nichtgebrauch an ein Brett gehängt. In der Auszier kommen neben meist eingravierten geometrischen Formen vielfach auch Tierdarstellungen – wie Hund oder Katze – vor; diese sind zumeist als kleine stilisierte Skulpturen am Griffende der Messer zu finden. Auch religiöse Themen sind in der Verzierung anzutreffen, so beispielsweise eine skulpturale Madonnenfigur am Griffende. Möglicherweise waren solche kostbaren Teile der Äbtissin oder besonderen Gästen vorbehalten, genausogut können sie aber auch das persönliche Eigentum einer ganz gewöhnlichen Nonne gewesen sein. Auf jeden Fall zeigen sie an, daß die Frauenklöster der Zisterzienser eine sehr verfeinerte Kultur gepflegt haben, die dem Standard des gehobenen Adels näher war als dem Gebot der klösterlichen Armut. Auch das Gleichheitheitsgebot darf bei so vornehmen Gebrauchsutensilien infrage gestellt werden. Dieses gilt auch für die Vielfalt der für die damalige Zeit kostbaren Gefäße aus dem Besitz des Klosters, wie irdene Krüge mit Glasur, besonderer Stempelverzierung oder Bemalung, Zinnkannen, Messinggefäße, Nuppengläser.

Die typischen irdenen Kochgefäße, wie Grapen, sind ebenso zu finden wie der einfache Holzlöffel und der gedrechselte Holzteller sowie eine Formenvielfalt von irdenen Töpfchen, Krügen, Kannen und Spezialgefäßen aus verbundenen Teilen. Von den für die Frauenklöster ja schon legendären doppelten Schließvorrichtungen sind bei den Funden Schlösser, Steckschlüssel und gotische Bartschlüssel enthalten. Truhenbeschläge, Gürtel, Buntmetallbeschläge für Ledersachen, hölzerne Wäscheschlegel spiegeln die Alltagskultur der Klosterinsassinnen wider.

Das Besondere der Frauenklöster war die Handarbeit der Nonnen, die anhand der Funde durch ca 2.000 Stecknadeln, einigen Nähnadeln, kleinen Bronzeblechhülsen und Fingerhüten hinreichend belegt ist. Die Schafwolle aus den eigenen Herden wurde im Kloster zu Garn gesponnen, worauf die über 60 Spinnwirteln hinweisen. Die Fülle der Stecknadeln läßt auf weiterverarbeitende Technologien im Textilbereich schließen, wie das Zuschneiden und Zusammenstecken von Kleidung, die dann von Hand genäht wurde. Auch für Altardecken und -vorhänge mit den vielen kleinen Applikationen und Posamentenstickerei waren die Stecknadeln vonnöten. Mit dieser Vielfalt war ersichtlich, daß in den Nähstuben und Schneiderateliers von Marienwerder keineswegs nur die groben heimischen Fasern und Leinenstoffe verarbeitet wurden, sondern daß die Nonnen importiertes Material und feine Tuche für die kostbaren Gewänder der kirchlichen Würdenträger und für spezielle liturgische Textilien verwendeten. Wie bereits erwähnt lag das Kloster an der alten Königsstraße, die das Baltikum über Stettin und Prenzlau mit Berlin verband. Außerdem war das Kloster auf Wasserwegen mit dem Oderhaff verbunden und hatte auch hier Zugang zum Ostseeraum. Die vielen unterschiedlichen Münzfunde in den Mauern des Klosters weisen auf die rege Handelstätigkeit desselben hin. Nach der bei Jaitner und Kohn veröffentlichten Aufstellung waren die Prägeorte Lübeck, Rostock, Stralsund, Wolgast, Stolp, Gollnow, Stettin, Stargard, Güstrow, Demmin und Prenzlau im Bereich Mecklenburg-Pommern sowie Stendal, Halberstadt, Mansfeld und Grafschaft Hohnstein im Anhaltinischen nachweisbar.

Von besonderem Interesse sind die Devotionalien und Gegenstände aus dem Bereich der religiösen Kleinkunst, die zumeist persönliches Eigentum der Zisterzienserinnen gewesen sind. Dazu gehören die »Handtreueschnallen«, einfache Metallringe als Zeichen der Vermählung mit Christus, die Rosenkranzperlen, Reliquienbehälter sowie kleine Andachtsfigürchen oder andere Kleinplastik. Zu den regional herausragenden Funden zählen in Seehausen ein Holzmodel mit den Darstellungen der thronenden Madonna und des Gekreuzigten sowie die Tonfiguren eines Ritters und einer weiblichen Figur. Das Model aus Birnbaumholz stellt für den brandenburgischen Raum einen einzigartigen Fund dar. In einer Höhe von 7,6 cm und einer Wandstärke von 1,7 cm stellt es auf beiden Seiten verschiedene Relieftechniken dar. Die Sitzmadonna ist als Negativfigur in das Holz eingearbeitet, während das Kruzifix die erhabenen Stege eines Druckstockes aufweist und also für den Hochdruck oder Stempeldruck benutzt wurde. Die Madonna thront in einem Spitzbogenportal, auf ihrem linken Knie sitzt das Christuskind mit langem Haar. Sie hält einen Apfel in der Hand und trägt eine hohe Krone.

Das Kruzifix gehört zum Dreinageltypus – also mit den übereinandergelegten Beinen des Gekreuzigten –, doch das Lendentuch fällt in parallelen senkrechten Bahnen und auch der Körper ist eher romanisch blockhaft, dazu das stilisierte Gesicht. Beide Darstellungen zeigen die Vermischung von romanischen und gotischen Elementen. Diese Devotionalien, die meist »Reproduktionen« von bekannten Gnadenbildern waren, dienten der persönlichen Andacht der Nonnen. In unserem Fall handelt es sich jedoch um ein Model, das heißt eine Form, mit deren Hilfe weitere Gnadenbilder hergestellt worden sind, möglicherweise aus Ton oder aus Pappmaché oder die Model dienten analog zu den Backmodeln der profanen Volkskunst zum Herstellen von Gebäck, das als Devotionalie zu bestimmten kirchlichen Festtagen gebacken und an die Gläubigen verteilt wurde. Bei den figürlichen Devotionalien wären die Darstellung einer betenden Nonne in glasiertem Steinzeug und der Metallguß des Christuskindes mit dem Segensgestus der rechten Hand und der Weltkugel in der Linken zu nennen. Letzteres spiegelt die Liebe zu Christus als zentraler Glaubensinhalt in den Klöstern wider. Auf die Verlobung mit dem göttlichen Bräutigam weisen die vielen im Klostergelände gefundenen »Handtreueschnallen« hin, die von den Nonnen an ihren Gewändern getragen wurden. Es sind flache Metallringe, welche die Initialen Jesu Christi tragen und den Händedruck des auf ewig gegebenen Versprechens.

Zu den weiteren Devotionalien-Funden gehören Anhänger mit eingravierten Initialen und der Darstellung des Gekreuzigten, entweder in einer stilisierten strengen Form oder auch stärker der dynamischen Expressivität der Gotik nachempfunden. Eine Miniaturgeißel, verschiedene Glöckchen aus Zinn, die Darstellung einer Heiligen mit Palmwedel in getriebenem Messingblech sowie ein hölzerner Sakramentsschrein belegen die verschiedenen Aspekte des religiösen Lebens im Kloster. Ergänzt werden diese religiösen Miniaturen durch den Fund von über eintausend Rosenkranzperlen aus Bein, Horn, Holz, Bernstein oder Gagat, der polierten Steinkohle aus den schlesischen Bergwerken. Da einige der Perlen noch in der Rohbearbeitung sind, besteht berechtigter Grund zu der Annahme, daß im Kloster selbst eine Werkstatt zur Herstellung der Rosenkränze betrieben wurde. Auch auf die Ausführung der Buchmalerei und die Existenz eines Scriptoriums, in welchem die Handschriften kopiert wurden sowie die weitere Buchherstellung gepflegt wurde, weisen einige Funde hin: Gefäße für Farben, bronzene Buchschließen, Buchbeschläge aus Messing.

Ganz offenbar war Seehausen auch ein wichtiges Bildungszentrum für die Mädchen aus der regionalen Oberschicht, denn Schreibgriffel wurden in verschiedenen verzierten Formen entdeckt. Sie sind aus Holz mit metallener Spitze oder aus Bein und Blei und dienten den Schreibübungen auf Wachs- oder Schiefertafeln. Spiele waren im Kloster keineswegs verboten – so sind Tonmurmeln, Würfel und Spielsteine für Schach und Backgammon gefunden worden – ob sie zur Unterhaltung der Pilger, als Kinderspiele oder den gelockerten Klosterregeln der Spätzeit gemäß auch von den heiligen Frauen benutzt wurden, wird wohl ein Geheimnis der Geschichte bleiben. Auch die Frage, ob die Miniaturen in hellem Pfeifenton, eine Bürgersfrau in der Tracht des 15./16. Jahrhunderts darstellend, oder der Rittersmann zu Pferde aus glasiertem Ton in den Bereich des Spielzeugs für die Klosterschülerinnen oder zu den persönlichen Dingen der Nonnen, etwa Geschenke oder Erinnerungsstücke, gehörten, wird vorläufig offen bleiben müssen, denn es gibt noch viel zu wenig Funde und Belege über den Alltag hinter Klostermauern, als daß wir hier schon konkrete Schlußfolgerungen ziehen könnten.

Genaueres hingegen sagen die aufgefundenen 60 Pilgerzeichen über die weitreichenden Verbindungen des Klosters Marienwerder aus, denn einige von ihnen konnten den bekannten Wallfahrtsorten Wilsnack, Sternberg, Königslutter, Köln, Maastricht, Aachen, Einsiedeln und Santiago de Compostella auf der Pyrenäenhalbinsel zugeordnet werden. Sie belegen den regen Austausch, die Besuche von Pilgern und Reisenden, die in die Herberge von Kloster Seehausen eingekehrt sind. Die Pilgerzeichen sind entweder kleine Metallplaketten mit einfachen religiösen Zeichen, wie dem Antoniuskreuz, oder aber – und das ist meist der Fall – minutiös gearbeitete Treib- oder Gußarbeiten, die eine Monstranz mit Hostie oder Heiligendarstellung darstellen; neben Christus werden meist die Apostel Johannes, Petrus, Paulus oder die Heiligen der betreffenden Orte, wie Mauritius für Magdeburg, abgebildet.

Das Kloster der Zisterzienserinnen in Zehdenick, nach einem Stich von Merian

Das Marienkloster in Zehdenick

Gründung

Im 13. Jahrhundert war Zehdenick eine kleine märkische Landstadt, deren Einwohner von Ackerbau, Viehzucht und Handwerk lebten und die ihre Gründung dem wichtigen Havelübergang zwischen Oranienburg und Fürstenberg zu verdanken hatte. Damit lag Zehdenick an der Straße, die von Berlin über Oranienburg, Templin, Prenzlau nach Stettin führte und im Mittelalter die Magistrale des Ostseehandels bildete. Gegen die Einfälle der Dänen und der Pommern errichteten die Askaniern in der ersten Hälfte des 13. Jahrhunderts eine Burg, in deren Schutz die weitere Ansiedlung begann.

An diesem strategisch so wichtigen Ort wurde genau zur Mitte des 13. Jahrhunderts ein Nonnenkloster der Zisterzienser gegründet, etwa zeitgleich übrigens mit dem nördlich bei Prenzlau gelegenen Kloster Seehausen und dem im östlichen Grenzgebiet errichteten Friedland am Oderbruch. Ein Zufall scheinen die gleichzeitigen Gründungen im nördlichen Bereich Brandenburgs wohl nicht gewesen zu sein, sondern sie markierten den Übergang der Herrschaft an die Askanier in diesen Gebieten. Außerdem war es genau die Zeit, in welcher der Papst sich per Erlaß für die Aufnahme von Frauenkonventen in den Orden stark gemacht hatte, um die Ausgrenzung der religiösen Frauenbewegung zu verhindern. Für diesen allerhöchsten klerikalen Hintergrund spricht die Tatsache, daß Papst Alexander IV. im Jahre 1254 die Gründung Zehdenicks als Kloster der Zisterzienserinnen bestätigt hat.

Verbreiteter als jener religionsgeschichtliche Hintergrund dürfte die überlieferte Erzählung über die Wirkung eines Wunderblutes sein, das letztendlich zur Klostergründung geführt haben soll. Wenn die Legende Recht hat, so verdankt das Zehdenicker Kloster seine Entstehung einer blutenden Hostie, die im Jahre 1249 in Zehdenick aufgefunden worden war. Die Geschichte klingt im Ganzen recht profan: Eine Zehdenicker Gastwirtin stiehlt die geweihte Oblate aus der Kirche und vergräbt sie genau unter dem Bierfaß im Keller ihrer Wirtschaft. Sie erhofft sich von der Hostie offenbar die wundersame Vermehrung ihrer Biervorräte und einen größeren Durst ihrer Kundschaft. Da sie bei allem Frevel aber doch eine gottesfürchtige Frau war, beichtet sie dem Priester ihre Tat. Dieser läßt die Hostie ausgraben und zutage kommt die an vielen Stellen um die Hostie blutrot gefärbte Erde. Diese hält man für das Blut Jesu, das aus dem gequälten Leib des Herrn, symbolisiert durch die Hostie, in die Erde gesickert ist. Die mit dem Wunderblut vermengte Erde wurde in einem kostbaren Gefäß geborgen und am Fundort eine Kapelle errichtet, zu der sich bald ein Pilgerstrom von Gläubigen ergoß, die sich Genesung von ihren Leiden durch das Blutwunder erhofften. Unter den Wallfahrern waren auch die Markgrafen Johann I. und Otto III. sowie deren Schwester Mechthild von Braunschweig-Lüneburg, die von dem Wunder und den Scharen der Pilger sehr beeindruckt waren. Auf Anraten des markgräflichen Beichtvaters, Hermann von Langele, der zugleich Lektor der Franziskaner in Berlin war, ließen die Markgrafen ein Frauenkloster der Zisterzienser errichten, in dem das Blutwunder an einem gebührenden, jungfräulichen Ort aufbewahrt werden sollte. Als Ort wurde das südöstlich vor der Stadt liegende Gelände nahe der Havel als geeignet angesehen. Gestützt wird die Überlieferung durch die älteste erhalten gebliebene Klosterurkunde vom 8. April 1257, in welcher die beiden Markgrafen Otto und Johann dem »monasterio ancillarum Christi de Cedenic« zwei Landhufen in Schwanebeck übereignen und diese Schenkung durch den Franziskaner Hermann von Langele, Lektor im Berliner Grauen Kloster (frater Hermannus, lector fratrum minorum de Berlin), bezeugen lassen. Als Hinweis auf die Existenz der Bluthostie wird der Brief der Kirchen-Visitatoren von 1541 angesehen, in welchem die letzte Äbtissin Barbara Fabians aufgefordert wird, die Kleinodien des Klosters »sonderlich das gefess, darin das heilige blut solte sein, damit so lang abgotterei getriben« herauszugeben.

Das Frauenkloster wurde nach den Ordensregeln der Zisterzienser geführt und der Jungfrau Maria und dem heiligen Georg geweiht. »Cenobium dominarum in Cedenik Cisterciensis ordinis Brandenburgensis diocesis in honorem beatae Mariae virginis ac sancti Georgii martiris constructum« lautet sein Name in einem Ablaßbrief, den der Erzbischof Erich von Magdeburg im Jahre 1289 zur Unterstützung des Kirchenbaus ausgestellt hatte.

Die Klosterkirche und die Gesamtanlage

Wie oben ersichtlich haben sich Erzbischof und Landesherren wiederholt um die finanzielle Unterstützung der Neugründung verdient gemacht mit dem Ziel, dem Konvent einen würdigen Aufenthaltsort zu schaffen. Auch Bischof Otto von Brandenburg unterstützte – unmittelbar nach der Bestätigung des Klosters durch den Papst – den Bau der Anlage, indem er all denen einen Ablaß erteilte, die mit Geldzuwendungen oder Material – sowohl Steine als auch Holz – den Kirchenbau förderten. Auch erteilte er einen vierzigtägigen Ablaß allen Helfern beim Bau. So konnte trotz finanzieller Anfangsschwierigkeiten die

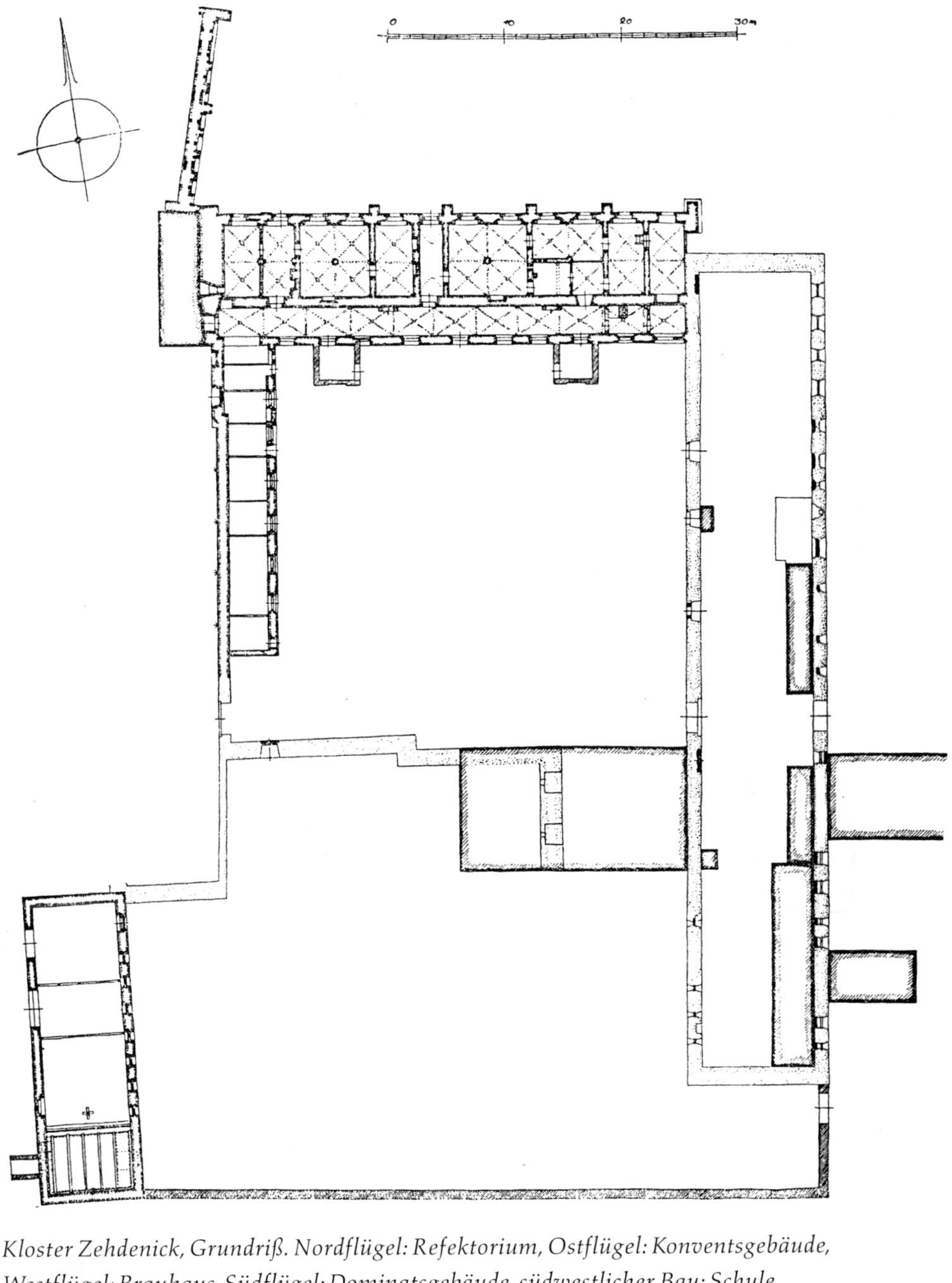

Kloster Zehdenick, Grundriß. Nordflügel: Refektorium, Ostflügel: Konventsgebäude, Westflügel: Brauhaus, Südflügel: Dominatsgebäude, südwestlicher Bau: Schule

einschiffige Klosterkirche mit eingezogenem Chor unmittelbar nach der Klostergründung errichtet werden und wird in ihrer Entstehungszeit in die zweite Hälfte des 13. Jahrhunderts datiert, während die Anlage im Ganzen wohl aus dem 14. und frühen 15. Jahrhundert stammt.

Von der ehemaligen Klosterkirche, die einst aus Feldsteinen errichtet worden war, sind heute nurmehr Reste erhalten, vor allem die drei Meter hohe nördliche Längswand des Kirchenschiffes, sowie der Ostteil mit Chorabschluß. Diese letzteren Teile wurden jedoch in das Haus der Oberin eingebaut, so daß sich insgesamt ein unvollkommener Eindruck von der einstigen Gestalt der Kirche ergibt.

Von den Klostergebäuden bietet der zweigeschossige Ostflügel mit seinem überwiegenden Bestand aus Feldsteinen, der lediglich an den Eckkonstruktionen durch den geformten Backstein ersetzt wird, das Bild einer eindrucksvollen Bauruine. Die Spitzbogenfenster des einstigen Kapitelsaales im Untergeschoß sind klein und schmal, während das Obergeschoß sich durch eine hohe spitzbogige Dreifenstergruppe in den Giebeln und eine Reihe kleinerer Stichbogenfenster im Langhaus auszeichnet. Dieser Teil war vermutlich das Dormitorium. Alle anderen Gebäudeteile sind aus Backstein errichtet und dürften damit wohl aus der zweiten Hälfte des 14. Jahrhunderts oder später stammen. Der Nordflügel wurde im Obergeschoß später verändert, enthält im Erdgeschoß jedoch mehrere Räume, die noch das auf Rundpfeilern ruhende Kreuzrippengewölbe aus der Klosterzeit zeigen. Der Flügel des nördlichen Kreuzganges ist gut erhalten und bietet mit seinen Kreuzgewölben und den birnstabförmigen Backsteinrippen über den verzierten Konsolen und den Schlußsteinen ein eindrucksvolles Bild der einstigen architektonischen Ausgestaltung. Besonders bemerkenswert sind zwei Konsolenden des Kreuzganges, in welche – die Funktionalität des Architekturdetails vollendet ausnutzend – zwei menschliche Köpfe eingemeißelt sind – ein männlicher Kopf mit Bart und ein weiblicher Kopf mit der charakteristischen Chruselerhaube und dem für das 14. Jahrhundert typischen Augenschnitt. Auch die übrigen Konsolen sind – ebenso wie die Schlußsteine – verziert mit Ranken, Blattwerk, Früchten oder Architekturmotiven, wobei auf den Wechsel der Motive größten Wert gelegt wurde und eine Wiederholung desselben Motives nirgends anzutreffen ist. Die Fenster sind innen zweimal getreppt und mit einem eingelegten Rundstab versehen.

Vom westlichen Klosterflügel ist nur ein Rest des Kreuzganges erhalten. An den Nordflügel schließt sich nördlich eine Wand aus spätgotischer Zeit an, die vermutlich zum ehemaligen Brauhaus gehörte. Südlich der Kirche erstreckt sich ein Feldsteingebäude, dessen Mauern jedoch viel unregelmäßiger beschaffen sind, als diejenigen von Kirche und Konventsgebäude. Dieser Bau war vermutlich die Klosterschule, später wurde er als Speicher und als Scheune verwendet. Im Südgiebel erhebt sich eine schlanke Dreifenstergruppe, alle anderen Fensteröffnungen sind zugemauert. Ebenfalls im südlichen Teil befindet sich ein Keller mit Tonnengewölbe, der ziemlich hoch in das Erdgeschoß hineinragt.

Zehdenick, Ruine des Klausurgebäudes, Feldstein, Ende 13. Jh.

Zehdenick, Kreuzgang des Nordflügels mit Kreuzrippengewölbe, 14. Jh.

Die von der ehemaligen Schule in ostwestlicher Richtung verlaufende Mauer ist ein Teil der alten Umfassungsmauer des Klosterbezirkes, der im südlichen Bereich auch den Friedhof mit eingeschlossen hat.

Geschichte des Klosters

Im 13. Jahrhundert stand das Kloster unter der Förderung der Askanier, doch waren seine Besitzungen und Einkünfte eher unbedeutend, was zu den verschiedenen Förderungen des anfangs stockenden Kirchenbaus Anlaß gegeben hatte. Neben den Einkünften aus Schwanebeck hatte es eine Getreidehebung aus Dyrotz bei Spandau und vier Wispel Roggenhebungen aus der Zehdenicker Mühle. Sein größter Landbesitz waren 16 Hufen in dem Dorf Mutz, das südwestlich von Zehdenick liegt und damals zur Herrschaft Ruppin gehörte. Vermutlich hat der Konvent nach dem Aussterben der Askanier bei den benachbarten Grafen von Lindow-Ruppin Unterstützung und Schutz gesucht. Sicher haben Beziehungen zwischen den beiden Zisterzienserinnenklöstern in Lindow und Zehdenick bestanden, denn im Typus der Klosterkirchen mit dem eingezogenen Chor gibt es viel Gemeinsames und außerdem taucht in den Urkunden der Vermerk auf, Zehdenick habe sich nach Lindow gerichtet. Ob daraus geschlußfolgert werden kann, daß Zehdenick eine Tochtergründung von Lindow war, muß vorläufig Hypothese bleiben.

An Gewässern besaß das Kloster durch Schenkung der Markgrafen zu dieser Zeit den Großen und Kleinen Wokuhl-See südwestlich von Templin mit dem Schulzenfließ und dem Ausfluß des Großen Kuhwall-Sees. Auch hier grenzten die Besitzungen unmittelbar an diejenigen des Lindower Klosters.

Aus dem 14. Jahrhundert sind die ersten Namen aus den Reihen des Konvents überliefert: eine Äbtissen Martha und eine Priorin Katharina werden 1330 genannt und als Nonnen lediglich zwei Töchter von Marquard Luterbecks, die im Jahre 1359 in das Kloster eingetreten sind und mit jährlichen Einkünften aus vier Hufen in Dallgow bei Spandau ausgestattet waren. Neben den Nonnen aus dem Bürgertum kamen vor 1375 aus dem Adel die Töchter der Häuser Wittelsbach, Bredow und Fürstenberg, verbunden mit Einkünften aus mehreren Seen um Zehdenick, Fürstenberg und Gransee. Die Bedeutung der Gewässer muß für den Speiseplan der nach der Ordensregel fleischlos lebenden Nonnen erheblich gewesen sein, denn die ersten urkundlich festgehaltenen Kaufverträge, die das Kloster abgeschlossen hat, betreffen den Kauf des Großen Lanken-Sees südwestlich von Templin, des Großen Kuhwall-Sees und des Heregen-Sees (heute das Herrenbruch nahe dem Großen Kuhwall) sowie die Fischereirechte im Fließ zwischen dem Röddelin und dem Großen Lanken-See im Jahre 1309. Wir können daraus auch schließen, daß der Konvent nach Fertigstellung der Klosterkirche in der Region an Prestige gewonnen hat und einen größeren Zuspruch bei den religiösen Frauen gefunden hat.

Wie bereits beim Kloster Lindow ver-

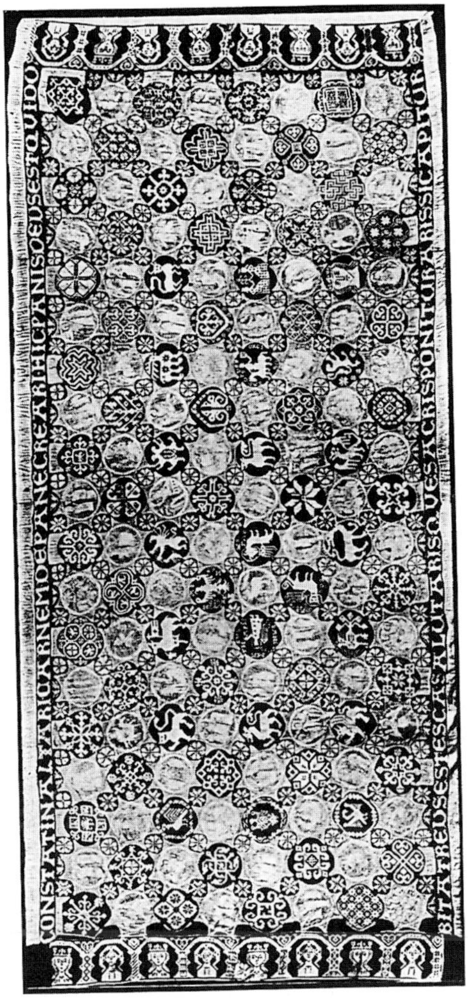

»Hungertuch« von Zehdenick, gestickter Altarbehang, 385 x 160 cm

Einzelheiten des nebenstehend abgebildeten gestickten Tuches

mutet, hat der Konvent von Zehdenick Kontakte zu anderen Frauenklöstern unterhalten. Schon 1330 schlossen die Zehdenicker Zisterzienserinnen unter der Äbtissin Martha mit den Zisterzienserinnen aus Marienwerder bei Seehausen eine Gebetsverschwisterung, welche die Nonnen aus dem jeweils anderen Konvent in die Gebete und frommen Werke mit einschloß. Außerdem führten sie beim Tod einer Nonne aus dem Seehauserner Konvent dieselben Rituale durch, die beim Tod einer Nonne aus Zehdenick zelebriert wurden. Eine ähnliche Verschwisterung ging der Konvent im Jahre 1393 mit dem Benediktinerinnenkloster in Arendsee ein. Bei der Unterzeichnung des geistlichen Vertrages wird auf der Seite der Benediktinerinnen die Priorin Adelheid genannt und auf der Seite der Zisterzienserinnen tauchen über 20 Namen auf, vermutlich der gesamte Konvent: Mit Hildegunde Wenzekendorps, Elisabeth Starke, Elisabeth Spandow, Anna Eyken, Margareta Goltsmedes, Margareta Gutowes, Katharina Sunnenberghes, Katharina Duzykens und mehreren Nonnen aus der Familie Holstendorp war eine größere Anzahl des Konvents bürgerlicher Abstammung, einige von ihnen sicher aus Berlin, Cölln oder Spandau in das nahegelegene Zehdenicker Kloster eingetreten. Der adlige Flügel umfaßte die in der Mark bekannten Namen wie Elisabeth und Katharina von Ziethen, Adelheid von Manteuffel, Katharina von Wuthenau, Lucie von Mutz, Margarete von Sparr sowie Gertrud und Katharina von Eichstädt. Letztere waren zum Zeitpunkt der Unterzeichnung bereits verstorben und wurden in die Gebete und Messen für die Toten mit einbezogen.

Nicht immer wurden die Beziehungen zu anderen Frauenklöstern als Ausdruck der religiösen Verbindungen geknüpft. Das im nördlichen Grenzgebiet zu Pommern und Mecklenburg liegende Kloster war ähnlich wie Kloster Boitzenburg bei kriegerischen Auseinandersetzungen besonders gefährdet und es ist der eine Fall überliefert, daß die Nonnen aus Zehdenick in dem fast achtzig Kilometer nördlich liegenden Seehausen Zuflucht gefunden haben.

Dem so arg in Mitleidenschaft gezogenen Kloster erteilte der Papst im Jahre 1401 den Ablaß für alle Besucher der Klosterkirche. Auch 1409 erbaten die Nonnen unter ihrer Äbtissin Hildegunde von Dewitz päpstlichen Schutz. Die Jahre um 1400 scheinen die härtesten für das Kloster gewesen zu sein; 1419 entschieden Äbtissin Hildegard und Priorin Elisabeth Colbutz den Verkauf der Landhufe aus Dallgow, die einst zum Gründungsbesitz des Klosters gehört hatten, an das Domkapitel zu Brandenburg, ebenso die Getreidehebungen aus dem Dorf Fahrland bei Potsdam. Eine große Trift mußte an die Bauern von Röddelin verkauft werden. Bei Übergriffen der Mecklenburger, die mitten in Friedenszeiten stattfanden, wurden vom Klostergut achtzehn Pferde gestohlen. Das Klosterdorf Nassenheide lag wüst und wurde vom Markgrafen auf zehn Jahre von allen Diensten befreit, um den Wiederaufbau zu ermöglichen. Als Hans von Arnim mit dem Schloß in Zehdenick belehnt wurde, erhielt er die Auflage, die Nonnen des Klosters unter seinen Schutz zu nehmen, doch das Schutzverhältnis kehrte sich ins Gegenteil: als die Arnims in den sechziger Jahren des 15. Jahrhunderts mit dem Bischof von Havelberg in Streit lagen, rächten sie sich ganz offenbar an den wehrlosen Nonnen und plünderten das Kloster. Doch Hauptmann Arnim hatte die Rechnung ohne die Wirtin gemacht; diese nämlich hielt in Gestalt der resoluten Äbtissin Anna von Brunn gemeinsam mit der Priorin Elisabeth von Wuthenau und dem ganzen mutigen Konvent die Räuber gefangen bis zum Eintreffen der Truppen des Markgrafen – eine Geschichte, die zeigt, daß die Zisterzienserinnen in Brandenburg alles andere als weltabgewandte Frauen waren. Sie konnten sich, wenn es sein mußte, gegen ihre Peiniger und Widersacher oft erfolgreich zur Wehr setzen, wofür die Reformationsjahre ebenfalls genügend Beispiele geliefert haben. Meist aber war der kleine Konvent einer großen Übermacht und weltlicher Willkür ausgeliefert, so bei der Einquartierung von Soldaten während des Krieges gegen die Pommern.

Wenn nicht der Eintritt von vermögenden adligen Frauen die wirtschaftliche Lage immer wieder aufgebessert hätte, wäre Kloster Zehdenick in den Kriegsjahren wohl in größter Notlage gewesen. So brachte beispielsweise im Jahre 1465 der Eintritt der Anna von Bredow dem Kloster folgende Ausstattung: Getreidehebungen zu Bergsdorf, 3 Schock zu Falkental, 3 Schock in Wendisch-Mutz, die Rauchhühner in Falkental und Guten-Germendorf, den ganzen Gänsezehnt im Land zu Löwenberg, Zehnt-Lämmer und Zehnt-Ferkel in Teschendorf, ein Wehr bei Zehdenick, eine Wiese, eine Kiepe Fisch von jedem Garnzug auf dem See bei Teschendorf.

Von weiteren Adligen, die dem Kloster beitraten, sind namentlich bekannt: Im Jahre 1479 Anna von Brunn, ab 1490 ist sie Subpriorin. Die Verleihung dieses Titels läßt darauf schließen, daß sich der Konvent vergrößert hat. Im Jahre 1488 traten die Schwestern Ilse und Hippolyta von Ziethen in das Kloster ein, verbunden war die Aufnahme mit der Übereignung von Getreidehebungen aus dem Dorf Feldberg bei Fehrbellin. Clara und Margarete von Blumenthal brachten im Jahre 1502 Hebungen aus den Dörfern Blumenthal und Brusenhagen ein und Barbara von Brunn wird als letzte der eintretenden Nonnen genannt mit Geldeinkünften aus dem Dorf Bechlin bei Neuruppin.

Als Äbtissen werden in den letzten fünfzig Jahren des Bestehens als Zisterzienserinnen-Kloster Euphemia Rewsbergin, Anna von Schlabrendorff und Anna von Eichendorff genannt und als Priorinnen Mechthild von Ziethen, Anna von Capellen und Barbara von Eichendorff.

Das Kloster hatte mit der Bildung und Erziehung der Mädchen und mit der Armenfürsorge die ihm gemäßen öffentlichen Aufgaben zu erfüllen und natürlich die liturgische Betreuung der Klosterkirche und die Mitarbeit bei den Gottesdiensten durch Chorgesang und Liturgie zu gewährleisten. Außerdem übten die Zehdenicker Zisterzienserinnen das Patronat über 17 Pfarrkirchen aus, u. a. in Lindenberg, Klosterfelde, Krewelin, Germendorf, Falkenthal, Mutz, Hindenburg, Hammelspring und Röddelin. In Röddelin war – nach Angaben der Germania Sacra Brandenburg – das Kloster auch in der Kolonisation erfolgreich tätig, indem sie die wüsten Feldmarken von Beutel und Densow den Bauern von Röddelin zur Urbarmachung und Bewirtschaftung überwiesen.

Ausstattung

Kloster Zehdenick gehörte nicht zu den reichen Klöstern in Brandenburg, dennoch hat es einiges an Ausstattung und Devotionalien hinterlassen, das heute zu dem Interessantesten gehört, was die Region an Hinterlassenschaften aus den Frauenklöstern und der Zisterzienserkultur vorzuweisen hat. Es handelt sich um angekauftes oder gestiftetes kostbares Kirchengerät, um Devotionalien aus dem persönlichen Besitz der Klosterfrauen und um – möglicherweise im Zehdenicker Kloster selbst hergestellter – Textilien für den religiösen Gebrauch.

Als erstes ist ein vergoldeter Silberkelch aus dem 13. Jahrhundert zu nennen, der bereits Eingang in die kunstwissenschaftliche Literatur gefunden hat und im Jahrbuch der Preußischen Kunstsammlungen sowie an anderen Orten ausführlich beschrieben worden ist. Es handelt sich um einen spätromanischen Abendmahlskelch, dessen Fuß und Knauf reich verziert sind mit Blatt- und Rankenmotiven, in welche Rundbilder mit figürlichen Darstellungen eingraviert sind. Die vier Reliefs am Fuße des Kelches zeigen mit Verkündigung, Geburt, Kreuzigung und Auferstehung die Stationen der Christus-Geschichte. Die Räume zwischen den Tondos sind mit den Darstellungen der Engel ausgefüllt. Der ausladende Knauf enthält in acht Rundbildern die Symbole der vier Evangelisten und ebenfalls nach den vier Himmelsrichtungen geordnet die Darstellungen des Christuskopfes. Im Kontrast zu dem üppig ziselierten Unterteil ist die Kuppa glatt und halbkugelförmig. Der wahrscheinlich aus einer niedersächsischen Werkstatt stammende Kelch ist der einzige aus dem Kreis Templin erhaltene Abendmahlskelch aus dem 13. Jahrhundert.

Ein kostbarer Beleg für die Qualität des klösterlichen Kunsthandwerkes ist das von den Zehdenicker Nonnen hergestellte »Hungertuch«, das heute im Märkischen Museum zu Berlin aufbewahrt und ausgestellt wird. Es handelt sich um einen großen Altarbehang mit einer Höhe von 385 cm und einer Breite von 160 cm aus der zweiten Hälfte des 13. Jahrhunderts, ein feingewebtes Tuch mit Leinenstickerei und Fileteinsätzen. Die Komposition hat an den Schmalseiten je eine Borte sowie an den Längsseiten ein umlaufendes Schriftband. Die gesamte Innenfläche besteht aus abgerundeten kleinen Bildfeldern, die im lockeren Wechsel mit figürlichen Motiven, Tieremblemen und Ornamenten (Stern, Blüte, Knoten) bestickt sind. Die figürliche Stickerei enthält 76 Darstellungen aus dem Neuen Testament sowie von Betenden, von Engeln und von Evangelisten. Die Tiermotive – Löwe, Hirsch, Lamm Gottes mit Siegerfahne, Taube, Greifvögel, Fabeltiere – entstammen aus den Bereich der religiösen Überlieferungen, aus der Wappenkunde, aus der Volkskunst. Es gibt auch bestimmte Motive aus der Völkerwanderung- oder der frühchristlichen Zeit, wie das zurückblickende Tier oder die antithetische Komposition zweier Tiere.

Bestimmte Grundmotive treten in immer neuen Variationen auf. Obwohl der Gesamtcharakter des Tuches ornamental ist, gibt es doch keine Wiederholung der gleichen Motive, sondern stets deutlich erkennbare Abweichungen und Abwandlungen. Die beiden seitlichen Schriftbänder sind in Filetstickerei ausgeführt und enthalten folgenden Text in Majuskelschrift: »constat in altari carnem de pane creari hic panis deus est qui dubit reus est esca salutaris que sacris ponitur aris sicapitur«. Die schmalen Randborten zeigen unter einem Baldachin im Wechsel den Christuskopf und einen Kopf mit Kaiserkrone.

Die beiden Schriftzüge sind jeweils von oben nach unten zu lesen, was den Gedanken nahelegt, daß dieses Tuch nicht als Decke gedacht war, sondern zur Aufhängung und somit als Altarbehang zur Fastenzeit benutzt worden sein könnte.

Desweiteren gehört zu den Überlieferungen aus der Klosterzeit die Petschaft einer Äbtissin. Es handelt sich um eine Bronzearbeit mit der Inschrift »sigill abatisse in cendenic« (Siegel der Äbtissin von Zehdenick). Dargestellt sind Christus als Weltenherrscher und die betende Äbtissin.

Die Petschaft der Nonnen trägt die Inschrift »St. crucis dominarium in centenic« und zusammen mit dem Gekreuzigten sind Maria und Johannes, sowie darunter eine Nonne, dargestellt. Beide Petschaften stammen aus dem 13./14. Jahrhundert, also aus der frühen Klosterzeit.

Die anderen Kleinkunstwerke sind jüngeren Datums und stammen aus der Zeit des evangelischen Stiftes. Eine 17 cm hohe silberne Weinflasche, vergoldet und mit Schraubdeckel wurde 1664 von Anna von Bredow gestiftet. Die Flasche ist mit Buckeln versehen und bemalt.

Ingeborg Catharina von Bredow stiftete 1660 eine silberne Oblatendose, ebenfalls vergoldet, und im selben Jahr stiftete Anna Margarete von Bredow eine Altardecke aus gelblicher Seide mit Goldborte. Weitere Textilien aus dem Klosterbesitz, wie Kelchtücher in Kreuzstich mit Brokat und Auflagen aus dem 18. Jahrhundert befinden sich wie auch das Hungertuch im Märkischen Museum in Berlin, sozusagen als Leihgabe des Stiftes.

Die Reformation

Den Bestrebungen zur Reformation haben sich die Klosterfrauen mit betonter Zurückhaltung gestellt. Eine erste Aufnahme des Inventars führte bereits am 23. Januar 1536 der uckermärkische Landvogt Hans von Arnim durch: eine große vergoldete Monstranz aus Silber mit einem goldenen Kreuzchen, ein vergoldetes kupfernes Viatikum, vier vergoldete Kelche, vier ponteficialia sowie mehrere Kaseln, Meßgewänder und Patenen. Bis auf zwei Kelche und einer Patene mußte alles nach Berlin abgeliefert werden.

Die Reformation hat das Kloster nicht aufgehoben, sondern in ein evangelisches Damenstift umgewandelt. Die Kirchenvisitation von 1541 führte eine neue Stiftsordnung und einen evangelischen Prediger ein. Die Güter des Klosters – die Dörfer Falkental, Klosterwalde, Krewelin, Klein Mutz, Wesendorf und Groß Woltersdorf - wurden konfisziert und dem Hofmarschall Adam Trott überschrieben, der diese im Jahre 1551 gegen Kloster Himmelpfort eintauschte. Das Kloster kam an das Amt Zehdenick, welches dem Stift regelmäßige Einkünfte zahlen mußte.

Da die letzte Zehdenicker Äbtissin unmittelbar vor der Visitation im Frühjahr 1541 verstorben war, ordneten die Landesherren die Wahl einer Domina an, die sich mit der neuen Kirchenlehre arrangieren sollte. Das Kloster wählte aus seiner Mitte Barbara Fabian zur Domina. Diese bestimmte Katharina Niplatz und Hippolyta Wildtpergen zu ihren Priorinnen. Zur offenen Fehde mit den Visitatoren kam es, als diese entgegen der Klosterordnung die vorzeitige Bekanntgabe des Namens der Domina forderten. Zu dieser Zeit versuchte der Konvent Kontakte zu den Klöstern in Lindow und Heiligengrabe herzustellen und mit diesen Klöstern gemeinsam gegen die Bevormundungen durch die Reformatoren vorzugehen, woraufhin diese zu offensichtlichen Drohungen übergingen. Am 7. Juli 1541 wurde Barbara Fabian nach Lindow bestellt zu einer Überprüfung ihres Glaubens und ihrer Stellung zur lutheranischen Kirche. Als sie nicht kam, wurde ihr das Erscheinen mitsamt den Kleinodien aus dem Kirchenbesitz und dem Gefäß mit der Blutrelique regelrecht befohlen: »das silberwergk an monstrantzen, kelchen, paten und ... sonderlich das gefess, dorin das heilige blut solte sein, damit solang abgotterei getriben, auss eurem kloster solte ghen Berlin geschafft werden.« Das amtliche Schreiben schließt: »...ir werdet unser gnädigen hern in deme gehorsam leisten, geschehe es aber nicht, so...werden s.k.f.g. als der landesfürst wege wissen, euch in deme zu geburlichen gehorsam zu bringen." [26]

Das Kloster wurde in ein evangelisches Damenstift umgewandelt und hat als solches weiterbestanden bis die letzte Domina im Jahre 1973 verstarb.

Es ist urkundlich belegt, daß die Klosterschule als Mädchenschule für 3 Schock Schulgeld weitergeführt wurde. Einschnitte hat es im Dritten Reich gegeben und in weiser Voraussicht hat die damalige Domina das berühmte Hungertuch als Leihgabe in das Märkische Museum gegeben, um es vor den Zugriffen der Nationalsozialisten zu schützen. Im Nordflügel befinden sich heute Seniorenwohnungen für Mitarbeiter der evangelischen Kirche und in den Gewölberäumen des Erdgeschosses ist seit 1992 die »Klostergalerie« mit wechselnden Ausstellungen zur zeitgenössischen Kunst untergebracht.

Kloster Boitzenburg – die schlichte Schwester Chorins

Eine märkische Ruinenlandschaft

An das einstige Zisterzienserinnenkloster in Boitzenburg erinnern heute die Ruinen der Klosterkirche und des Refektoriums. Gewaltig und malerisch zugleich steht die Backsteinwand der Klosterkirche mit ihren hohem spitzbogigen Fensterdurchbrüchen in einem hügeligen Gelände, gekrönt von den Silhouetten der über zweihundertjährigen Eichen – eine bizarre Szenerie in dem wetteifernden Miteinander uralter Bäume und noch älterer Architekturfragmente. Mit seiner polygonalen Krümmung scheint der hohe Chor die Anlage abrunden oder abschirmen zu wollen – ein Unterfangen, das im Ansatz stecken bleiben muß, da der Chor selbst nur mehr als halber Teil existiert. Dennoch – wer von der Anhöhe hinter dem Mühlenbach einen Blick zurück wirft, ist durch den Zusammenklang von Bauwerk und Landschaft beeindruckt. Stolz wie in Chorin erhebt sich der rote Backsteingiebel des Konventshauses aus dem Grün der Bäume. Diesem von ehemaligem Weinberg, bewaldeten Hügeln, See und alter Mühle umrahmten Panorama kann sich keineswegs nur der stadtmüde Besucher der heutigen Zeit kaum entziehen; seit dem 18. Jahrhundert sind die Ruinen des Boitzenburger Klosters ein dankbarer Vorwurf für Maler und Stecher. Vergleichbar etwa mit dem nördlichen Eldena, dessen Ruine Caspar David Friedrich in seiner Malerei dargestellt hat, sind auch die Klosterruinen von Boitzenburg in die Ikonographie der deutschen Romantik eingegangen. Von Alberti sind Gouach-Bilder aus dem Jahre 1790 und von I. Schlegel eine Serie von Lithographien von 1860 mit verschiedenen Ansichten des Ruinenkomplexes überliefert.

Diese zeigen die Nordwand der Kirche mit dem halben polygonalen Chor, die Westwand, die Ansicht des Konventshauses. Die Ansicht der Kirche von Nordosten schildert das hochaufragende Schiff mit dem gewaltigen Chorpolygon, dessen stark in die Vertikale gezogene Fensteröffnungen einen kraftvollen Rhythmus in den an sich sehr geschlossenen Baukörper bringen. Die Wirkung der Architekturelemente wird durch die Ruinenhaftigkeit noch verstärkt; es scheint als wäre der Bau von allem Beiwerk befreit und die ursprüngliche Baumasse spricht die einfache und starke Sprache der Zisterzienserarchitektur: Dickes Mauerwerk mit den riesigen Spitzbogenfenstern, die in der Ruine leere Räume sind, durch die der Blick ungehindert hindurch gleitet. Als Kontrast zu dieser Transparenz die Wucht der Strebepfeiler, die blockhaft, aber fast bis zur Höhe der Fenster reichend das Mauerwerk zu stützen scheinen. Im Ganzen ein sakrales Gerüst aus aufstrebenden Bauelementen und doch eine Mischung aus Transzendenz und erdhafter Schwere, zugleich ein mächtiger Raumklang in einer idyllischen Landschaft: die Kirche auf einer erhöhten Halbinsel in einem Sumpf gelegen mit Blick über einen See und dem baumbestandenen Ufer der gegenüberliegenden Seite.

Die Architektur: Kirche und Klausur

Die Gesamtanlage des Klosters wurde in der Zeit von 1270 bis zum beginnenden 14. Jahrhundert errichtet, wobei die Grundmauern noch aus Feldstein sind, die Aufbauten jedoch aus Backstein, der für den Teil der Klosterkirche ein sehr großes Steinformat von 30 x 15 x 11 cm aufweist. Die Klosterkirche war ein einschiffiger Bau mit kräftigen Strebepfeilern am Längsschiff und Chor – im Ostteil zwischen jeder Fensterleibung, im Westteil steht zwischen dem Pfeiler je ein Fensterpaar. Der Ostteil war überwölbt; die vom Boden aufsteigenden Dienste sind noch sichtbar. Das Besondere der Anlage ist der Polygonalchor mit Fünf-Achtel-Schluß, der in Boitzenburg wahrscheinlich das erstemal in einem Frauenkloster ausgeführt worden war. Hier ist das künstlerische Vorbild von Chorin in der Raumstruktur wirksam. Auch bei der Bauornamentik weisen bestimmte Motive auf das Wirken der Choriner Bauhütte hin, so die Verwendung des Weinrankenfrieses an der Nordwand der Klosterkirche, der in derselben Motivik und Komposition in Chorin an verschiedenen Stellen der Außenwandung auftritt. Dieser sogenannte »Choriner« Weinrankenfries besteht aus gereihten Backsteinplatten im annähernd quadratischen Format. Jede dieser Platten trägt die erhabene Darstellung des Motives als Flachrelief: In der Mitte befindet sich das fünffingrige Weinblatt, das in Boitzenburg übrigens eher einem Kastanienblatt ähnelt, das von der Ranke kreisförmig umfangen wird. Um das Endlosband der Ranken zu erzeugen sitzt das Blattmotiv einmal von unten und das nächste mal von oben an der Ranke, so daß ein minimaler, aber stetiger Wechsel desselben Motives entsteht. Anhand von Farbspuren, die an den Choriner Friesen gefunden wurden, ist auch in Boitzenburg anzunehmen, daß die erhabenen Weinranken rot waren und der Fond eine weiße Grundierung trug. Rot und Weiß bildeten für die Zisterzienserklöster den grundlegenden Klang in der Farbfassung der Architektur, wozu die Natur mit dem Grün der Wälder und Wiesen die komplementäre Rahmung darstellte. Spuren von hellem Putz sind an verschiedenen

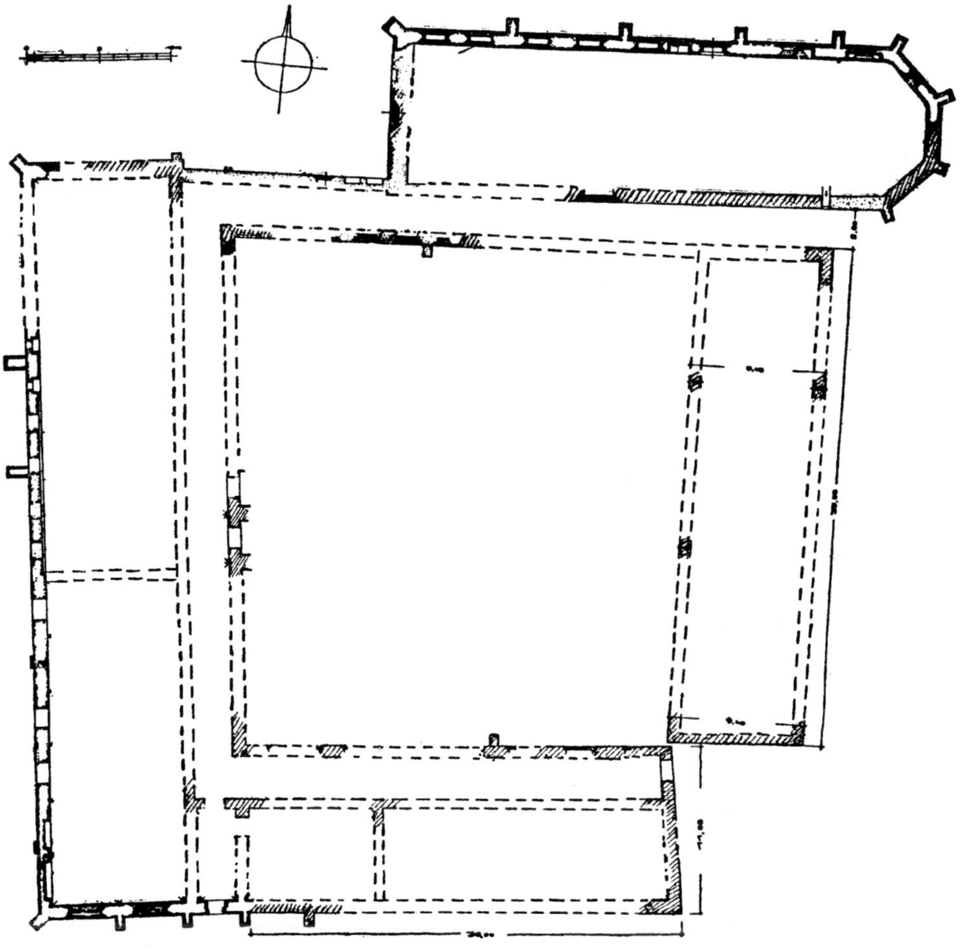

Kloster Boitzenburg, Grundriß. Nordbau: Klosterkirche, Westflügel: Konventsgebäude, Ostflügel: Wirtschaftgebäude

Stellen der Boitzenburger Klosterruine festzustellen, so daß der malerische Dreiklang von Rot, Weiß und Grün gerade in der uckermärkischen Hügellandschaft sehr schön zum Tragen gekommen ist.

Das Hauptgesims besteht aus Plattenfries, Rundstab und Kehle. Die erhaltenen Portale sind mit Birnstabprofil versehen, das in der Nord- und Südwand dreistufig, in der Westwand vierstufig aufgebaut ist. Bei Grabungen stieß man an der Westwand auf quadratische Formsteine mit einem konzentrischen Motiv, das in der Literatur als achtblättriger Stern bezeichnet wird. Zwei vierblättrige Pflanzenmotive sind um 45 Grad versetzt übereinandergelegt, so daß eine achtstrahlige Komposition von absoluter Symmetrie entsteht: Vier lanzettförmige kurzstielige Blätter bilden das zentrumnahe Geviert, während die vier langstieligen Blattmotive (Weinblatt oder Ahorn?) bis in die Ecken der Formsteine ausstrahlen. So entsteht eine Komposition von Gebundenheit und Expansivität, zwei Charakteristika, die dem Ideal und der Realität des Zisterzienserordens keineswegs fremd sind, denn Ausstrahlung von einem Zentrum ist durch das Prinzip der Filiation die Grundlage der zisterziensischen Klostergründungen und die Gebundenheit ist durch die Ortsgebundenheit, an das Kloster, eine wesentliche Grundlage des Zisterziensertums. Die in diesem Motiv erkennbare Verknüpfung von Geometrie und Naturbetrachtung, die Pflanzen erheben sich als Flachreliefs in ihrem lebendigen vegetabilen Sein aus dem Steingrund, ist charakteristisch für die Ästhetik der hohen Gotik.

Die unteren Fenster tragen nach innen und nach außen ein zweistufiges Birnstabprofil, die oberen sind glatt abgeschrägt. Westlich der Nordtür befindet sich ein Rundfenster mit Resten eines Fünf- oder Zehnpasses.

Die Gewände der Chorfenster enthalten Maßwerkprofil sowie außen und innen Kehle und Schräge.

Der zweigeschossige Westteil war in beiden Geschossen mit einer flachen Balkendecke versehen; eine Wölbung bestand nur im Ostteil der Kirche. Darauf weisen hin die als Dreiviertel-Rundstäbe vom Boden aufsteigenden Dienste, der Ansatz für die Schildbögen und die Verzahnung für das Mauerwerk des Gewölbes. Der Triumphbogen ist bis zum Beginn der Rundung noch erhalten; er teilt die Kirche in den gewölbten Ostteil und den flachgedeckten Westteil. Dieser trägt in der Wand auch zwei Fensterreihen übereinander, während der Ostteil zusammen mit dem Chor die durchgehenden hohen Fensteröffnungen hat. Durch Grabungen in den dreißiger Jahren wurde der Verlauf des Kreuzganges festgestellt und seine Lage südlich der Kirche mit dem sich rechtwinklig zur Kirche erstreckenden Konventsgebäude erkennbar. Die Fensterprofile des Kreuzganges gleichen denen des Chores, was auf eine einheitliche Bauzeit schließen läßt. Das Konventsgebäude ist auf den Zeichnungen von Schlegel um 1860 als ein zweigeschossiger Bau mit großen Fensterleibungen im Untergeschoß und den kleineren Zellenfenstern im Ober-

Südgiebel des westlichen Klostergebäudes

Kloster Boitzenburg, Südgiebel des Konventsgebäudes, heutiger Zustand und Rekonstruktion nach F. Adler von 1864

Fenster an der Westwand des Konventsgebäudes

geschoß erkennbar, dessen Mauern durch Strebepfeiler verstärkt waren, was auf eine Wölbung der Decken schließen läßt. Von den Gewölben des Untergeschosses sind noch einige Konsolen und Schildbögen erhalten. Etwa in der Mitte der westlichen Außenwand ist ein Schornsteinzug entdeckt worden, so daß sich hier wahrscheinlich Wärmestube oder Küchenräume befunden haben. Nördlich der Esse ist ein Kellerzugang. Das Schmuckstück des Konventshauses bildet der Südgiebel mit der gestaffelten Dreifenstergruppe und den drei Rosettenfenstern, deren mittleres einen Durchmesser von ca drei Metern hat. Auch der Giebel markiert in seiner gleich großen Gestaltung der Fenster auf beiden Ebenen und deren Lage in einer Achse die ausgewogene Gliederung der Geschosse.

Boitzenburg und Chorin

Auf enge Beziehungen zwischen Chorin und Boitzenburg weisen schon die Umstände der Klostergründung hin, denn Kloster Boitzenburg entstand genau in jener Zeit, als das Hauskloster der Askanier von Mariensee nach Chorin verlegt worden war. Das Frauenkloster der Zisterzienser wurde im Schutz der Festung Boitzenburg, die Stammsitz der uckermärkischen Vögte war, zeitlich etwa parallel zu Chorin und sehr wahrscheinlich von der Choriner Bauhütte errichtet. Diese Beziehungen sind schon von Friedrich Adler im 19. Jahrhundert vermutet worden, der die gleiche Form der schmalen Schlitzfenster bei beiden Baugruppen feststellte. In den zwanziger Jahren erbrachten die baugeschichtlichen Untersuchungen [27] weitere Analogien in der Form und Gestaltung der Chorfenster, der Portalgewände und der Plattenfriese: Die einfach profilierten Chorfenster sind bei beiden Bauten an den gleichen Stellen anzutreffen, während der Typus der reicher profilierten Choriner Chorfenster in der Fenstergestaltung der Westfassade der Nonnenkirche auftritt. Entsprechungen gibt es auch in der Gestaltung des Maßwerkes der Fenster. Die Ähnlichkeiten mit dem berühmten Kloster Chorin führten dazu, daß Boitzenburg eine stärkere kunstgeschichtliche Beachtung fand als andere Frauenklöster. Heinrich Jerchel nahm dann im Jahre 1936 eine Inventarisierung der Ruine und Grabungen vor, bei denen die Westfassade der Kirche mit einem vielstufigen Portalgewände und Teile des Kreuzganges freigelegt wurden, und im Sommer 1937 grub das Berliner Kunstgeschichtliche Institut mit dem Ziel, den Gesamtverlauf der Anlage sowie Angaben über Details, wie Arkadenrhythmus der Kreuzgangflügel, Pfeilerprofile und Profile der Fensterleibungen, Aufbau des Maßwerkes usw. zu ermitteln. Als Ergebnis der Grabungen liegt der heute noch verbindliche Grundriß von Klausur und Klosterkirche vor. Der Zweite Weltkrieg hat die Arbeiten unterbrochen und viele Unterlagen vernichtet; nach dem Krieg nahm J. A. Schmoll von Eisenwerth in seiner Publikation über Chorin und die askanische Backsteinarchitektur [28] die bauge-

Formstein mit Achtstern-Motiv, gefunden an der Westwand der Klosterkirche

links unten: Das Siegel des Klostergründers Heinrich von Steglitz an der Klosterurkunde von 1269
rechts unten: Siegel der »ABBATISSA IN BOVCENBORG«

schichtliche Einordnung von Boitzenburg in den Architekturzusammenhang mit Chorin wieder auf. Seine Untersuchungen bezogen sich auf Ähnlichkeiten im Profil der Pfeiler, der Portalgewände, der Rippen, Konsolen und Sockel sowie in der Gesamtlösung des Chorpolygons. Dieser erste polygonale Hochchor der märkischen Backsteinarchitektur überhaupt ist in Chorin in größeren Maßen und in Boitzenburg in einer insgesamt kleineren Ausführung, aber mit denselben Proportionen und der monumentalen architektonischen Raumwirkung errichtet worden und ist der grundlegende Beweis für das Arbeiten derselben Bauhütte in Chorin und Boitzenburg.

Die Vergleiche der Blendrosetten, jener für die Portalgestaltung der zisterziensischen Bauhütten unabdingbaren Detailform, läßt eine stilistische und zeitliche Einordnung von Boitzenburg zu. Es handelt sich um den Typus der Radblenden, der in Lehnin am Querschiff der Klosterkirche auftritt und in der ersten Choriner Bauphase den Ostbau, nämlich den Giebel des Kapitelsaales, schmückt. In diese Stilphase gehört die Radblende der Südfassade des Boitzenburger Westflügels, in dem mit Sicherheit der Kapitelsaal der Nonnen untergebracht war. Diese Form der Radblenden war in der Architektur bis um das Jahr 1280 gebräuchlich, womit eine Datierung des Boitzenburger Südflügels gesichert ist. Mit der weiteren Stilentwicklung der Gotik veränderte sich die Radblende zur prunkvolleren Maßwerk-Rosette, wie sie in der Choriner Westfassade – entstanden in einer späteren Bauphase – zu sehen ist.

In der Architekturornamentik gibt es Formen, wie den Plattenfries mit umlaufenden Weinranken, die direkt von Chorin übernommen worden sind und andere, die in Boitzenburg eine Weiterentwicklung erfahren haben. So kann der Boitzenburger Achtstern als eine stilistische Weiterentwicklung der Herzlilie vom Choriner Ostbau angesehen werden.

Schmoll von Eisenwerth rekonstruierte den Bauverlauf folgendermaßen: Zwischen 1272/73 und 1280 errichtete die Choriner Bauhütte den Ostteil des Klosters und arbeitete während der Unterbrechung der Bauphase zwischen 1281 und 1289 am Aufbau des Nonnenklosters in Boitzenburg.

Die Bauhütte übernahm sowohl die grundlegende Konzeption als auch die Details von Chorin-Ost und schuf einen auf die Bedürfnisse des Frauenkonventes (Nonnenempore) zugeschnittenen und in den Gesamtmaßen kleineren, eben einen »schlichteren Schwesterbau«.

Dieser war unter allen Frauenklöstern in der Mark der fortschrittlichste Bau, der als erster in der Ostlösung den Polygonalchor im Fünfachtel-Schluß hatte, jene von den Klosterkirchen der Zisterzienserinnen später übernommene Form: Das chorlose Stepenitz baute Ende des 13. Jahrhunderts einen solchen Chor an die Klosterkirche, das spätere Heilgengrabe ist im Kirchenbau ganz nach Boitzenburg orientiert.

Boitzenburg, die Ruine der Klosterkirche von Osten. Nach I. Schlegel um 1860

Gründung und Klostergeschichte

Boizenburg war als mittelalterliche Burg, in deren Schutz sich erst ein Marktflecken ansiedelte, woraus noch im Mittelalter ein Städtchen mit Schloß und Pfarrkirche erwuchsen, im 13. Jahrhundert ein wichtiger Knotenpunkt in der Uckermark. Nicht zuletzt wegen der landschaftlichen Voraussetzungen, seine geschützten Lage zwischen den uckermärkischen Hügeln, die sich mit ihren Südhängen als Weinberge hervorragend eigneten, und dem Flüßchen Uckeritz, das die Anlage eines kleinen Stausees mit dem Wehr für die Wassermühle sowie die Fischerei ermöglichte, wurde das nahe der Stadt gelegene Dorf Boitzenburg zum Sitz eines Frauenkonvents der Zisterzienser erkoren, obwohl in unmittelbarer Nähe in dem Dorf Flieth bereits ein Kloster der Benediktinerinnen bestanden hat. Diese beiden Klöster, die etwa zehn Jahre nebeneinander existiert haben, sind das Benediktinerinnenkloster Marienpforte, 1269 gegründet von Ritter Heinrich von Stegelitz, und das Zisterzienserinnenkloster, im Jahre 1271 von den brandenburgischen Markgrafen Johann II., Otto IV. und Konrad I. gestiftet. Um 1280 wurde der Konvent von Marienpforte dem Kloster der Zisterzienserinnen angeschlossen und brachte seine Einkünfte aus den Dörfern Marienvlete (Flieth), Hessenhagen, Sukkow am See in das gemeinsame Kloster ein.

Bei seiner Gründung erhielt das Jungfrauenkloster zu »Boyceneburch« von den brandenburgischen Markgrafen eine Mühle, 10 Hufen Lehen, das Kirchenpatronat in Boitzenburg, sowie den Grund und Boden, auf welchem sich das Kloster befand mit dem angrenzenden See sowie das Kirchenpatronat in Krewitz, Klaushagen und Hardenbeck. Um 1281 erweitert der Bischof von Cammin die Patronatsrechte auf das Dorf Hessenhagen, welches zuvor dem Kloster Marienpfort unterstanden hatte. Aus solchen Überschneidungen wird geschlossen, daß die Zusammenlegung der Klöster um 1280 bereits vollzogen war. Seit dieser Zeit wurde in den Urkunden das »Claustrum sanctimonialium ordinis sti. Benedicti in porta sancte Marie« als solches nicht mehr erwähnt und nur noch vom »Conventus sancte Marie in boycenborg« gesprochen. In einer Urkunde aus dem Jahr 1342 wurde auch die Zugehörigkeit zum Zisterzienserorden benannt: Monasterium Sanctimonialium in Boicenborch ordinis Cisterciensis. Ebenfalls im 14. Jahrhundert haben die Päpste Johannes XXII., Benedikt XII. und Clemens VI. das Zisterzienserinnenkloster Boizenburg urkundlich anerkannt. Der Konvent gehörte zur Diözese Kammin und Bischof Hennig nennt ihn in seinem Briefwechsel mit dem Kloster »Abbacia«, Abtei, was die zisterziensische Zugehörigkeit nochmals unterstreicht. Die Äbtissinnen selber unterzeichneten die Urkunden ausdrücklich in dieser Funktion, so die Äbtissin Odilia als »abbatissa de permissione divina« (1340), die Äbtissin Elisabeth von Angermünde als »divina miseracione abbatissa« (1375), die Äbtissin Katharina

Schadebach als »van godes gnaden Ebbedisse« (1383) und noch im beginnenden 16. Jahrhundert die Äbtissin Katharina Typlink als »van Gods gnaden Abbatissa« (1522).

An Besitzrecht erwarb das Kloster während seines Bestehens die Dörfer Bröddin, Warthe, Hardenbeck, Haßleben, Rosenow, Fürstenberg, Schmiedeberg, Mahlendorf, Ziegelsdorf, Küstrinchen, Lübbesicke, Klaushagen. Desweiteren besaßen die Nonnen Einkünfte auch aus entfernt liegenden Orten, wie Wittstock und Göritz bei Prenzlau, sowie in Prenzlau und auch in Templin. Auch in Boitzenburg selbst nahmen die Besitzungen zu; im Jahre 1375 gehörten dem Kloster 24 Hufen, die auf dem neuen und dem alten Feld lagen, was auf die weitere Urbarmachung schließen läßt. Im Vergleich dazu hatte das Boitzenburger Schloß mit seinen 18 Hufen einen wesentlich geringeren Grundbesitz vor Ort. An den Einkünften aus dem Markt war das Kloster ebenfalls beteiligt; es erhielt ein Drittel des Ständegeldes, das auf dem Jahrmarkt am »Marien laternen tag« (8. September) eingenommen wurde.

Zu den Wohltätern in der Anfangszeit des Klosters gehörte neben dem Gründer von Marienpforte, Heinrich von Stegelitz, vor allem die Ritterfamilie von Kerckow, die 1289 für einen Altar in der Klosterkirche mehrere Hufe Land stiftete in der »Hoffnung, Gnade für ihre Seelen und das ewige Heil zu erlangen«. Jede Landhufe brachte dem Kloster jährlich im Durchschnitt zwei Scheffel Getreide – meist Gerste oder Roggen – ein.

Dennoch überwogen in der Geschichte des Klosters eher die problematischen Zeiten und die Zwistigkeiten der Landesherren brachten ihnen Einbußen und Verluste. Da das Kloster an der Grenze zwischen Brandenburg, Mecklenburg und Pommern lag, hatte es häufig unter kriegerischen Auseinandersetzungen zu leiden. Bisweilen versuchten die jeweiligen Landesherren den in den Klosterdörfern angerichteten Schaden durch Zuwendungen wieder gut zumachen. Beispielsweise erhielten die Nonnen im Jahre 1317 vom Markgrafen Woldemar sechs Landhufen in Hardenbeck »zur Behebung der Schäden, die sie seinetwegen in dem jüngst verflossenen großen Kriege erlitten haben«. Im selben Jahr kauften die Klosterfrauen bei Woldemar die Dörfer Haßleben und Strele für 334 Silbermark. Die Bestätigung des Besitzes erfolgte wenige Jahre später durch eine sogenannte Schenkungsurkunde, ausgestellt von den derzeit regierenden pommerschen Herzögen. 1403 überließen die pommerschen Herzöge Swantibor, Bogislaw, Barnim und Wratislaw dem Kloster »dat stedeken unde dat dorp to Boysenborch« mit allem Zubehör für zehn Jahre um des »schaden willen, den de armen … closterjuncwrouwen to B. hebben genommen in unsen openbaren krighe«.

In den Jahren 1373 bis 1417 stand das Kloster unter der Obhut des Hauses Luxemburg und auch in dieser Zeit wurde planmäßig weiter erworben und Schenkungen durch das Zugekaufte abgerundet: Die Dörfer Kuhz, Weggun, Küstrinchen, Mahlendorf und Einkünfte im mecklenburgischen Fürstenberg und im Kreis Prenzlau. Das späte 14. Jahrhundert war in den Schenkungen freigiebig und die Wohltäter verbanden damit die Hoffnung auf Vergebung der Sünden und das Seelenheil für sich und ihre Angehörigen, weil »wir alle vor dem Richterstuhl Christi stehen werden, um Rechenschaft abzulegen, wie wir bei Leibesleben gehandelt haben, so ist notwendig, daß wir jenem Tage des Zitterns durch Werke der Frömmigkeit zuvorkommen, und dasjenige jetzt auf Erden säen, was wir unter dem Beistande Gottes dann im Himmel zu ernten verdienen möchten«, wie es in einer der Schenkungsurkunden nachzulesen ist.

Unter den Hohenzollern fielen um 1420 Landhufe in Thomsdorf an das Kloster und ab 1443 tätigte die Familie von Arnim Schenkungen in den Dörfern Crewitz und Hardenbeck sowie mehrere wüste Feldmarken, die in der Oberhoheit des Klosters urbar gemacht wurden. Zeit seines Bestehens hat das Kloster auch Freigüter ausgegeben und die Bauern in den Dörfern mit dem Gericht und dem Schulzenamt belehnt. Vor allem aus den letzten Jahrzehnten sind eine Fülle von klösterlichen Lehnsbriefen bekanntgeworden. Der Wortlaut eines solchen Lehnsbriefes klingt in den heutigen Sprachgebrauch übersetzt folgendermaßen: »Vor allen Christenleuten, die diesen Brief sehen oder hören, lesen, bekennen wir, Katarina Tepelyngs, nach Gottes Gnaden Äbtissin, Anna Rike Priorissa, Barbara Wittstock Celleraria und der ganze Konvent des Klosters Bozenborch (Marienpforte), daß wir mit Willen und Andacht (Zustimmung) unseres Propstes, Ehrwürden Lorenz Cassube, verliehen haben und gegenwärtig hiermit verleihen Michel Lemmeke und seinen rechten Lehnserben das Schulzengericht zu Tegelstorp mit aller seiner Gerechtigkeit als das von alters her gewesen ist: mit 4 freien Hufen, einer Garten-Wörde, einem Werder, einem Kamp und einem freien Kahn auf dem Swantesee ...Pacht, Zehnt, Rauchhühner, freie Auf- und Abfahrt, Teilpfennige von der Gerichtsbarkeit, Zapfenpacht von jedem Spünde (Faß) ein Quart Bier, den dritten Pfennig an den Gerichtsgefällen. Diese vorgeschriebenen Stücke stete und feste zu halten, haben wir unser Konventssiegel an diesen offenen Brief lassen hängen, der gegeben und geschrieben ist nach der Geburt Christo Jesu unseres herrn 1511 am Tage Pauli des hl. Märtyrers.« [29]

Das Boitzenburger Kloster pflegte auch Kontakte zu verschiedenen Konventen in der Nachbarschaft: So gab es eine Gebetsschwesternschaft zu den Zisterzienserinnen in Zehdenick, die urkundlich belegt ist, desweiteren Kontakte zu den Zisterzienserinnen in Marienwerder/Seehausen. 1455 nahmen die Angermünder Franziskaner die Boitzenburger Zisterzienserinnen in die Gemeinschaft der Verdienste seiner Brüder auf. Dreißig Jahre später folgte ein ähnlicher Zusammenschluß mit den Dominikanern aus Prenzlau.

Dennoch litt das Kloster unter den Kriegswirren. Von den Plünderungen und Brandschatzungen waren keineswegs immer nur die Besitzungen des

Klosters – die Landhufen und Grangien – betroffen: im Krieg von 1463 wurde auch die Klosteranlage selbst in weiten Teilen zerstört, so daß der Bischof Wedego von Havelberg einen Ablaß »für die Wohltäter des baufälligen und zum Teil eingeäscherten Klosters« verkündete. Auch andere Quellen berichten über die Verödung und den Verfall des Klosters »seiner Gebäude, Zehnten, Besitzungen und seiner verbrannten Dörfer«.

Die Reformation

Von den Kriegsstreitigkeiten immer aufs neue in Mitleidenschaft gezogen, gab das Kloster schon vor der Reformation Gericht und Schulzenamt, die sie in den Klosterdörfern ebenso wie das Einsetzen der Pfarrer ausgeübt hatten, an die Dörfer ab. Auch die Herren von Schloß Boitzenburg, unter deren Schirmherrschaft das Kloster stand, versuchten auf verschiedenen Wegen sich die Besitzungen des Klosters anzueignen und den Einfluß des Klosters in der Region zu schmälern. So ging ein Teil der Rechte, welche die Klosterfrauen in ihren Dörfern hatten, wie Ackerzins, Bede sowie Fuhr- und andere Dienste in die Hände der Boitzenburger Vögte über, während dem Kloster lediglich das Kirchenpatronat in den Klösterdörfern, die Pacht und die Gerichtsbarkeit blieb. Trotz der von außen kommenden Einschränkungen blieb der innere Klosterbetrieb unangetastet und die Ordensregeln wurden offenbar bis zur Auflösung des Klosters eingehalten, wie aus dem Beurkundungsschreiben des Bischofs Martin von Cammin anläßlich der Wahl der Äbtissin Katharina Typlink im Jahre 1507 zu entnehmen ist. Darin bestätigt der Bischof, daß Katharina Typlink »wegen ihrer Verdienste, ihres Eifers, ihres rühmlichen Lebens ... einträchtig ohne irgendeinen Einspruch und unter Beobachtung aller bei der Wahl der Äbtissin zu beachtenden überkommenen Vorschriften zur Mutter, Lenkerin und Äbtissin des Klosters gewählt worden war«. Dennoch war der Lauf der Dinge nicht aufzuhalten und die Säkularisierung kam in Boitzenburg früher als in den Nonnenklöstern der Prignitz. Bereits 1536 gab Kurfürst Joachim II. die Anweisung zur Visitation der Klosterschätze. Hans von Arnim, Landvogt der Uckermark und Herr auf Schloß Boitzenburg, führte am 18. Januar 1536 die Visitation durch und legte ein Inventar der wertvolleren Devotionalien an: eine vergoldete Monstranz aus Silber, ein kleines vergoldetes Viaticum, sechs Kelche und darunter vier vergoldete, drei vergoldete Pacificalia (Kußtafeln) aus Silber, eine schwarzsamtene Chorkappe, fünf silberne Spangen, ein Casel mit Edelsteinen, eine schwarzsamtene Casel, noch etliche Caseln mit Spangen und zwei Pallen mit Spangen. Am 27. Februar 1538 ließ sich der Landvogt auf Geheiß des Kurfürsten die genannten Kirchengüter ausliefern. Dieser Akt der Säkularisierung scheint ohne Zwischenfälle vonstatten gegangen zu sein und der Konvent hat den Verlust seiner Kirchenschätze mit Würde ertragen, denn Hans von Arnim schreibt in dem Bericht an seinen Auftraggeber von »der würdigen und andächtigen Elizabeth Czernekowen, Abbatissen czu Boyczenborgh«. Ein Lehnsbrief für Freigüter an Hans Ruthenberg in Küstrinchen, ausgestellt von der Äbtissin Elisabeth Zernekow im Jahre 1538, war das letzte Amtsschreiben, welches vom Kloster verfaßt worden ist. Es beweist, daß praktisch bis zur letzten Minute die Klostergeschäfte ordentlich geführt worden sind. Mit der Auflösung des Klosters ging der Besitz formell an den Landesherrn, Kurfürst Joachim II., der drei Jahre später das gesamte Kloster für dreieinhalbtausend brandenburgische Gulden an Hans von Arnim verkaufte, der für den Unterhalt der verbliebenen Nonnen zu sorgen hatte und ihnen im Kloster ein Wohnrecht auf Lebenszeit einräumen mußte. Von der letzten Klosterfrau – Katharina von Arnsdorf – erfahren wir um 1572, daß sie beim Prenzlauer Gericht Klage erhoben hat gegen Kurt und Berndt von Arnim wegen der ihr zustehenden Einkünfte, da sie ihre Rechte und ihren Besitz im Dorf Naugarten in das Kloster eingebracht hatte. Das Gericht entschied zu ihren Gunsten und verurteilte die Gebrüder Arnim zur Zahlung einer Jahresrente. Außerdem sollte sie jährlich erhalten: eine Tonne Hering, mehrere Scheffel Malz, ein Rind, ein Schwein, je zwei Wispel Roggen und Hafer, zwei Scheffel Buchweizen, 21 Gänse, Hühner, eine Tonne Butter, einen Hammel, zehn Lämmer, ein Scheffel Erbsen, zwei Eimer Honig, für zwei Personen täglich Brot und mittwochs und freitags Küchenfische. Wenn dann noch die Erträge aus dem Klostergarten dazu genommen werden, so ergibt das einen durchaus standesgemäßen Speiseplan, der sich von der einstigen kargen Klosterkost bereits weit entfernt hat. Wie sehr die Klostertradition allerdings noch existierte und auch im Umgang gepflegt wurde, geht daraus hervor, daß Katharina von Arnsdorf ihre Schreiben immer noch mit dem Siegel der Äbtissin von Kloster Boizenburg versah – und das fast vierzig Jahre nach der Reformation und der offiziellen Auflösung des Klosters.

Architekturdenkmal und Mühlenmuseum

Im 16. und 17. Jahrhundert war das Kloster Wohnsitz der Arnims. Sie ließen auf dem Klostergelände ein neues Haus errichten, das um 1570 verschiedentlich als Klosterhof erwähnt wird, jedoch der Feuersbrunst von 1586 zum Opfer gefallen ist. Im Dreißigjährigen Krieg plünderten und brandschatzten die Dänen Boitzenburg. Dabei wurde im Jahr 1627 auch das Kloster weitgehend zerstört und die nahe gelegene Klostermühle – eine Wassermühle an der gestauten Uckeritz – wurde niedergebrannt. Auch der Neubau – ein Fachwerkbau auf Ziegelfundament – fiel wenige Jahre später (1655) erneut den Flammen zum Opfer. Später ließen die Arnims die Mühlenanlage wieder aufbauen und in Betrieb nehmen, während die Klosterbauten weiterhin dem Verfall preisgegeben waren und die Bauern sich nach Kriegsende die Ziegeln für den Wiederaufbau ihrer

Höfe aus den Mauern der Klosteranlage brachen. Auch Schatzgräber sollen sich zu jener Zeit auf die Suche nach vergrabenen Klosterschätzen gemacht haben. Großes Aufsehen erregte der Fall des in der Klostermühle angestellten Teichgräbers Adam von Eisten, der 1667 zur Anzeige kam und einen Gerichtsverlauf mit Verhören vor dem »Angstmann«, dem Anlegen von Daumenstöcken, Schnüren und weiteren Folterinstrumenten genommen hat.

Im 18. Jahrhundert war das Kloster Boitzenburg wohl einer der malerischsten und bekanntesten Ruinenorte, der besonders von Berliner Künstlern aufgesucht worden ist. Im 19. Jahrhundert, der Zeit der Konsolidierung der historischen Wissenschaften, erwachte auch das Interesse an Boitzenburg neu. Der Historiker Ernst Daniel Martin Kirchner stieß um 1850 bei seinen Recherchen zur Geschichte der Familie von Arnim auf über einhundert Urkunden aus der Klosterzeit, in denen Siegel sowie Namen der Äbtissinnen, Priorinnen, der Pröpste und von Nonnen aus dem Konvent genannt wurden und machte damit einen für die Geschichte der Zisterzienserinnen im nordöstlichen Deutschland einmaligen Fund. In den dreißiger Jahren des 20. Jahrhunderts führte der Kreishistoriker Rudolf Schmidt einige Forschungen zu den »Nonnen von Marienpforte« durch, die jedoch über den Rahmen der Regionalgeschichte nicht hinausragen. Von Bedeutung für die Rekonstruktion der Gesamtanlage waren die Grabungen, die unter Adler im Jahre 1936 von der Fachschaft Kunstgeschichte an der Berliner Universität durchgeführt worden sind und ein Jahr später zur Veröffentlichung kamen. Der von Adler rekonstruierte Grundriß der Gesamtanlage gilt heute noch als verbindlich. Die Untersuchungen von J.A. Schmoll gen. Eisenwerth zum Kloster Chorin und der askanischen Architektur in der Mark Brandenburg rückten die Klosterruine als Architekturdenkmal wieder stärker ins Blickfeld und brachten ihr seit den sechziger Jahren den schönen Beinamen »schlichte Schwester Chorins« ein. Die ehemalige Klostermühle erhielt im 19. und 20. Jahrhundert einige neue technische Ausrüstungen und war bis 1978 noch in Betrieb. Danach wurde sie als technisches Denkmal unter der Leitung des letzten Müllers weitergeführt. In den verschiedenen Räumen finden sich Ausstellungsstücke aus der siebenhundertjährigen Geschichte der Klostermühle sowie ständige Ausstellungen zur örtlichen Volkskunde, welche Lebensweise, Handwerk und Landwirtschaft der letzten einhundert bis zweihundert Jahre veranschaulichen. Dabei stehen die originalen Einrichtungen des typischen bäuerlichen Wohnmilieus, wie die schwarze Küche, die gute Stube usw., im Vordergrund.

Heute sind von der Kirche die nördliche Kirchenwand mit der Hälfte des polygonalen Chores architektonisch gesichert; die Westwand und der Südgiebel des Refektoriums sind nach wie vor dem Verfall preisgegeben.

Altfriedland, Sterngewölbe im Refektorium, 2. Hälfte 15. Jh.

Das Kloster Friedland am Rande des Oderbruch

Lage und heutiger Bestand

Das Oderbruch war – wie Fontane urteilte – vor seiner Urbarmachung »eine wüste und wilde Fläche ... von einer unzähligen Menge größerer und kleinerer Oder-Arme durchschnitten ... Viele dieser Arme gestalteten sich zu Seen, deren manche, wie der Liepische bei Liepe, der Kietzer- und der Klostersee bei Friedland, noch jetzt, wenn auch in sehr veränderter Gestalt vorhanden sind. Alle Jahre stand das Bruch zweimal unter Wasser, nämlich im Frühjahr um die Fastenzeit, nach der Schneeschmelze an Ort und Stelle, und um Johanni, wenn der Schnee in den Sudeten schmolz und Gewitterregen das Wasser verstärkten. Dann glich die ganze Niederung einem gewaltigen Landsee, aus welchem nur die höher gelegenen Teile hervorragten ...« [30]

Am Rand dieser wilden, zweimal im Jahr vom Hochwasser überfluteten Landschaft, auf einer schmalen Landzunge zwischen dem von Fontane geschilderten Kloster- und dem Kietzersee lag das Kloster der Zisterzienserinnen von »Fredelant«, wohl das einzige Frauenkloster, das in so unzugänglichen und gefährlichen Gefilden errichtet worden war. Dennoch oder gerade wegen seiner Lage in einer so ursprünglichen Natur muß es , wie Fontane vermutet, »von nicht gewöhnlicher Schönheit gewesen sein, als die umgebende Bruchlandchaft noch ihren alten Charakter hatte und die hohen Giebel des Klosters abwechselnd in den einen oder andern See ihre Schatten warfen«.

Von der Bevölkerung her war das Oderbruch bis zur Besiedlung nach der Landgewinnung ein fast ausschließlich von Wenden bewohntes Gebieten. Nach der Festigung der Macht der Askanier entstand in den fünfziger Jahren des 13. Jahrhunderts etwa zur selben Zeit wie das Kloster Mariensee das Jungfrauenkloster Bredelant. Die umwehrte Klosteranlage bestand einst aus Klausur, Propstei und Klosterkirche, einem Siechenhaus für Kranke, einer Brauerei und Brennerei sowie Friedhof, Garten und Stallungen.

Dem heutigen Besucher stehen zur Besichtigung die ehemalige Klosterkirche und die restaurierten Teile der Ruine des Refektoriums zur Verfügung. Zu bewundern ist die einstige Einpassung des Klosters in den Landschaftsrahmen aus Hügel, Wiese, Seen und Wald. Während die Klosterkirche dem Dorf zugewandt ist, erbaut auf einer flachen Anhöhe, erstreckte sich die umwehrte Klosteranlage in die sanft zum Klostersee abfallende Landschaft. Noch heute bieten die quer zum See lagernden Baumassen des Refektoriums mit der vorgelagerten und sich nach Süden bis zum Seeufer ausbreitenden Wiese – die einst der Klostergarten war – und dem Panorama der baumumstandenen märkischen Seenlandschaft einen Anblick von unvermutetem Reiz.

Gründung

Ähnlich wie das benachbarte Chorin und viele andere Klöster des Ordens wurde auch Friedland neben einer alten wendischen Siedlung errichtet.

Die bei Grabungen im Jahre 1845 gefundenen Wendenpfennige deuten darauf hin, daß sich auf der Landzunge ein größeres Fischerdorf und ein Handelsplatz befunden haben. Die Wendenfischer blieben eine eigene Gemeinschaft auch zu der Zeit, als sich in der Nähe des Klosters das Städtchen Friedland herauszubilden begann. Wie üblich mußten sie für die Ausübung der Fischerei einen Wehrzins an die Eigentümer der Gewässer oder die Besitzer der Fischereirechte zahlen. Die vielen Fischereien in der Gegend und der damit verbundene Zins gehörten zu den Haupteinnahmequellen des Klosters. Die Stadt Friedland entwickelte sich aus einem befestigten Stützpunkt neben dem Kloster, der bereits in der askanischen Frühzeit errichtet und später ausgebaut wurde. Das »Oppidum Fredelant« gehörte mit all seinen Einkommen, Ländereien und Gewässern dem Kloster.

Das genaue Gründungsjahr des Klosters ist unbekannt. Die Gründung wird zusammen mit Mariensee sowie mit Seehausen und Zehdenick in das Jahr 1250 gesetzt, damit gehört Friedland noch zu den frühen Gründungen von Frauenklöstern, wofür auch der gerade Ostabschluß der Kirche sprechen. Erstmals urkundlich erwähnt wird es 1271: Eine Urkunde aus der Universitätsbibliothek in Wroclaw (Breslau) bezeugt, daß die askanischen Markgrafen Otto V. und Albrecht III. dem Kloster das Kirchenpatronat über Ringenwalde zusprechen. Im Landbuch Karl V. ist die Aufzählung der »Bona monialum in Fredeland« ergänzt durch den Zusatz »hort den Junckfrawen von Fridelant«. Das Kloster war der Jungfrau Maria, dem Evangelisten Johannes und Johannes dem Täufer geweiht und gehörte im Mittelalter zur Diözese Brandenburg. An einer Urkunde von 1381 ist das Klostersiegel bruchstückhaft erhalten: Es zeigt in einer spitzovalen Form das Lamm Gottes mit der Triumphfahne, darunter ein aufwärts gerichteter Halbmond und ein fünfstrahliger Stern. Eine Äbtissin wird erstmals in der Überschreibungsurkunde für das Dorf Gersdorf südöstlich von Eberswalde im Jahre 1341 erwähnt.

Klosterkirche und Refektorium

Die Klosterkirche – genannt Ecclesia sanctae Mariae semper virginis in Vredeland – war eine frühgotische Basilika mit geradem Chorschluß im Osten, erbaut aus behauenem Feldstein (Granit) und mit einem hölzernen Tonnengewölbe versehen. Im Geviert von Längs- und Querschiff trug sie den für die Zisterzienser typischen Dachreiter. Die drei Ostfenster waren schmal aufragende Spitzbogenfenster mit Maßwerk. Diese Dreifenstergruppe ist heute zugemauert, wie die ganze Kirche durch verschiedene Umbauten ihren ursprünglichen Charakter verloren hat. Aus der Klosterzeit stammt noch die Taufschüssel vor dem Altar mit einer Darstellung der Marienverkündigung.

Zu barocken Umbauten und Reparaturen kam es, als 1732 die städtische Fachwerkkirche von Friedland baufällig wurde und die seit dem 30jährigen Krieg ungenutzte Marienkirche, damals Hofkirche genannt, die Funktion der Stadtkirche übernehmen sollte. Fenster, Altar, Kanzel, Glockenstuhl und Dachkonstruktion wurden gänzlich erneuert und stark verändert.

Weitere Veränderungen fanden 1814 nach Entwürfen des Oberbauassessors Karl Friedrich Schinkel statt. Diese betreffen die Turmkonstruktion, einen grauweißen Innenanstrich, der die letzten Reste der Bemalungen aus der Klosterzeit tilgte sowie den Einbau eines Chores für die Orgel im Westteil der Kirche – eine Veränderung, der die einstige Nonnenempore zum Opfer fiel.

Einen Eindruck über die gotische Backsteinarchitektur der Klosteranlage vermitteln die restaurierten Gewölberäume im Untergeschoß des Refektoriums. Dieses sogenannte alte Kloster hatte eine Länge von 73 Meter und eine Breite von 13 Meter. Die Mauern weisen eine Dicke von bis zu 70 Zentimetern auf. Theodor Fontane besichtigte noch Teile des Kreuzganges und die Räume des zweigeschossigen Refektoriums mit den Sterngewölben aus der zweiten Hälfte des 15. Jahrhunderts, die er in Oderland schildert: »Die gewölbte Decke wird von drei Säulenpfeilern getragen. Zwei dieser Pfeiler sind rund, der mittelste vier- bzw. sechseckig. Die auf den Pfeilern stehenden Gewölbe sind vielgerippt, so daß immer 16 Rippen auf einem Pfeiler ruhen oder aus demselben palmenhaft aufwachsen. Der Abstand zwischen den Pfeilern ist verschieden, und von oben nach unten zu abgeschritten, bemerkt man, daß der Zwischenraum von Pfeiler zu Pfeiler immer um ein bis zwei Fuß kleiner wird.«

Klostergeschichte

Schenkungen und Ankäufe erfolgten in den letzten Dezennien des 13. Jahrhunderts in großer Zahl. Das Kloster war nicht nur um die Mehrung seines Besitzes, sondern auch um deren rechtmäßige Anerkennung bemüht, denn am Elisabethtag (19. November) des Jahres 1300 stellte Markgraf Albrecht dem Kloster eine umfassende Besitzurkunde mit folgendem Wortlaut aus: »Wir erklären und bezeugen mit der vorliegenden Urkunde öffentlich, daß wir im Hinblick auf das ehelose Leben der zur Brandenburger Diözese gehörigen Nonnen in Friedland, auf ihre zahlreichen guten Werke und auf die Heiligkeit ihres Ordens und in der Hoffnung, daß wir an der Seele und am Körper durch ihre eigenen frommen Gebete bei Gott eine Beihilfe haben ... und auch den Nonnen selbst zur Unterstützung ihnen alle ihre Güter, welche sie in unserem Herrschaftsgebiet besitzen und im Fortschritt der Zeit erlangen können, mit der vorliegenden Urkunde um Gottes Willen bestätigt haben, damit sie, wenn irgend ein Privileg über ihre Güter durch Brand oder einen anderen Unglücksfall verloren gehen sollte, deswegen keinen Schaden erleiden.« [31]

Von den 26 Klosterbesitzungen und Einnahmen, welche der Markgraf bestätigte, seien hier die wichtigsten aufgezählt:

– das ganze Oppidum Bredeland mit allen seinen Einkommen, seinen Ländereien und Gewässern,
– die Nonnenmühle mit Fischteich,
– den Fischteich der Alebrandmühle,
– den großen und kleinen Tornowsee bei Pritzhagen,
– den Bukowsee,
– den Schermitzelsee bei Buckow,
– Ringenwalde mit allen Rechten,
– den dritten Teil des Dorfes Metzdorf,
– das Dorf Damerow,
– einen Weinberg bei Wriezen,
– Lüdersdorf und Biesdorf,
– in der Mühle Dornebusch und in der Mühe Lubenecke 9 Wagen Roggen und 1/2 Wagen Weizenmalz,
– in der Stadt Bernau 10 Schillinge von den Ratsherren
– den dritten Teil der Fische in Wriezen
– im Dorf Marzahn drei Hufen Land mit allem Recht

Es folgen noch weitere Regelungen für Abgaben an Getreide und anderen landwirtschaftlichen Erzeugnissen, die die Versorgung des Klosters sichern sollten. Auffallend sind der Besitz vieler Seen und Fischteiche, sodann Mühlen und Weinberge. Im 14. Jahrhundert wurden die Erwerbungen zügig voran getrieben, so daß sich die Besitzungen des Klosters bis zum Nonnenfließ bei Eberswalde im Norden erstreckten.

Die Siedlung Gottesgave erwarb das Kloster im Jahre 1305 von der aus Sachsen in die Mark zugewanderten Familie von Rochlitz. Entsprechend den Vorstellungen der Zisterzienser wurde das Dorf zu einem Klostervorwerk ausgebaut, in dem Reisende bewirtet werden konnten. Es bestand aus einer Meierei, Speicher, Brunnen, Gärten und verfügte über einen großen Viehbestand, vor allem Rinder und Schafe.

An dem alten Weg, der vom Oderbruch nach Berlin führt, liegt ein Flurteil, der auf älteren Karten als »Hausstelle« bezeichnet wird. Hier lag zwischen den Wasserarmen der alten Oder und des Stobberowfließes das Wendendorf Slawe »villam Slawe«, das auf der Urkunde von 1300 ebenfalls dem Kloster Friedland gehörte und im 14. Jahrhundert in ein deutsches Gemeinwesen, das von acht Kossäten bewohnt wurde, umgewandelt worden war. Im Schoßbuch von 1450 steht: »Slawe gehört den Jungfrauen zu Friedland. Auf der Feldmark sind 20 Hufen (=1200 Morgen). Zinsen jede 3 Scheffel Roggen und Hafer sowie 7 Groschen.»Die Fischerei, die am Wehr von Stobberow betrieben wurde, gehörte zu den privaten Einnahmen der Äbtissin. Die Felder wurden im 16. Jahrhundert aufgeforstet und in Wald umgewandelt.

Auch im unwegsamen Oderbruch selbst, wo bis zum Meliorationsprojekt Friedrich des Großen im 18. Jahrhundert die wendischen Fischersiedlungen relativ abgeschlossen von der Außenwelt existierten, erhoben die Zisterzienserinnen Abgaben, wie das Beispiel von Kleinbarnim, einem wendischen Fischerdorf, zeigt. Bereits um 1300 gehörte der dritte Teil des Dorfes den Jungfrauen von Friedland. Und im Landesschoßregister von 1451 findet sich folgende Eintragung: »Lutken Barnym uff dem Bruche an der Oder unn der Brytzen (Wriezen) hat 9 Erben (Fischer), zinst jeder 8 Groschen. Im Ganzen kommen 38 Groschen ein«. [32]

Außerdem stellte das Kloster auch Belehnungsurkunden aus, so für Cuno und Claus von Barfus (auf Batzlow), denen 1454 die »kleine Pacht« in Kleinbarnim verliehen worden war. Unter der »kleinen Pacht« verstand man den Fleischzehnt, der in der Abgabe des zehnten Teiles des jungen Schlachtviehs bestand. Auch Roebel übernimmt im 16. Jahrhundert als Rechtsnachfolger des Klosters die Rechte auf Kleinbarnim, wie es im Lehnbrief heißt: »Jeder Fischer hatte jährlich zu geben 30 Fische, 2 Aale und 2 Gänse«, dazu mußte er täglich Pflichtdienst leisten.

Nach einer Urkunde von 1300 besaßen die Friedländer Nonnen »villam bystertorp«, eine dem Namen nach ursprünglich wendische Siedlung, als Dotationsgut »cum omni jure« und behielten es – wie die meisten ihrer Besitzungen – bis zur Reformationszeit. Im Jahre 1375 gehörten zum Dorf 56 Hufen Land, von welchen fünf Hufen den Einkünften des Dorfpfarrers und der Kirche diente. Von den 51 von Bauern bewirtschafteten Hufen kamen je Hufe an das Kloster als Getreidepacht zwei Scheffel Roggen, drei Scheffel Gerste und vier Scheffel Hafer. Außerdem wurde von jedem Hüfner 15 Pfennig Zinsgeld und drei Schillinge 8 Pfennig Bedegeld gefordert. Das Kloster übte in dem Dorf die Gerichtspflege aus und hatte auch das Kirchenpatronat. Hufengeld, Hofzins, Getreidepacht, der Zehnte und auch Lehnpferdegeld gehörten zu den Einnahmen, welche das Kloster auf die meisten seiner Besitzungen erhob.

Im Jahre 1341 verpfändete Markgraf Ludwig dem Kloster das Dorf Gersdorf, daß jedoch Mitte des 15. Jahrhunderts den Besitz wechselt und fortan dem Frauenkloster der Zisterzienser in Zehdenick gehört. Über die Geschäfte mit den Ländereien, an denen neben den Klöstern auch verschiedene Privatpersonen, vornehmlich aus den entstehenden Städten, beteiligt waren, gibt das Carolingische Landbuch von 1375 Auskunft, in dem die verschiedenen Besitzanteile von Gersdorf aufgeschlüsselt werden: »hat 52 Hufen, und davon der Pfarrer 4, die Kirche 1, der Schulze 4. Von jeder Hufe wird an Pacht und Zins

10 Schill. und an Bede 5 Schill; 1/2 Sch. Roggen u. Gerste u. 1Sch. Hafer entrichtet. Von den 19 Kossätenhöfen sind 3 wüste, die übrigen geben zusammen 30 Schillinge, jedes Haus aber gibt ein Huhn; der Häuser sind 22. Der Krug gibt 30 Schillinge an den Schulzen und dieser letztere muß ein Lehnpferd halten. Henning Welseckendorf (ein Patrizier aus Eberswalde) hat 9 Stück zum Unterpfand von den Nonnen in Friedland. Die Witwe Spandow in Strausberg hat 10 Stück, die nach ihrem Tod an das Kloster fallen. Die alte Äbtissin in Kloster Friedland hat 2 Stück auf Lebenszeit ... Claus und Coppe Bartholomes (Ratsherren aus Berlin) haben in diesem Jahr 4 Stück von der Bede gekauft ... Rulaf Wilmersdorf (Eberswalder Patrizier und Getreidehändler) hat nicht nur 2 1/2 Stück der Bede vom Markgrafen, sondern auch die andere Bede an Getreide erhalten. Das oberste Gericht nebst dem Patronatsrecht exerzieren die besagten Nonnen, der Spanndienst aber stehet dem Markgrafen zu.« [33]

In Notzeiten konnten die Lasten durch den Markgrafen zeitweise aufgehoben werden, so in Gersdorf durch den Einfall der Hussiten im Jahre 1432.

Die innere Struktur und Aufgaben

Aus den oben geschilderten Geschäften geht eindeutig hervor, daß Friedland ein wohlhabendes Kloster mit großem Grundbesitz und weiteren Rechten gewesen ist. Der Brandenburger Bischof war weit und die Konventualinnen haben offenbar engere Beziehungen zu ihren Familien unterhalten, als es die Klosterordnung vorsah. Auch privater Besitz scheint an der Tagesordnung gewesen zu sein, ebenso haben sich offenbar einige adlige Nonnen Dienerinnen gehalten und die Kleider- wie die ganze Klosterordnung müssen um die Mitte des 14. Jahrhunderts ziemlich aus den Fugen geraten sein, so daß sich Bischof Dietrich von Brandenburg im Jahre 1381 zu einer umfangreichen Klosterordnung veranlaßt sah, die er schriftlich niederlegte und deren Einhaltung er den Konventualinnen bei Androhung der Exkommunikation befohlen hat. In dieser Klosterordnung forderte der Bischof vor allem die Einhaltung der Klausur, die er durch das Zweischlüsselsystem, bei dem den inneren Schlüssel die Äbtissin und den äußeren Schlüssel der Propst hatte, gewährleisten wollte, und das Gebot der Gleichheit. Ferner wird den Nonnen verboten Schnallen an den Schuhen und Schmuckwerk an der Kleidung zu tragen, sich selber zu kostümieren und Maskenspiele an den Geburtstagen zu veranstalten – solches scheint bei den Jungfrauen von Friedland offenbar vorgekommen zu sein.

Die Urkunde beginnt mit folgender Präambel: »Dietrich, von Gottes und des päpstlichen Stuhles Gnaden Bischof von Brandenburg, wünscht den ehrwürdigen und in Christus geliebten Personen, der Äbtissin, der Priorin und dem ganzen Konvent der Nonnen in Friedland, und ebenso dem ehrenwerten Manne, ihrem Herrn Propst, Seelenheil im Herrn und daß sie unseren Satzungen, Anordnungen und Befehlen fest Gehorsam leisten. Wir wissen und folgern es aus den klar hervortretenden Tatsachen, daß dort, wo das Steuerruder der Disziplin vernachlässigt wird, das Ende davon ist, daß die Religion Schiffbruch leidet. Deshalb muß man nach unserer Meinung Vorsorge dafür tragen, daß nicht infolge einer derartigen Vernachlässigung bei denen, welche sich im öfteren Gelübde Christus anverlobt haben, etwas Unpassendes aufgefunden wird, das auf den Ruhm der ehrenvollen Klosterregel einen Flecken setzt und die göttliche Majestät billig verletzen kann. Und so haben wir mit Uebergehung anderer Dinge in dem Nachfolgenden ausgeführt, wie euer Zustand würdig zu erneuern sei. Wir hielten vorher mit mehreren einen Rat und eine sorgfältige Verhandlung ab und beschlossen, verordneten und befehlen euch streng in dieser Vorschrift bei der Tugend des heiligen Gehorsams folgendes.« [34] So dann folgen die oben genannten Punkte in ausführlichen Darlegungen und Erläuterungen. Interessant ist der Hinweis darauf, daß den Nonnen eine gemeinsame Prozession außerhalb des Klosters erlaubt ist, beispielsweise zum Umschreiten des Friedhofs. Auch in Jüterbog war ein Ausflug des Konvents zu einer Pfarre ihres Kirchdorfes vorgesehen.

In demselben Schreiben wurde es dem Kloster zur Pflicht gemacht, einen ordentlichen Schulunterricht durchzuführen: »Hierzu sollt ihr eine Schulschwester oder Lehrerin und eine gemeinsame Schule für alle jüngeren Nonnen und für Kinder halten, so daß die Kinder der Schulschwester und Lehrerin in allem, was die Disziplin und das Lernen in der Schule betrifft, besonders Gehorsam leisten und von der Schulschwester oder Lehrerin in den bestimmten gewöhnlichen Stunden unterrichtet werden müssen«. Wie aus den Anweisungen hervorgeht, wurden Novizinnen, jüngere Nonnen und Kinder gemeinsam unterrichtet. Auch die Tatsache, daß von nur einer Lehrerin gesprochen wird, läßt vermuten, daß Kloster Friedland alles andere als eine intellektuelle Hochburg gewesen ist. Die Formulierung, daß der Unterricht von der Lehrerin oder der Schulschwester abzuhalten sei, bestätigt die Vermutung der etwas lässigeren Handhabung des Unterrichts, denn in gut geführten Klöstern gab es für Lesen und Schreiben, für Latein und Gesang spezielle Lehrerinnen und der Schulschwester oblagen wohl die Schulangelegenheiten, nicht aber der eigentliche Unterricht. Vermutlich gehörte Kloster Friedland mit dem verwilderten Oderbruch im Rücken zu den Landklöstern, die noch Pionierarbeit leisten mußten und in denen die Landarbeit und die Bewirtschaftung absolute Priorität hatten gegenüber Bildung und geistig bewußtem Klosterleben. Dennoch, die Klosterschule von Friedland, so einfach sie auch gewesen sein mag, war damals im Umkreis von zirka 50 Kilometern die einzige Bildungseinrichtung, die es überhaupt gab. Die üblichen Dorfschulen oder städtischen Bildungseinrichtungen entstanden erst nach der Reformation.

Von Bedeutung für die Region war neben der Bewirtschaftung des Landes, der Aufforstung und Trockenlegung der Wiesen eine offenbar sehr gewissenhaft durchgeführte Verwaltungsarbeit. Da alle Untergebenen dem Kloster Pachten, Zinsen, Zehnte und Dienste zu leisten hatten, wurde all dies auch urkundlich eingetragen und bestätigt. Insbesondere über die Klosterdörfer wurden sehr genaue statistische Erhebungen gemacht.

Das Klosterregister führte namentliche Einwohnerverzeichnisse, listete die Abgaben an Naturalien und Geld auf sowie die Arbeitsverpflichtungen der Fischer, Kossäten, Handwerker und Schulzen.

Als Äbtissinnen sind aus den Urkunden folgende Namen ersichtlich:
1415 Margarete von Hohendorf
1482–86 Katharina von Ihlow,
1524–36 Katharina von Löben.
Als Priorinnen werden erwähnt:
1415 Kunigunde von Müncheberg,
1486 Grete von Eichendorf sowie Barbara Brandis als Subpriorin und
1568 Ursula von Barfus.

Im Kloster Friedland verfügten sowohl die Nonnen als auch der Propst über persönliche Einkünfte. Beispielsweise erhielt Margarete Wulf mit Erlaubnis des Kurfürsten ein Leibgedinge im Dorf Steinhöfel, das nach ihrem Tod nicht wie üblich ans Kloster, sondern wieder der Familie zufallen sollte.

Besonders rührig war der Propst Johannes Krüger, der ebenfalls mit Genehmigung des Kurfürsten Pfandgeschäfte machte, die ihm Pfandhebungen in Form von Getreide aus Dahmsdorf einbrachten und aus Prötzel Zinszahlungen in Geldform. Der begüterte Propst zeigte sich gegenüber dem Konvent durchaus großzügig und bezahlte den Nonnen im Jahre 1452 sozusagen aus eigener Tasche den Kaufpreis für drei Höfe und mehrere Landhufen in dem Dorf Kruge südöstlich von Eberswalde. Die Einnahmen aus dieser Schenkung sollten für das Einkleiden der Nonnen verwendet werden und als Gegengabe erbat sich der Propst eine ewige Gedächtnisfeier.

In den Klosterdörfern oblag dem Konvent die Gerichtsbarkeit und die Einsetzung des Dorfschulzen; eine Urkunde aus dem Jahre 1486 bezieht sich auf die Verleihung des Schulzengerichts in Bollersdorf bei Buckow. Die Urkunde wurde unterzeichnet von der Äbtissin Katharina von Ihlow, der Priorin Grete von Eichendorf und der Subpriorin Barbara Brandes. Das Amt der Subpriorin deutet in der Regel darauf hin, daß die Größe des Konventes das durchschnittliche Maß überschritten hat und aus organisatorischen Gründen eine Schwester zusätzlich mit diesem Posten betraut wurde.

Die Friedländer Nonnen hatten das Patronat über die Dorfkirchen in Lüdersdorf, Biesdorf, Metzdorf, Ringenwalde, Batzlow, Reichenberg, Pritzhagen und Bollersdorf sowie über die Liebfrauenkirche in der Stadt Wriezen. Die Pfarre in Wriezen ließen sie durch einen Kaplan verwalten. Im Jahre 1415 erlaubten sie die Errichtung eines Frühmeßaltars durch den Rat von Wriezen. 1453 ließ Propst Johannes Krüger den Heilig-Kreuzaltar der Liebfrauenkirche erneuern. Dort sollten die Nonnen jeden Donnerstag die Corporis-Christi-Messe und jeden Sonnabend die Marienmesse singen. Nach dem Wunsch des Kurfürsten Friedrich II. sollten die Nonnen »Alma redemptoris« vor und »Recordare mit der Collecten« nach der täglichen Hochmesse singen.

Die Reformation

Die Einführung der Reformation scheint am Rande des Oderbruchs auf relativ geringen Widerstand gestoßen zu sein. Das sich abzeichnende Ende des Klosters hatte offensichtlich zu einem angepaßten Verhalten geführt, demzufolge ab 1526 keine Nonne mehr in den Konvent aufgenommen worden ist. Die letzte, in Friedland eingekleidete Nonne war Ursula Hoppenrade. Die Nonnen und ihr Propst haben den Sinn fürs Geschäftliche auch angesichts der sich verändernden Verhältnisse keineswegs aus den Augen verloren. So verkauften der Propst Melchior von Pfuel zu Quilitz und die Äbtissin Katharina von Löben im Jahre 1536 das Patronatsrecht über die Liebfrauenkirche in Wriezen an den Magistrat der Stadt für 60 rheinische Gulden zuzüglich des bisher erhobenen Geldzins.

Im Jahre 1540 erfolgte die Visitation und der Konvent mußte zum reformierten Glauben übertreten; seit dieser Zeit wird im Schriftverkehr keine Äbtissin mehr genannt. Im Jahre 1546 traten die Nonnen ihre Güter an den Kurfürsten ab, als Gegenleistung konnten die zirka vierzig Nonnen weiterhin im Kloster wohnen und erhielten Zuteilungen für Lebensmittel.

Noch im selben Jahr verkaufte der Kurfürst das neu gegründete Amt Friedland mitsamt dem Kloster für 500 Gulden an Balthasar von Beerfelde zu Quilitz, der fortan für den Unterhalt der Nonnen zu sorgen hatte. Im Jahr 1546 wurde das Kloster versorgt mit Ochsen, Schweinen, Kälbern, Hühnern, 2 Schock wilden Enten, Gänsen, Bratwürsten, Speck, Eiern, Schmalz, 3 Tonnen Butter, 30 Malter Käse, 112 Tonnen Bier und wöchentlich drei Braukannen Milch. Indes kam es zu Streitigkeiten zwischen den Nonnen und ihrem »Brotgeber« Beerfelde, der ein arger Trinker war, und der Kurfürst übereignete das Kloster im Jahre 1549 Wilhelm Schenk zu Landsberg und seiner Gemahlin Magdalena. Rechte und Pflichten waren jetzt so verteilt, daß die Domina mit ihrem Konvent das Kloster nach den vorgeschriebenen Regeln weiterführten und die Verwaltung und Bewirtschaftung der Güter lag in den Händen von Schenk zu Landsberg, der auch für den Unterhalt der Nonnen zu sorgen hatte. Nach einem weiteren Besitzerwechsel kamen die Klostergüter 1564 an Joachim von Roebel. Die Abtrennung der religiösen Gemeinschaft von ihren wirtschaftlichen Grundlagen und Einkünften sowie der häufige Besitzerwechsel zerrütteten die innere Festigkeit des Konvents und im Jahre 1568 konnte Roebel die Nonnen unter ihrer Priorin Ursula von Barfus und der Schaffnerin Anna von Krummensee zur Aufgabe ihres verbrieften

Wohnrechts auf Kloster Friedland bewegen. Der von den beiden namentlich genannten Klosterfrauen unterzeichnete Vertrag mit Roebel ist das letzte Dokument des ehemaligen Zisterzienserinnenklosters Friedland. Die Schlußworte des Vertrages kennzeichnen die auf sich selbst gestellte Situation der Frauenklöster: »Und dieweil hin und wieder in der Welt, sonderlich auch im heiligen röm. Reich allerhand Permutationen hinsichtlich der Klöster und geistlichen Güter vorgefallen sind, Veränderungen, die wir diejenigen verantworten lassen, denen es gebührt und zusteht, so haben wir gedachtem Joachim Roebel, unserm Schwager, Freund und Landsmann, dieses Kloster gegönnt und ihm Brief, Siegel und Wohnung abgetreten«. Namentlich bekannt waren 1568 Anna von Krummensee als Schaffnerin, Margarete von Strantz als Küsterin sowie Ursula von Pfuel und Margharete Leuenberg (von Löwenberg) als Nonnen.

Ursula von Barfuß war die letzte Priorin des Klosters. Die Familie von Barfus war seit 1340 auf dem Stammlehn Batzlow ansässig. Nach 1600 erwarb Valentin von Strantz das Gut Batzlow; der erste Landrat von Oberbarnim war 1665 Ludolf Ernst von Strantz. Die Familie von Ihlow zu Ihlow stand mit Batzlow in Verbindung und die von Müncheberg standen im Zusammenhang mit der Stadt Müncheberg. Familie Siegismund von Eichendorff besaß einen Hof in Bollersdorf und die Familie von Krummensee kam aus Lüdersdorf. Diese Beispiele illustrieren die enge familiäre Verflechtung von Landadel und Konvent, die Herkunftsorte der Konventualinnen waren meist diejenigen Dörfer, in denen anfangs einzelne Hufe und bald das ganze Dorf zum Klosterbesitz gehörten.

Das Stadtkloster Jüterbog

Vorgeschichte

In der zweiten Hälfte des 12. Jahrhunderts fiel der südwestliche Landstrich Brandenburgs an den Erzbischof Wichmann von Magdeburg, der vor allem Flamen in dem Ödland ansiedelte, woher der heutige Name Fläming stammt. Jeder Siedler wurde mit einer Hufe Land belehnt; das entsprach etwa 30 bis 40 Morgen. Die flämischen Siedler brachten gute Kenntnisse in der Urbarmachung von Sümpfen mit; sie zogen Entwässerungsgräben, legten Schutzwälle um die Felder. Auch die Höhenzüge wurden von den Flamen dank ihrer Kenntnisse im Bau von Ziehbrunnen urbar gemacht. Desweiteren brachten sie den Ziegelbau, die Konstruktion von Wasser- und Windmühlen und die Tuchmacherei nach Brandenburg.

Der Landstrich war natürlich kein unbewohntes Gebiet, sondern wurde von den Wenden bevölkert, die mit Belzig und Jüterbog ihre städtischen Zentren hatten, wobei Jüterbog ein wichtiger Kultort war, in dem der wendische Morgengott Jutribog in einem Tempel verehrt wurde. Grabungen haben ergeben, daß namentlich unter dem damaligen Nonnenfriedhof wendische Grabstätten gewesen sind, denn es wurden Graburnen und Gräber entdeckt. Erzbischof Wichmann ließ vermutlich auf der slawischen Kultstätte von Jütribog einen künstlichen Damm errichten, worauf er eine deutsche Burg baute, in deren Schutz sich Handwerker und Bauern ansiedelten. Den am Kreuzungspunkt verschiedener Handels- und Heerstraßen gelegene Ort bestimmte Wichmann zum Konkurrenten der askanischen Herrschaftsstadt Brandenburg. Für die Christianisierung verpflichtete er die Prämonstratenser des Klosters Gottesgnade bei Calbe an der Saale und ließ ab 1161 eine dreischiffige Pfeilerbasilika errichten.

Zu ihrer Unterstützung wurden auch die Zisterzienser-Mönche aus dem Kloster Zinna herangezogen, die in den Feuchtgebieten nördlich von Jüterbog einen ganzen Landstrich zu ihrer Bewirtschaftung hatten.

Im Jahre 1179 erhoben sich die Wenden gegen die Kolonisatoren und zerstörten die im Jahre 1174 geweihte Pfarrkirche. Der Neubau begann wenige Jahre später und im 13. Jahrhundert wurde die

Kirche mit Querschiff und Chor versehen und als Kirche zu unseren lieben Frauen in Damm die Mutter- und Patrimonialkirche des magdeburgischen Fläming.

Gründung

Im Kloster Gottesgnade, dem Heimatkloster der Jüterboger Prämonstratenser, gab es auch einen Nonnenkonvent. Gottesgnade bei Calbe war eines der bei den Prämonstratensern verbreitenen Doppelklöster. Als die Prämonstratenser um 1280 per Dekret die Nonnen aus ihren Klöstern verbannten, kam der ganze Konvent, insgesamt 17 Nonnen, in das Zisterzienser-Nonnenkloster des heiligen Laurentius von Magdeburg, wobei den neu aufgenommenen Schwestern »die Pfarrkirche der heiligen Maria in der Stadt Juterboc« mit allen dazu gehörenden Ländereien übereignet wurde.

Zwei Jahre später kam die Äbtissin Cunegund mit zwölf Nonnen nach Jüterbog, um dort mit Hilfe der Stadt ein Tochterkloster der Zisterzienserinnen von St. Lorenz in Magdeburg zu errichten. Der Magdeburger Erzbischof selbst schrieb an die Ratsherren und bat die Stadtpolitiker um alle erdenkliche Unterstützung des Vorhabens. Auch die adligen Familien, aus denen sich die Nonnen rekrutierten – die von Alsleben, von Beliz, von Grabow, von Öbisfeld u.a. – wurden um Mithilfe beim Bau des Klosters gebeten. Um weitere Geldmittel für den Klosterbau zu bekommen, verlieh der für Jüterbog zuständige Bischof Gebhard von Brandenburg am 8. Dezember 1282 dem Konvent ein Ablaßprivileg, das von vierzehn Bischöfen aus Italien unterzeichnet und mit ihren Siegeln behängt war. Darin heißt es, das Kloster solle erbaut werden zu Ehren des glorreichen Kreuzes Christi, der heiligen Jungfrau Maria und des heiligen Märtyrers Laurentius. Das Kloster selbst nannte sich zu dieser Zeit »St. Crucis in Juterboch« – zum Heiligen Kreuz – wie aus einer Urkunde aus dem Jahre 1284 ersichtlich ist, die auch das Klostersiegel trägt: ein Kruzifix mit den Gestalten von Maria und Johannes zu beiden Seiten, die schwebend und mit gefalteten und erhobenen Händen dargestellt sind. Das eingravierte Schriftband lautet: »Sigill. ecce. sce. crucis. in. Juterboch«; in ausgeschriebener Form: sigillum ecclesiae sanctae crucis und in der Übersetzung: Siegel der Kirche zum Heiligen Kreuz in Jüterbog. Das Schriftstück, von dem das Siegel stammt, enthält die Verpflichtung der nun bereits schon zwei Jahre in Jüterbog ohne eigenes Kloster lebenden Nonnen, nach Magdeburg zurückzukehren, wenn der Klosterbau nicht baldigst getätigt wird.

Wir haben hier das besondere Leben von Zisterzienserinnen innerhalb eines städtischen Gemeinwesens. Zwar hatten die Nonnen die Marienkirche für die Gottesdienste und Messen, aber sie wohnten in der Stadt; in einem in der Stadtmauer errichteten Haus nahe des Wursthofes. In einer Überlieferung aus dem 16. Jahrhundert heißt es: »... daß das Nonnenkloster erst auf dem Wursthof gestanden sey, davon man noch

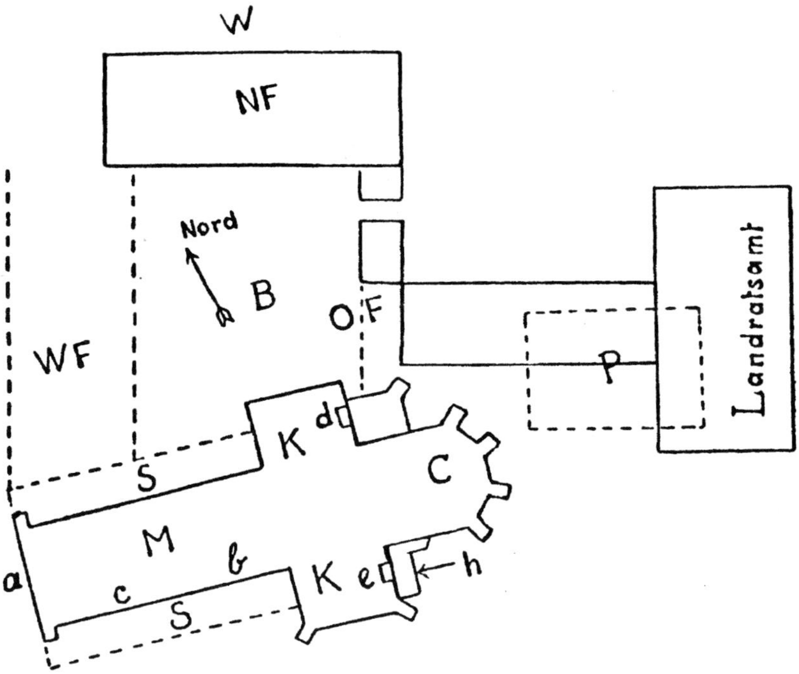

Jüterbog, Lageplan des Marienklosters: M = Mittelschiff, S = Seitenschiffe, C = Chor, NF = Nordflügel (Zellen und Arbeitsräume), WF = Westflügel (Dormitorium und Nonnengang), OF = Ostflügel mit Pforte, P = ehemalige Propstei, B = Friedhof

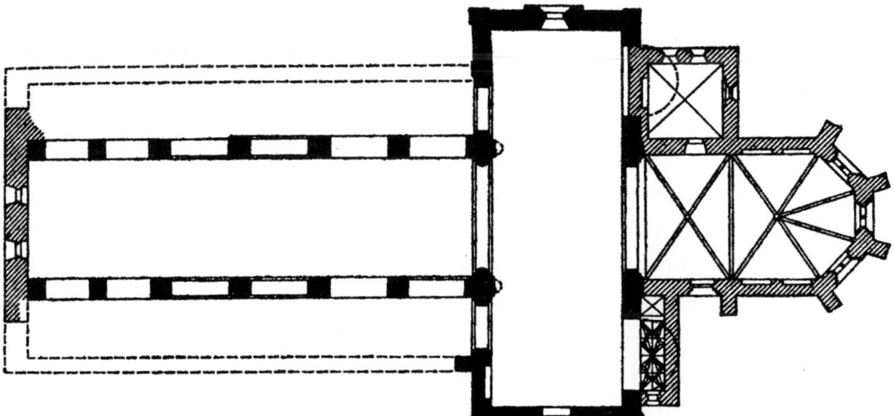

Jüterbog, Grundriß der Kloster- und Pfarrkirche St. Marien

Fenster und Löcher in den Mauern sehen kann«. Wahrscheinlich haben die Nonnen damals die nahe gelegene kleine Mönchenkirche für ihre regelmäßigen Andachten genutzt. Dieser Zustand des Nonnenkonvents ohne Kloster bzw. des Nonnenlebens inmitten des Stadtlebens zog sich offenbar noch bis zum Ende des 13. Jahrhunderts hin – vielleicht war das Kloster vorher nicht bezugsfertig, vielleicht gab es andere Gründe.

Weitere Bezeichnungen des Klosters waren »Mariae virginis« und in Verbindung zum Mutterkloster »St. Laurentii«. Das Kloster wurde vom Erzstift Magdeburg der Diözese Brandenburg unterstellt und hatte wie die meisten Brandenburger Zisterzienserinnenklöster keine direkten Verbindungen zum Orden. Es wurde vom Papst, vom Erzbischof, von Amtspersonen und vom Konvent selbst als »claustrum ordinis s. Benedicti« bezeichnet.

Der Klosterbau

Die Klosteranlage wurde nördlich der Pfarrkirche St. Marien, die oft auch Liebfrauenkirche oder Frauenkirche genannt wurde, errichtet. Die nach der Zerstörung durch den Slawenaufstand mit erweitertem Ostteil, Querschiff und Chor wesentlich vergrößerte neue Marienkirche wurde Klosterkirche, behielt aber das Patronatsrecht über die Kirchen und geistlichen Stiftungen in der Region Jüterbog bei.

Am Westteil der Kirche wurde nach Norden hin das Dormitorium, der Schlafsaal der Nonnen, errichtet, von dem aus ein Durchgang zu der niedrigen Nonnenempore existierte. Der gegenüber der Kirche liegende Nordflügel beherbergte die Zellen und Arbeitsräume der Nonnen. Der Eingang zum Kloster befand sich im Unterschied zu den üblichen Regelungen nicht an der West- sondern an der Ostseite mit der vorgelagerten Propstei. Auch der Innenhof weist Abweichungen auf, denn er enthält nicht den Kreuzgang, sondern den Friedhof der Nonnen. Anstelle des Kreuzganges gab es nur ein umlaufendes Schutzdach. In späterer Zeit standen dort die Grabplatten der Äbtissinnen, die aus den Familien von Birkholz, von Hake, von Oppen und von Qiutzow stammten. Hinter dem Nordflügel erstreckten sich die Wirtschaftsgebäude, der Meiereihof, die Schäferei, die Pferdezucht, das Brauhaus. Die Marienkirche selbst enthält noch Reste aus der romanischen Zeit, wie die Rundbogen an der Südwand des Hauptschiffes. Nach Dehio stammt auch die Westfassade aus der Romanik. Der Kirchenbau war eine dreischiffige Pfeilerbasilika, deren Seitenschiffe um 1800 abgerissen wurden. Im Innern des Hauptschiffes sind noch die Granitpfeiler zu erkennen, welche die einstige Balkendecke getragen haben. Die Umbauten von 1225 sahen den Einzug eines Querschiffes und damit den Grundriß des lateinischen Kreuzes sowie den Anbau eines Ostchores vor. Die Querfügel beherbergten im Nordteil einen Altar der Maria Magdalena – aufgestellt 1227 – und im Südflügel einen Altar des heiligen Bartholomäus, aufgestellt 1229.

Gotischer Taufstein, Kloster- und Pfarrkirche St. Marien

Fenster, Klausurgebäude Kloster Jüterbog

Jüterbog, Nordwand der Kirche aus der Zeit der Romanik mit später zugemauerten Arkaden

Im ausgehenden 15. Jahrhundert wurde der gotische Nonnenchor erbaut. Heinrich Tote berichtet 1846 darüber: »Über die ältere innere Einrichtung der Kirche wissen wir nur, daß der hintere (östliche) Teil derselben als ein sonderlich erbautes Chor abgeteilt gewesen, so der Nonnenchor genannt wurde, drinnen sie auf beiden Seiten ihre Stühle hatten und ihren Gottesdienst verrichteten«.

Zur Klosterzeit stand vor dem Hochalter eine Steinplatte mit der Inschrift »Maria Mater Domino« und an der östlichen Eingangstür hat sich ein Madonnenbild auf Goldgrund befunden. Neben diesen Hinweisen auf die Marienverehrung gibt es Spuren der ehemaligen Ausmalung der Kirche: Im Hauptschiff ist über dem Gesims des östlichen Pfeilers – etwa in der Mitte des Schiffes – eine lebensgroße Figur – Christus oder Johannes darstellend – mit einer kleineren Engelsfigur im Hintergrund freigelegt worden. Es handelt sich um eine helle Malerei in konturierten Umrissen. Der ganze Bogen ist hellgrün ausgemalt und mit eingeritzten arabeskenhaften Ornamenten verziert. Der schmale Sims des Kirchenschiffes trägt einen hellen Anstrich in Ultramarinblau. Diese Relikte können ungefähr eine Vorstellung von der einstigen Farbigkeit des Kirchenraumes vermitteln.

Der einstige Dachreiter im Kreuzungspunkt von Lang- und Querschiff wurde Ende des 16. Jahrhunderts abgerissen und etwa fünfzig Jahre später kam es zum Anbau eines hohen Fachwerkturmes an der Westfront der Kirche. Dieser wurde 1890 durch den jetztigen Backsteinturm ersetzt.

Aus der Klosterzeit ist noch das steinerne Taufbecken erhalten. Einst besaß die Kirche silberne und zum Teil vergoldete Kelche, eine Monstranz und eine sehr große Anzahl von Reliquien der Maria, Kunigunde, Katharina, Helena, Dorothea, Barbara, Elisabeth, Maria Magdalena, Margarete, Agnes, Ursula, Euphemia, Thekla, Georg, Paulus, Gregor, Stephanus und weiterer Personen aus der christlichen Überlieferung.

Von der ursprünglichen Klosteranlage ist nur das um 1485 erbaute spätgotische Refektorium, der einstige Nordflügel, teilweise erhalten. Dieser Neubau des Wohntraktes zu Klosterzeiten erwies sich als dringend notwendig, da einige Klostergebäude in ihrer einstigen Gestalt lediglich Fachwerkbauten gewesen sind, vermutlich mit Schindeln gedeckt. Der große Stadtbrand im Herbst des Jahres 1478 wird auch hier seine Spuren hinterlassen haben. Ein Hinweis auf das gute Einvernehmen zwischen Kloster und Stadt jedenfalls wird u.a. durch die Tatsache bekräftigt, daß dem Kloster zum Neubau des Refektoriums aus der städtischen Ziegelei 8.000 Dachziegeln zur Verfügung gestellt wurden. Andererseits sind auch von kirchlicher Seite manche Unterstützungen den Bürgern zugute gekommen; so spendete Erzbischof Ernst von Magdeburg den Opfern der besagten Feuersbrunst Geld, freies Bauholz und Steuererlaß für vier Jahre, um ihre Häuser und Gehöfte wieder aufzubauen; dabei machte der Landesherr seinen Untergebenen zur Auflage ihre zuvor meist mit Stroh oder Holzschindeln gedeckten Häuser »unter Ziegeldach zu bringen«, unter Androhung von »Strafe und schwerer Ungnade« falls sie von dem Gebote abweichen würden.

Der spätgotische Backsteinbau des Refektoriums zeigt in seinem erhaltenen Erdgeschoß die rhythmische Mauergliederung durch paarweise schmale und hohe Spitzbogenfelder im Wechsel mit den ebenfalls spitzbogigen, aber eher breiten Fenstern.

Von den Zellen im Obergeschoß ist bei dem Umbau und der Aufstockung des Gebäudes im Jahre 1924 wenigstens eine Zelle erhalten geblieben. Desweiteren haben sich bis heute erhalten der ehemalige Braukeller und ein Raum mit alter Holzdecke, in dem 1930 das Kreisheimatmuseum eingerichtet wurde. Heute befindet sich das Stadtmuseum im ehemaligen Abtshof.

Der Name des Klosters änderte sich, als um 1300 die Stadtmauer um den Stadtkern gezogen wurde und das Kloster jenseits der Umfriedung lag, in unmittelbarer Nähe des Dammtores und auf dem westlich vorgelagerten Dammgelände, auf dem sich auch das Dorf namens Damm befand.

In den verschiedenen Urkunde von 1317 an bezeichnet sich das Kloster als nahe bei der Stadt, draußen oder außerhalb der Mauern (extra muros) gelegen – im übrigen sind diese Klosterurkunden die ältesten Hinweise darauf, daß in jener Zeit überhaupt eine Stadtbefestigung in Jüterbog fertiggestellt worden war. Auf Urkunden aus dem 15. Jahrhundert war häufig die Bezeichnung Marienkloster üblich, im vollen Wortlaut: Kloster der gebenedeiten Jungfrau Maria außerhalb der Mauern der Stadt Jüterbog (Monasterium benedictae Mariae virginis extra muros oppidi Juterbok).

Geschichte eines Stadtklosters

Im Vergleich zu den Klöstern auf dem Lande, hatte das Jüterboger Stadtkloster einige Besonderheiten in seiner Wirtschaftsweise und der Klosterführung, die sich aus der unmittelbaren Nähe zu der prosperierenden Handelsstadt und deren starker Bürgerschaft ergaben. So war es durchaus üblich, daß einzelne Bürger der Stadt oder die Bürgerschaft von Jüterbog dem Kloster erhebliche Zuwendungen machten, wie das folgende Beispiel zeigt: Im Jahre 1475 wurde in der Stadt eine große Sammlung veranstaltet. Die Summe wurde den Ratsherren übergeben zum Weiterleiten an das Kloster mit der Bitte, daß die frommen Schwestern in der Kirche täglich einmal das Salve regina, den Lobgesang der Jungfrau Maria, singen mögen.

Solche kollektiven Wünsche entsprachen eher einer in der Stadt gewachsenen demokratischen Struktur, während auf dem Lande nicht die Dörfer, sondern die einzelnen Adelsgeschlechter Schenkungen in Verbindung mit Seelenmessen oder besonderen Gebetswünschen vorgenommen haben.

Im wirtschaftlichen Bereich gab es eine Besonderheit: Nicht der Erwerb von Grund und Boden hatte Priorität, sondern nachdem die Ausstattung mit Klostergütern als ausreichend befunden wurde, begann seit Ende des 14. Jahrhunderts der Ankauf von Renten in den Städten Dahme, Wittenberg, Treuenbrietzen, Kirchhain, Baruth und Jüterbog sowie in zahlreichen Dörfern.

Auch dieses entspricht ganz dem Geist einer Handelsstadt: Der Kaufmann Merten Giermann vermachte 1398 einem Gewährsmann eine beträchtliche Geldsumme mit der Auflage, dafür alljährlich den Nonnen des Marienklosters eine Tonne schwedische Heringe zu kaufen und diese unter den Nonnen zu verteilen. Die Äbtissin und der Propst blieben von dieser Zuwendung von Ostseefisch ausgeschlossen; mit Sicherheit hatten sie ihre eigenen Quellen für besondere Speisen, denn die Regel der Gleichheit aller Klosterinsassen war im 14. und im 15. Jahrhundert eher eine Erinnerung an die Pionierzeit der Zisterzienser als klösterliche Realität. So waren einige Konventualinnen Inhaberinnen einer Leibrente, wie die Äbtissin Adelheid von Ilow (1396/1447), die Priorinnen Jutta Koks (1393/1410), Mechthild Gotz (1408/1447) und Dorothea von Leipzig (1456–1514) sowie die Nonnen Margarete Clawseman, Schwester des Heinrich C., Pleban in Bardenitz, Katharina Didickens aus Kemberg, die Schwestern Gese und Mechthild Korns, Barbara Murring, Margarete von Leipzig, Ilse Richters aus Calau und weitere. Bei der Nennung der Namen ist der große Anteil von bürgerlichen Konventualinnen auffallend; die Vermischung von Adel und Bürgertum war vor allem in den Stadtklöstern verbreitet, während einige Landklöster ganz betont nur adlige Konventualinnen zuließen – für Brandenburg war das aber nur in Heiligengrabe der Fall. In Jüterbog kamen seit dem 14. Jahrhundert auch Äbtissinnen aus dem Bürgerstand, was durch das Wirken der Äbtissinnen Katharina Ryken (1360), Agnes Belgeren und Christina Erhardis (um 1500) belegt ist. Weitere Äbtissinnen kamen aus den Häusern von Leipzig, von Ilow, von Wolferstorf, von Klitzing und von Glaubitz. In den Reihen der Priorinnen sind die bürgerlichen Nonnen deutlich in der Überzahl mit Hanne Peczoldi (1383–1385), Jutta Koks (1393–1410), Mechthild Gotz (1408–1447), Elisabeth Ottersleben (1426–1447), Margarete Zwisigko (1476), Margarete Buchstorf (1483-1513), Anna Schlamau (1518–1525) und Ursula Kilians (1536–1549). Priorinnen aus dem Adelsstand waren Margarete von Bardenitz (1329) sowie Mechthild (1427) und Dorothea von Leipzig (siehe Äbtissinnen). Nach den Angaben der Germania Sacra [35], die der hier genannte Aufzählung zugrunde liegt, kam die überwiegende Mehrheit der Konventualinnen aus bürgerlichen Schichten und auch aus anderen Städten wie Berlin, Leipzig, Calau. Möglicherweise hing damit die Ablehnung des Eintrittsgesuches der Margarete von Trotha zusammen, deren Aufnahme 1344 auf Befehl des Papstes zu erfolgen hatte.

Ab 1400 kam eine Vielzahl von Stiftungen vom Stadtrat, den Schöppen, den Gewerken und Zünften sowie den verschiedenen Bruderschaften. Um 1500 zählten die Klosterkirche und die unter dem Patronat des Klosters stehende Nicolaikirche zusammen 35 gestiftete Altäre. Der Magdeburger Domschatzmeister Krüger, ein gebürtiger Jüterboger, stiftete der Klosterkirche 1418 einen Apostelalter und ließ alljährlich mit großem Gepränge seine Totenmesse halten, wofür im Anschluß alle Beteiligten, der ganze Nonnenkonvent, der Propst, die Kapläne, Priester und Küster, ja selbst der Rektor der Schule mit den Lehrern nicht gerade gering entlöhnt wurden. Die Erwähnung des Lehrerkollegiums weist auf eine weitere Besonderheit im Jüterboger Klosterleben hin. Während in den auf dem Lande liegenden Klosterkirchen die Bildung und Erziehung der Kinder sowie der Kirchengesang allein in den Händen speziell ausgebildeter Nonnen lag, gab es in Jüterbog etwa um 1350 die erste öffentliche Schule, deren Unterricht sich allerdings mit Singen, Lesen, Rechnen und Latein keineswegs über das Niveau der Klosterschulen erhob. Jedenfalls war es so, daß auch in der Klosterkirche neben dem Nonnenchor der von den Lehrern geleitete Schulchor gesungen hat und da die Lehrer damals einen Hungerlohn verdienten, sollten die Gesangsauftritte vom Kloster bezahlt werden, was zu einem Rechtsstreit zwischen Lehrern und Nonnen führte um die Zahlung des Vigiliengeldes. Offenbar hat der Schulchor bei häufigen Veranstaltungen des Klosters gesungen – bei der Einkleidung der Novizen, bei Begräbnissen der Nonnen und dem Singen der Seelenmesse.

Der Rat jedenfalls hat den Streit geschlichtet, das Chorsingen im Kloster erlaubt und die Höhe des Geldes genau festgelegt: »Und wir hebben entschieden also, daß der Schulmeister mit seinen Locaten (Unterlehreren) und Schülern gehen soll in unsrer lieben Frauen Kirche aus der Stadt und singen Vigilien der Jungfrauen, die man zu der Erde bestatten soll … so soll der Propst von jedlicher Vigilie besonders geben 3 böhmische Groschen.« Derselbe Preis wurde für das Singen der Seelenmesse zur Erinnerung an die verstorbene Nonne genommen. Wenn jedoch eine Jungfrau in das Kloster eingetreten ist, so sollte der Kinderchor auch singen, jedoch ohne Bezahlung, dafür durfte der Lehrer mit seinen Unterlehrern mit dem Propst essen: »Auch wenn man eine Jungfrau in das Kloster geben will oder einkleiden, so soll der Schulmeister mit seinen Locaten oder Schülern gehen vor dem Hause, da die Jungfrau mit ihren Freundinnen inne ist, und heben an vor der Jungfrau zu singen und sie mit Gesang begleiten bis in die Kirche zu unsrer lieben Frauen und singen da die Messe.«

Die Tracht der Jüterboger Nonnen entsprach der Ordenstracht: ein weißes Gewand mit einem schwarzen Überwurf. Auf dem Kopf trugen sie einen weißen Schleier und darüber einen schwarzen Flor mit vier roten Kreuzen, die auf ihre Herkunft von den Magdeburger Nonnenklöstern hinweisen.

Einmal im Jahr verließen die Nonnen die Klostermauern und zeigten sich der Öffentlichkeit: Nach Mariae Heimsuchung am 2. Juli unternahmen sie eine Prozession in das Klosterdorf Kaltenborn. Dort wurden sie bei einem im freien Felde stehenden Kreuz vom Pfarrer des Dorfes begrüßt und in seinen Garten geführt, wo sie sich ausruhten und ein Picknick veranstalteten. Auf dem Rückweg zogen sie durch das Klosterdorf Lindow und kehrten durch ein ihnen dort erbautes Ehrentor wieder ins Kloster ein.

Auch das Stadtkloster hatte einigen Landbesitz: die Dörfer Lindow, Kaltenborn, Dalichow, die Äcker bei Malterhausen, ferner Hufe in Dennewitz, Lichterfelde, Bärwinkel und verschiedene Zehntrechte, wie in Bochow, Öhna und in Göhlsdorf. Auf dem Kappanberg bei Jüterbog hatten sie einen Wirtschaftshof mit Weinberg; desweiteren Waldgebiete und Wiesen, sowie zwei Windmühlen und ein Gestüt. Sie ließen einen Teich anlegen, der die Klosterküche mit Fisch versorgte. Eine Viehzählung von 1475 ergab 35 Pferde, 50 Rinder, 60 Schweine, über 200 Schafe.

Trotz dieser Besitzungen war Jüterbog kein reiches Kloster. Es war auf Opfergelder aus der Stadt angewiesen, die zunächst als freiwillige Spenden geflossen sind, im 15. Jahrhundert jedoch zu festen Abgaben umgewandelt wurden, die der Küster einsammelte. Das Kloster der Zisterzienserinnen übte in der Stadt großen Einfluß aus; es hatte das Patronat über die Jügerboger Kirchen und Kapellen, über die Nikolaikirche, die Jacobikirche am Neumarkt, die Peterskapelle vor dem Schloß, über die Jerusalemkapelle und über die Dorfkirchen in Bochow, Höfgen, Hohengörsdorf, Kaltenborn, Lindow und Slatitz, letzteres wurde Ende des 14. Jahrhunderts an das Kloster Zinna abgegeben. Aber es gab in Jüterbog auch andere kirchliche Einrichtungen: Bereits 1331 wurden Heiliggeisthospital und Kirche zur Betreuung der Armen gegründet, zwanzig Jahre später das St. Gertraudshospital als Siechenhaus – damit trat die karitative Funktion, welche die Klöster der Zisterzienserinnen nach außen häufig ausgefüllt haben, in den Hintergrund bzw. wurde von anderen Einrichtungen, die speziell zu diesem Zwecke errichtet wurden, übernommen. Für die Annahme, daß die Hospitäler dem Zisterzienserinnenkloster angeschlossen gewesen sein könnten, fehlen vorerst noch die Beweise. Schließlich gab es ab 1480 ein Franziskanerkloster in Jüterbog und eine zunehmende Präsenz der Zisterzienser aus Zinna, die in Jüterbog einen großen Stadthof unterhielten, dessen Wiederaufbau nach dem Brand geradezu repräsentative Ausmaße angenommen hat: ein tonnengewölbter Keller zur Lagerung der Bier- und Weinfässer, ein bürgerlich vornehmes Wohngeschoß mit Geschäfts- und Privaträumen, hohe Getreidespeicher sowie etliche rückwärtig gelegene Wirtschaftsbauten. Seit 1954 befindet sich in dem stattlichen Gebäude das »Städtische Museum Jüterbog im Abtshof«.

Während das nahegelegene Zisterzienserkloster Zinna seit dem 14. Jahrhundert zum bedeutendsten Landeigentümer der Region prosperierte, fehlte im Jüterboger Marienkloster oft das Getreide für den Unterhalt der »vermehrten Geistlichkeit, des vielen Gesindes und des übermäßig vielen Viehs«. Manchesmal mußte der Magdeburger Erzbischof mit Nahrungsmitteln aushelfen.

Die Reformation

Schon die Zeit vor der Reformation war etwa ab 1500 mit wachsenden wirtschaftlichen Schwierigkeiten des Klosters verbunden. Die städtischen Stiftungen ließen merklich nach. Immer häufiger fielen die Renten nach dem Tode der Konventualinnen den Familien zu und nicht wie gewöhnlich dem Kloster. Es kam zu Prozessen, in denen das Kloster um das Erbe der verstorbenen Nonnen und um Zinsen rechtlich streiten mußte. Um diesem allgemeinen Mißstand gegenüber den Ansprüchen des Klosters zu begegnen, bestätigte der Bischof im Jahre 1506 ausdrücklich das Erbrecht der Nonnen. Als Martin Luther in Jüterbog öffentlich predigt, kommt die Reformation in Fahrt. Der Prediger Franz Günther beschimpft von der Kanzel herab die Äbtissin; wieder muß der Bischof zum Schutze der Nonnen einschreiten.

Die Reformation machte dem Konvent schwer zu schaffen. Die Jüterboger plünderten die Felder des Klosters; es gab Übergriffe bei Grenzziehungen und rückständige Zinsen und Abgaben wurden nicht gezahlt, die Rechtsstreitigkeiten häuften sich, dennoch hielten Konvent und Propst am Glauben fest und noch im Jahre 1531 führte der Bischof seine Visitation im Kloster durch, als wäre alles wie sonst. Da die Einnahmen ausbleiben werden Holzschlag und Holzverkauf in der Nonnenheide verdreifacht, um die Abgaben gegenüber dem Bischof aufzubringen. Inzwischen kommt es zu immer deutlicheren Übergriffen auf das Eigentum des Klosters. Als der Stadt 1540 vom Erzbischof die freie Religionsausübung gestattet worden war, konvertierten die Äbtissin Agnes von Klitzing und der Propst des Klosters, Benedikt Drosse, zum Protestantismus und gingen – so heißt es zumindest in der Überlieferung – gemeinsam die Ehe ein. Nach der Version von Erich Sturtevant [36] führten beide das Kloster weiter, verschleuderten jedoch seinen Besitz. Eine Regierungskommission von 1543 deckte die Mißwirtschaft auf; die Frevler gelobten Besserung, doch Drosse verstarb noch im selben Jahr. Die letzte Äbtissin, die ehemalige Priorin Dorothea von Glauwitz (Glaubitz), versuchte dem weiteren Zerfall des Konvents Einhalt zu gebieten. Doch ihre Bemühungen wurden durch die Wirren des Schmalkaldischen Krieges im Jahre 1547 zunichte gemacht. Die Äbtissin flüchtete mit den verbliebenen Nonnen in die Stadt, die spanischen und wallonischen Soldaten unter Karl V. drangen in das Kloster ein und plünderten es völlig aus. Benedicta Oehne führte als Domina das Kloster seit 1553 weiter, ob sie zum lutheranischen Glauben übergetreten war, ist nicht bekannt; vier Jahre später folgte die offizielle Aufhebung des Klosters. Bei der Kirchenvisitation von 1562 befanden sich noch drei Nonnen im Kloster, die zum lutheranischen Glauben übertreten mußten und im Katechismus geprüft wurden. Die Stadt sorgte für ihren Unterhalt; die letzte der Nonnen verstarb 1594.

Nach der Auflösung des Klosters ging die Anlage in den Besitz des Amtes Jüterbog über; in die Abtei zog der Amtmann ein und die Zellengebäude der Nonnen wurden – wie in vielen anderen Klöstern auch – als Kornkammern genutzt; ab 1815 wurden sie Militärmonturkammern. Um 1700 kam das Landratsamt in die ehemalige Propstei. Amtmann Prätorius ließ zu Beginn des 18. Jahrhunderts den nördlich der Kirche gelegenen Nonnenfriedhof zu einem Garten umgestalten und etwa zur selben Zeit begann man den nach der Straße zu gelegenen Klostergarten in einen Friedhof zu verwandeln.

Die Klosterkirche wurde evangelische Pfarrkirche und erfuhr im Innen- wie Außenraum mancherlei Veränderungen. Im Zuge der Reformation ließ der Amtshauptmann Lippold von Klitzing in der Kirche die Sakristei und die Sandsteinkanzel errichten. Letztere trägt die Reliefs der vier Evangelisten sowie die bibelhaltenden Halbfiguren von Martin Luther und Philipp Melanchthon. An der Kanzelbrüstung prangen zwei reich verzierte Wappen der Stifterfamilie Klitzing. Klitzing selbst liegt mit anderen Schloßhauptleuten unter dem Altar der Kirche begraben. Die einst in den Kirchenboden eingelassenen sandsteinernen Grabplatten fanden – in etwas abgetretener Gestalt – später ihren Platz im Chor, wo sie in die Chorwand eingemauert wurden. Der Schloßhauptmann Lippold von Klitzing ist in der spanischen Tracht dargestellt mit Halskrause, Mantilla und kurzen Puffhosen. Ein für die Kirche bedauerlicher Verlust war die Entfernung des gotischen Flügelaltars, der um 1710 durch einen Barockaltar ersetzt wurde und seit dieser Zeit als verschollen gilt. Die Orgel trägt die Initialien des Fürsten Johann Adolf und wurde 1737 von dem Berliner Orgelbauer Wagner eingebaut.

Zu den wenigen Zeugnissen aus der Klosterzeit gehören die Kirchglocken, von denen die älteste aus dem 14. Jahrhundert sein soll. Eine weitere Glokke trägt die Inschrift »O rex gloriae Christe veni cum pace. Anno domini MCCCCLXXI« (O Ruhmeskönig Christus, komme mit Frieden. Im Jahre des Herrn 1471). Auf der einen Seite ist das Schweißtuch der heiligen Veronika eingraviert und umrandet von der Inschrift »o i h s v« (o Jesu). Eine weitere Gravur verrät den Namen des Glockengießers: Hans Baudeke.

Kloster Ziesar – in der Nachbarschaft zum Bischof

Obwohl das Zisterzienserinnenkloster von Ziesar die letzte Gründung dieses Ordens auf dem brandenburgischen Territorium gewesen ist, scheint das Kloster sich auf dem ersten Blick ganz in den Schutze der Bischofsburg und der spätromanischen Wehrkirche zu begeben und vermittelt daher eher den Eindruck einer frühen Gründung. Diese Besonderheit ist erklärbar aus der Geschichte von Ziesar im frühen Mittelalter.

Burg Ziesar, Bischofssitz und Klostergründung

Das im Havelland an den Verbindungsstraßen von Magdeburg und Zerbst nach Brandenburg gelegene Ziesar war eine Slawenburg, deren Bezeichnung als Ezeri, Jesere, Sziesere, Zegisere, Zigesar mit »hinter dem See« gedeutet wird. Die Burg befand sich auf einer schmalen Landenge zwischen dem Fiener Bruch und einem ehemaligen, heute verlandeten See. In der Stiftungsurkunde des Bistums Brandenburg vom 1. Oktober des Jahres 948 wird Ziesar als Besitz des Bistums ausgewiesen. Doch schon im Jahre 983 erobern die Slawen ihre Burg zurück und erst Mitte des 12. Jahrhunderts kommt Ziesar wieder in deutschen Besitz und wird bischöfliches Tafelgut. Aus den zunächst gelegentlichen Aufenthalten der Bischöfe wird ab 1327 die bischöfliche Residenz und das Verwaltungszentrum des Bistums Brandenburg. Die Residenz befand sich auf der Burg, unmittelbar am See auf einem künstlich aufgeschütteten Hügel und wurde um 1150 – unmittelbar nach der Zurückgewinnung von Ziesar – errichtet. Im 14. Jahrhundert erfolgte der wesentliche Ausbau der Anlage, die aus einer Rundburg mit nördlich angelagerter Vorburg sowie einem Burgwall bestanden hat. Der heute noch zu besichtigende Bergfrit, ein Rundturm aus behauenen Feldsteinen, stammt aus dem 13. Jahrhundert. Am Zinnenkranz sind die Wappenschilde der Brandenburger Bischöfe angebracht. Damit war Ziesar ein kirchenpolitisches Zentrum, das die Macht der neuen Religion architektonisch-martialisch verkündete. Auch die romanische Kirche zum Heiligen Kreuz betont mit ihrem überdimensional hohen und mächtigen Westriegel den wehrhaften Charakter der Kirche. Die Gründung eines Frauenklosters der Zisterzienser ist im Zusammenhang mit der Konzentration bischöflicher Macht in Ziesar zu sehen, denn die Frauenklöster der Zisterzienser wurden in der Regel nicht vom Orden selbst gegründet, sondern durch Landesfürsten, die Besitzungen zum Klosterbau stifteten, und durch Bischöfe, welche die Klöster weihten und durch ihre Pröpste betreuen ließen. Das Besondere an Ziesar ist, daß diese Gründung primär an die Landesbischöfe gebunden war und daß es zum Beginn der Klosterzeit den landesherrlichen Stifter offenbar nicht gegeben hat. Für das Zisterzienserinnenkloster wurde weder eine neue Kirche noch eine Klausur errichtet. Den Nonnen wurde das neben der Kirche Zum Heiligen Kreuz liegende ehemalige Franziskanermönchskloster zur Verfügung gestellt. Das Franziskanerkloster ist um 1226 gegründet worden und wurde 1271 in die Stadt Brandenburg verlegt. Mit dem Einzug der Zisterzienserinnen in das Franziskanerkloster haben wir in Ziesar den einzigen Fall in Brandenburg, daß ein zisterziensischer Konvent einen Ort bewohnte, der nicht von einer Bauhütte des Ordens errichtet wurde.

Das Zisterzienserinnenkloster von Ziesar wurde um 1330 von Bischof Ludwig von Brandenburg gegründet und im Jahre 1341 erstmals urkundlich erwähnt im Zusammenhang mit Einkünften vom Marienaltar der Bartholomäuskirche in Zerbst. Seine Bezeichnung lautete »Monasterium beatae Mariae virginis sanctimonialium im Seghesere«; weitere Schreibformen des Ortes im Zusammenhang mit der Nennung des Klosters lauten Seyesar, Seyeser und Seyesere.

Die Kirche zum Heiligen Kreuz

Die Kirche zum Heiligen Kreuz – eine Kreuzkirche aus der romanischen Zeit – steht in der Bautradition der Prämonstratenser. Im Jahre 1126 wurde Norbert von Xanten Erzbischof von Magdeburg und machte das Magdeburger Stift Unsrer Lieben Frauen zum »Prämontré des Ostens«, zur prämonstratensischen Mutterkirche für die Missionierung der östlich der Elbe liegenden Gebiete. Norbert weihte 1129 den Prämonstratensermönch Anselm zum Bischof von Havelberg, der nach dem Wendenkreuzzug von 1147 im Havelland tätig wurde – unter schwierigen Bedingungen, wie aus seinem Brief an den Abt von Corvey ersichtlich ist: »In meiner Krippe Havelberg weile ich armer Christi mit meinen Brüdern ... Einige von uns arbeiten an den Befestigungen im Angesicht der Feinde, andere stehen auf der Wacht gegen Angriffe der Heiden, andere sehen im Dienst des Herrn täglich dem Märtyrertod ins Auge ...« Anselm von Havelberg errichtete ein Domkapitel aus Prämonstratenser-Chorherren. Im Bistum Brandenburg bestand seit 1133 ein Konvent des Ordens, der als Domkapitel fungierte. 1161 übernahm ein neuer Konvent der Prämonstratenser die Aufgaben des Brandenburger Domkapitels und siedelte 1165 auf die Dominsel in Brandenburg über. Bleibende Zeugnisse

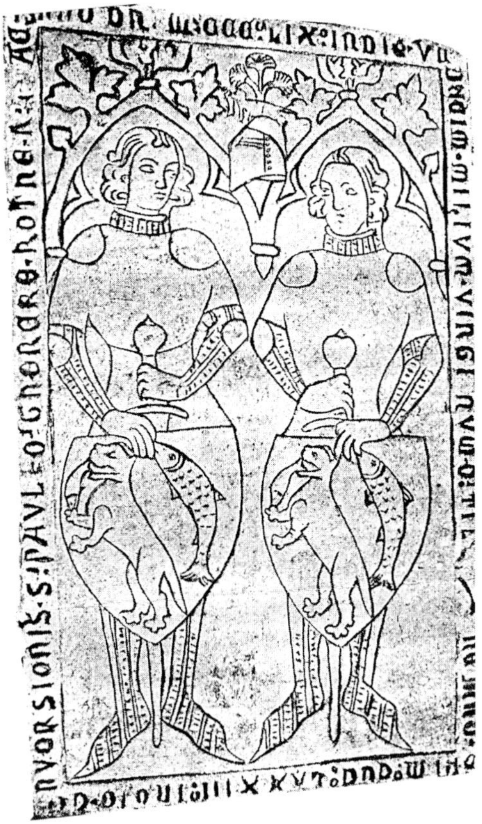

Grabplatte der Gebrüder Kothe, 14. Jh.,
St. Crucius Ziesar

Romanisches Würfelkapitell, Ziesar,
Kirchenvorraum

der prämonstratensischen Missionstätigkeit sind die romanischen Kreuzkirchen und die weithin sichtbaren Dome mit ihren wehrhaften Westtürmen und einem massiven Westriegel. In dieser Tradition der Prämonstratenserkirche von Jerichow sowie der Dome von Havelberg und Brandenburg steht zusammen mit Belzig, Wusterwitz und Wiesenburg die Kreuzkirche von Ziesar. Der eindrucksvolle Bau aus behauenen Granitquadern wurde im frühen 13. Jahrhundert errichtet als einschiffige Kreuzkirche im Stil der Spätromanik. An das ursprünglich flach gedeckte Schiff schließt sich ein etwas niedrigeres Chorquadrat mit halbrunder Apsis an. Im Innern öffnen sich Chor und Seitenschiffe durch weite Rundbögen zum Hauptraum, eine Vierung ist nicht ausgebildet, da der westliche Vierungsbogen fehlt. Das breite Querschiff trägt an der Ostseite je eine nördliche und eine südliche Nebenapsis, so daß ein dreiapsidialer Abschluß nach Osten entsteht, der jedoch nicht nebeneinander liegt wie in Jerichow, sondern gestaffelt. In der Zeit, als der Bau die Klosterkirche der Zisterzienserinnen war, wurden bauliche Veränderungen durchgeführt, die einige gotische Stilelemente in den romanischen Ostteil integrierten: Das Chorjoch erhielt zwei Kreuzgewölbe und der Hauptchor wurde aus Backsteinen im Klosterformat gänzlich erneuert und mit drei Spitzbogenfenstern und drei Blenden im Wechsel versehen. Natürlich wurde im Westteil der ungewölbten Kirche eine hölzerne Nonnenempore eingebaut mit einem Zugang über das erste Stockwerk des Westriegels, der eine Verbindung zu den Klostergebäuden hatte. Ebenfalls eine Erneuerung aus dem späten 14. Jahrhundert ist das Spitzbogenportal des nördlichen Querschiffes, dessen dreimal abgestuftes Gewändeprofil den gotischen Stil in einer nicht sehr charaktervollen, eher durchschnittlichen Variante zeigt.

Der ungewöhnlich hohe und mächtige Westriegel – ein Relikt aus der Zeit der Wehrkirchen – besteht aus einem im Innern dreigeteilten Querturm, der im Obergeschoß an der Längsseite vier und an der Schmalseite zwei Schallöffnungen trägt. Die dort eingesetzten Doppelarkaden sind neueren Datums.

Während die Kirche mit dem Kreuz und den Apsiden im Ostteil und dem Westriegel im Außenbau noch den originalen Charakter der Spätromanik mit einigen gotischen Einfügungen vermittelt, wurde die Raumwirkung des Innern in der nachfolgenden Zeit verändert. Vor allem der Einzug einer frühbarocken Tonne als Deckenabschluß gibt dem kurzen Saalbau einen räumlich ausladenden, betonten Hallencharakter. Aus derselben Zeit sind vermutlich die Gewölbe in Chorraum und Apsis.

Die heutige Gestaltung des Innenraumes geht auf eine umfassende Restaurierung von Werner im Jahre 1862 zurück. Die hölzerne Nonnenempore wurde abgerissen und durch drei Emporen mit durchbrochener Backsteinbrüstung ersetzt. Die sichtbarste Veränderung am Außenbau ist der unter dem Dach umlaufende gekreuzte Rundbogenfries aus Backsteinen. Derselbe romani-

Kloster Ziesar, Mittelalterliche Westfassade

Ziesar, St. Crucius von Nordosten, 1230, Umbauten 14. Jh.

sierende Stil tritt an den kleinen Sandsteinsäulen auf, welche die Schallöffnungen im Westturm und die Giebelnischen des nördlichen Querschiffes gliedern.

Die farbigen Glasfenster sind aus der Werkstatt von Ferdinand Möller aus Quedlinburg und wurden in den Jahren 1898 und 1904 eingesetzt; sie stellen links ein Weihnachtsbild, in der Mitte das Osterthema und rechts das Weltengericht dar. In den achtziger Jahren wurden die Glasfenster und der gesamte Innenraum restauriert.

In der Verlängerung des westlichen Querriegels lag das ursprünglichen Klostergebäude. An der Ostseite des Klostergebäudes befand sich ein gotischer Staffelgiebel mit Pilastern. Hier ist heute noch der vermauerte Zugang zum Nonnengang zu erkennen, der durch den Westturm zur Nonnenempore der Klosterkirche führte. Im oberen Teil des zweigeschossigen Klosterflügels wird sich das Dormitorium befunden haben, worauf auch die heute noch sichtbaren Schlitzfenster schließen lassen. Nach der Reformation und der Auflösung des Klosters erfolgten Um- und Ausbauten im Zusammenhang mit der Errichtung eines zusätzlichen Südflügels. Es entstanden repräsentative Räume zur kirchliche Nutzung, die sich durch gewölbte und geschnitzte Decken und verzierte Renaissance-Kamine auszeichneten. Auch im Außenbau dominieren die Schmuckformen der Renaissance; die Südfront erhält einen zweigeschossigen Volutengiebel, Türen werden als Sitznischenportale ausgeführt. Aus dem Barock stammen verschiedene Einbauten, wie Schränke, Türleibungen und Fenster. 1997 begannen die umfassenden Restaurierungsarbeiten des Zisterzienserinnenklosters, dessen Fassaden zur 900-Jahr-Feier wieder das Erscheinungsbild aus dem Mittelalter und aus der Renaissance zeigen werden. Dabei bleiben die originalen Putz- und Farbfassungen so weit als möglich erhalten und bauhistorische Befunde, wie der zugemauerte Nonnengang am Ostgiebel werden ziegelsteinsichtig belassen, damit die baugeschichtlichen Veränderungen sichtbar bleiben und das Bauwerk als Ganzes in seinen historischen Dimensionen für die zukünftigen Bewohner und für die Besucher nachvollziehbar bleibt. Nach Abschluß der Restaurierungsarbeiten wird das Kloster wieder die »Winterkirche« und weitere Gemeinderäume sowie eine Reihe modernisierter Wohnungen beherbergen.

Geschichte des Klosters

Im Vergleich zu anderen Klöstern hatte Ziesar kaum Besitz an Land und eher geringe Einkünfte gehabt. Die Besitzungen lagen meist in Zieser und der unmittelbaren Umgebung, etwa bis nach Burg und Loburg reichend. Einzelne Hebungen kamen aus dem Havelland, dem Teltow und dem Anhaltinischen. Für das Jahr 1345 sind zwei Landhufe in dem Dorf Rietzel urkundlich erwähnt, die jedoch im gleichen Jahr an einen Altar in der Nikolaikirche in Burg abgetreten werden. Im selben Jahr erhält das Kloster

Kloster Ziesar, Voluten-Giebel, um 1600

vier Landhufen in dem Dorf Reesen östlich von Burg sowie Hebungen aus dem Dorf Dretzel. In diesen Urkunden werden erstmals die Namen der Äbtissin Katharina und der Priorin Ermengard genannt.

Kloster Ziesar stand unter der besonderen Gunst des Bischofs von Brandenburg und war als einziges Nonnenkloster der Diözese von der Prokuration befreit. In den 50er Jahren des 14. Jahrhunderts gab es Überlegungen, das Kloster nach Rathenow zu verlegen, die jedoch auf den Widerstand der Nonnen gestoßen sind. 1354 hatte der Bischof dem Kloster das Patronat für die Kirche St. Marien und Andreas in Rathenow übereignet und damit die Bedingung verknüpft, den Klostersitz nach Rathenow zu verlegen. Die Nonnen waren dazu nicht bereit und so wurde die Übereignung nicht wirksam.

Statt dessen erhielt das Kloster um 1361 das Kirchenpatronat über die Kirche zum heiligen Kreuz in Ziesar, das verbunden war mit dem Erwerb der beiden Pfarrhufen in Ziesar und der Seemühle. 1382 fielen diese an den Bischof und das Kloster erhielt zum Austausch Hebungen in Groß Lübars, Pramsdorf, Wittstock und Ziesar. Etwa aus dieser Zeit ist das Klostersiegel überliefert. Es zeigt in einem Rundfeld die sitzende Maria mit dem Christuskind im Arm, flankiert von zwei Engeln. Die Umschrift lautet S. CONVENTUS : SANCTIMONIALIUM IM ZEGESERE.

1415 unterzeichneten die Äbtissin Dorothea von der Gröben und die Priorin Gisela den Verkauf von zwei Landhufen im Dorf Radewege an das Brandenburger Domkapitel. Ein häufiger Wechsel der Besitzungen zwischen Kloster und Domkapitel ist auffallend und weist nochmals auf die Sonderstellung des Ziesaer Klosters hin. Offenbar hatten die besonderen Rechte und auch die große Nähe zur Bischofsresidenz einen einengenden Einfluß. Es scheint, als wäre die Tatkraft der Nonnen, die in den meisten anderen Brandenburger Klöstern zu sich mehrendem Wohlstand und Unabhängigkeit geführt hat, in Ziesar nicht recht zur Entfaltung gekommen. Es ist sehr gut denkbar, daß ein unmittelbar am gitterförmigen Straßennetz einer mittelalterlichen Stadt liegendes Kloster, noch dazu mit angrenzendem Sumpfgelände, nicht nur topographisch geringe Entfaltungsmöglichkeiten hat. Verglichen mit anderen Stadtklöstern der Zisterzienserinnen, wie dem Dammkloster vor den Stadttoren von Jüterbog oder Güldenstern in Mühlberg, die beide außerhalb der Stadtmauern lagen und so ein weiträumiges Areal für Wirtschaftsgebäude zur Verfügung hatten, waren in Ziesar mit dem franziskanischen Konventsgebäude weniger gute Voraussetzungen für die Eigenwirtschaftlichkeit und die Ausweitung der Anlage gegeben.

Ein Blick auf die überlieferten Namen aus dem Konvent zeigt, daß in Ziesar keine einzige Klosterfrau aus dem Bürgertum gekommen ist bzw. daß eine Nonne mit bürgerlicher Herkunft namentlich nicht genannt wird. Auch das ist ein Unterschied zu den anderen Klöstern, die - mit Ausnahme von Heiligengrabe – immer eine Mischung von adligen und bürgerlichen Konventualinnen zu verzeichnen hatten.

Im 15. Jahrhundert waren Berta von Niebede, Margarethe von Borch, Margarete von Treskow und Sophie von Lossow Äbtissinnen im Kloster Ziesar und Gertrud von Ziekow, Margarete von Borch, Kunigunde von Hollweg, Mechthild von Randow und Margarete von Bardeleben werden als Priorinnen genannt. Im 16. Jahrhundert waren Elisabeth van den Schylde und Katharina von Meyendorff die letzten beiden Äbtissinnen und Elisabeth von Treskow die letzte Priorin des Klosters. Als letzter Propst vertrat seit 1523 Simon Frodeman das Kloster; ihm zur Seite stand der Karmelitermönch Wilhelm, der 1525 in das Amt des Propstes eintrat.

Reformation

Unmittelbar vor der Aufhebung des Klosters, die Anfang der vierziger Jahre erfolgt ist – auch hier fehlen genaue Angaben – hatte das Kloster noch jährliche Einkünfte aus Brandenburg, Buckau, Bücknitz, Glienicke, Ketzin, Köpernitz, Lübars, Pramsdorf, Rottstock, Stahnsdorf, Teltow, Zerbst und Ziesar.

Die Visitation erfolgte auf Befehl des Hauptmanns zu Ziesar, Melchior Schaff, am 11. Juni 1558 und wurde von dem bischöflichen Sekretär Johann von Borchstadel durchgeführt. Selbiger hat auch die konfiszierten Stücke – ausgesuchte und verzierte Silbergefäße – dem Domkapitel in Brandenburg übergeben, wo sie dem bischöflichen Silbergeschirr einverleibt wurden.

Mit der Reformation kamen Kirche und Klostergebäude zur evangelischen Kirche und die Klostergüter wurden 1562 vom Kurfürsten an Kaspar von Flams gegeben. Die Kirche wurde evangelische Pfarrkirche der Stadt Ziesar und die Klosteranlage erfuhr während der Renaissance umfassende Veränderungen durch den Anbau eines Südflügels.

Ausstattung und Grabkunst

Die Kirche wurde zur Klosterzeit auch als Grabkirche benutzt; noch heute befindet sich im Fußboden unter dem Triumphbogen ein Grabstein mit den gravierten Umrissen eines Priesters, dessen Umschrift jedoch nicht mehr zu entziffern ist. Ein zweiter Stein, der als Altarplatte gedient hatte und jetzt im südlichen Querschiff aufgestellt ist, zeigt zwei barhäuptige Ritter in Rüstung und mit aufgesetztem Schwert und Schild. Auf diesem ist ein Wappen mit Wappentieren dargestellt: ein Wolf, der einen Fisch verschlingt und ein großer Fisch. Die beiden Dargestellten sind die Ritter Tilo und Ghereke Kothe, zwei Brüder, die in den Jahren 1359 und 1383 gestorben sind, wie aus der Umschrift in gotischen Majuskeln hervorgeht. Der Familie Kothe gehörte in dieser Zeit der Bischof Dietrich von Brandenburg an, so daß die Klosterkirche wohl als Grabkirche der bischöflichen Familien angesehen werden kann.

Das Grabmal der Ritter Kothe ist ein

aufschlußreiches Beispiel für die Grabplatten, die nach Vorschrift der Zisterzienser nicht skulptural gearbeitet waren, sondern aus gravierten Umrißlinien bestanden, die mit Harz ausgefüllt wurden. So entsteht eine rein lineare Gestaltung von einem strengen graphischen Charakter, der jedoch das Lyrische und das Höfische des hohen Mittelalters keineswegs fremd ist. Schon die paarweise Komposition der beiden Ritter, die ihre von Locken umrahmten Köpfe – links der reifere männliche Typus, rechts der jugendliche Knabe – einander zuneigen, sodann die spiegelgleiche Handhaltung, bei der die jeweils innere Hand den Knauf des Schwertes elegant umfaßt und die beiden äußeren Hände den Wappenschild halten, verrät eine stilsichere Choreographie und Leichtigkeit des Vortrages, die eher an die Darstellungen der Minnesänger der manessischen Handschrift als an eine Grabplatte im Brandenburgischen denken läßt. Wer immer der Künstler gewesen sein mag, er war ein Meister seines Faches. Für die Meisterschaft spricht auch die in den Linienfluß eingeordnete Ornamentierung in der Rüstung und im geschuppten Leib des Fisches, die bestimmte Flächen graphisch akzentuiert und im Ganzen einen rhythmischen und lebendigen Klang von freien und strukturierten Flächen entstehen läßt. Als obere Rahmung schließen zwei Maßwerkarkaden mit Laubbossen die Komposition ab sowie das umlaufende Schriftband.

Aus dem Ende der Klosterzeit ist sodann noch ein vergoldeter Silberkelch erhalten, dessen sechsteiliger Fuß mit Buckelornamenten der Renaissance sowie einem Kruzifix, flankiert von zwei farbigen Emailwappen, versehen ist. Das eine Wappen zeigt den Eberkopf der Familie von Hardenberg, das andere die fünfblättrige Rose des Hauses von Saldern. Nach der Zuordnung von Wernicke [37] kommt das Eberkopf-Wappen auch an den Radleuchtern der Domherren im Dom zu Brandenburg vor und – was in diesem Zusammenhang wichtiger ist – beide Wappen kommen auf zwei Bechern und die Rose auf einem »gebuckelten« Becher des bischöflichen Tafelsilbers vor; mit Sicherheit gehören sie zu den bei der Reformation eingezogenen Klosterschätzen aus Ziesar.

Basilika, Halle und Chorpolygon – Form und Stil in den Frauenklöstern

Während die Anlage der Klöster sich wenig verändert hat im Verlaufe der Jahrhunderte, sind Raumordnung und Baustil der Klosterkirchen weitgehenden stilistischen und ordenstypischen Veränderungen unterworfen gewesen. Für die Klosterkirchen der Zisterzienser galt das Prinzip der handwerklichen Schlichtheit, der Funktionalität und der Verzicht auf schmückendes und bildliches Beiwerk. Bei der stilistischen Beurteilung der Kirchenbauten sollte zuerst die Ausgangssituation geklärt werden, also die Frage, ob die Kirche bereits vor dem Orden bestanden hat und nachträglich von einer Bauhütte der Zisterzienser umgebaut wurde oder ob sie zusammen mit dem Kloster nach dem Konzept der Zisterzienser entworfen und errichtet wurde. Die Zisterzienser waren nicht die ersten Kirchenbauer in Brandenburg; ihnen voran gingen die Prämonstratenser, die sowohl den Backsteinbau als auch die romanischen Dome in Brandenburg, Havelberg und Jerichow im Landschaftsbild verankert haben. Diese an der rheinischen Architektur orientierten romanischen Bauwerke waren mehrschiffige Basiliken mit halbrunden Apsiden, hohen Türmen, auch im wehrhaften Westriegel der Kirchen. Auf diese vielgestaltige und mächtige Architektur reagierten die Zisterzienser als Reformorden, der die Gleichheit aller anstrebte und zum Ausdruck bringen wollte, mit einem sogenannten Reduktionsstil, der eine Vereinfachung der räumlichen Struktur vorsah. Vor allem die mächtigen Türme verschwanden gänzlich aus dem Weichbild der Klosteranlagen und nur ein hölzerner Dachreiter war auf der Klosterkirche erlaubt. An die Stelle der Addition vieler Einzelräume und deren bedeutungsmäßiger Staffelung trat die Vereinheitlichung der Bauformen, die zugleich mit der Durchsetzung des neuen Baustils der Gotik verbunden gewesen ist. Wir haben also für alle diejenigen Klöster, die an ältere Kirchen angebaut worden sind, stets noch weiterlebende Elemente der Romanik, seien es die quadratische Vierung und der Rundbogen im Kirchenschiff von Mühlberg oder die halbrunden Apsiden am Querschiff in Mühlberg, Ziesar und ursprünglich auch in Jüterbog. Für die Klöster in Mühlberg und Jüterbog bildete eine dreischiffige romanische Basilika mit kreuzförmigem

Grundriß und apsidialem Chorschluß die bauliche Voraussetzung. Dieser Bautyp galt als die klassische Form der frühgotischen Zisterzienserbauten und war in den Zisterzienserkirchen von Lehnin und Zinna beispielhaft für die Mark Brandenburg verwirklicht worden. Die Pfarrkirche Unser Lieben Frauen in Jüterbog wurde um 1127 aus Hauptkirche des Landes geweiht. Nach der Zerstörung durch die Wenden wurde sie unter der Leitung der Prämonstratenser erneuert und durch einen gut ausgebauten Ostteil bereichert. Es war nun eine dreischiffige flachgedeckte Pfeilerbasilika im romanischen Stil nach dem Grundriß des lateinischen Kreuzes, dessen Ostteil mit einem halbrunden Hauptchor und zwei entsprechenden Nebenchören versehen war. Reduziert wurde im Sinne der Zisterzienser vor allem die vielgestaltige Ostlösung und die drei verschiedenen Chöre wurden von einem gotischen Chorpolygon ersetzt. Die Basilika von Kloster Mühlberg war nach dem quadratischen Jochsystem der Romanik errichtet und im Ostteil mit halbrunden Apsiden versehen; der Nordflügel des Querschiffes zeigt heute noch in den Rundbögen, in der halbrunden Apsis sowie in der geschlossenen wandhaften Struktur die Stilelemente der Romanik. Auch hier führte die Gotisierung zwischen 1250 und 1280 im Ostbau zu einem polygonalen Chorschluß mit seinen hohen Spitzbogenfenstern.

Um 1250 setzte eine grundlegende Veränderung der Kirchenstruktur ein, die auf eine weitere Vereinfachung der Architektur hinauslief. Die Apsiden im Ostteil und meist auch das Querschiff sind weggefallen und die Kirchen hatten einen sogenannten platten Chorabschluß im Osten. Damit wurden zwei wesentliche Kriterien der Baukunst der Zisterzienser aufgegeben: der Kirchengrundriß des lateinischen Kreuzes und die räumliche Ausgestaltung des sakralen Ostteils. Als Gründe mögen Veränderungen in der Liturgie und vielleicht eine stärkere Annäherung zwischen Mönchen und Laien im Gottesdienst ausschlaggebend gewesen sein oder andere, uns nicht bekannte Ursachen. Auf jeden Fall war dieser Stilwechsel in der zweiten Hälfte des 13. Jahrhunderts an vielen Orten in Nord- und Südosteuropa spürbar. In Brandenburg wurden das nicht vollendete Kloster Mariensee im Parsteiner See – der Vorgängerbau für Chorin – sowie die Kirchen der Frauenzisterzen von Lindow, Stepenitz (in der ersten Bauphase), Seehausen, Zehdenick und Altfriedland in diesem flachen Ostabschluß erbaut. Sichtbar ist dieser Typus mit der sogenannten Dreifenstergruppe an der Ostwand heute nur noch in der Kirche von Altfriedland, alle anderen Kirchen wurden entweder bei späteren Umbauten verändert oder sind der Zerstörung durch die Zeit zum Opfer gefallen. Alle diese Bauten wurden - mit Ausnahme von Kloster Lindow, dessen Klosterkirche in den Jahren vor 1250 fertiggestellt worden war – in Brandenburg in der Zeit zwischen 1250 und 1270 errichtet. Zu weiteren bekannten Klosterkirchen mit geraden Ostschluß, die außerhalb von Brandenburg in Frauenzisterzen errichtet worden sind; gehört beispielsweise das 1248 gegründete St. Marienstern in Panschwitz-Kuckau bei Bautzen.

Meist wurde zusammen mit dem schlichteren Ostbau auch die gesamte Raumstruktur vereinfacht; das Prinzip der Basilika mit der räumlichen Höhenstaffelung machte dem Saalbau Platz, in dem alle Räume eine einheitliche Höhe haben und oft genug bestand das Kirchenschiff nur aus einem einzigen Raum, womit die Unterteilung in Haupt- und Nebenräume endgültig überwunden war. Diese neuen Raumkonzeptionen konnten sich in Brandenburg jedoch nicht durchsetzen, denn die Zeit der Saalbauten mit geradem Chorschluß endete zum Beginn der 70er Jahre mit der Errichtung des Klosters Chorin. Der Wechsel des Klosters, das von den askanischen Markgrafen als Hauskloster gestiftet worden war, von Pelitzwerder nach Chorin war sozusagen programmatisch; es änderten sich nicht nur Ort und Name des Klosters, sondern es änderte sich auch der Bautyp – und zwar dergestalt, daß ein Rückgriff vorgenommen wurde auf den älteren Bautyp des Mutterklosters in Lehnin und damit auf den Grundriß des lateinischen Kreuzes, der Errichtung eines Querschiffes und der Apsis als Abschluß des Chores im Osten. Diese konventionelle, der zisterziensischen Bautradition entsprechende Lösung wurde allerdings mit den neuen Stilelementen der Gotik versehen, so daß insgesamt doch auch neue Baulösungen in die Klosterkirchen Eingang gefunden haben. Diese waren das gotische Gewölbe- und Maßwerksystem sowie die Entwicklung des polygonalen Chores, also eines großen Chorraumes, dessen Grundriß polygonal – meist fünfseitig – ausgebildet war. Die Seitenwände des Polygons werden von hohen Spitzbogenfenstern durchbrochen und mächtige Stützpfeiler fangen am Außenbau den Schub des Gewölbes ab. Diese hochgotische Baulösung für den Ostteil wurde auch in den Kirchen der Frauenzisterzen angewendet, so in Boitzenburg und Heiligengrabe beim Neubau des Klosters und in dem älteren Stepenitz durch den Umbau des Chores. Auch das Mutterkloster von Heiligengrabe, Neuendorf bei Gardelegen im Anhaltinischen, hatte als Chorlösung den Fünfachtelschluß. Bei diesen Frauenzisterzen wurde das veraltete Querschiff nicht mehr verwendet und im Sinne der gotischen Raumvereinheitlichung ein einschiffiger Kirchenraum errichtet, der direkt in den Chor einmündet, so daß wir mit der Saalkirche und dem polygonalen Chorschluß einen dritten Bautypus von Klosterkirchen in den Frauenzisterzen haben.

Welche Unterschiede gibt es zwischen den Kirchen der Männer- und der Frauenklöster und wie drücken sich diese in der Bauform aus? Im Unterschied zu den Männerklöstern, die in der Regel abseits von Ortschaften lagen und ausschließlich von Mönchen und Laienbrüdern des Ordens besucht wurden, befanden sich die Frauenklöster in unmittelbarer Nähe von Ortschaften und Städten und ihre Kirchen waren in der Regel nicht nur den Nonnen und Laienbrüdern sowie Laienschwestern des Konvents vorbehalten, sondern dienten zugleich als Pfarrkirchen der örtlichen Gemeinde. Daraus ergab sich die Notwendigkeit, den Nonnen während der öffentlichen Gottesdienste einen von der Gemeinde abgesonderten Raum zuzuweisen, den sie auch durch einen unter Klausur gehaltenen Eingang betreten konnten, ohne mit der Allgemeinheit in Kontakt zu kommen. Dieser Raum war die sogenannte Nonnenempore, die sich von der Westseite her meist einige Joche in den Kirchenraum hinein erstreckte – eine eingebaute Etage, die durch den Nonnengang meist direkt von den Klausurräumen aus zu erreichen war. In allen Brandenburger Klosterkirchen sind – soweit die bauliche Substanz erhalten ist – die heute zugemauerten Türen als einstige Eingänge zu den Nonnenemporen entweder am westlichen Langhaus oder auch direkt an der Westwand auszumachen, wie beispielsweise in Ziesar.

Wie sich an der Klosterkirche in Stepenitz sehr gut ablesen läßt, bewirkt die tief in das Kirchenschiff hineinreichende Empore eine Zweigeschossigkeit des Langhauses, die in der Gliederung der Seitenwände nicht nur sichtbar wird, sondern diese in der Struktur der Außenansicht wesentlich mitbestimmt durch die doppelten Fensterreihen, wobei die oberen Fenster des Emporengeschosses als spitzbogige Dreifensterkomposition ausgebildet sind, deren kraftvoller Rhythmus im Unterschied zu der unteren Fensterzone einen eigenständigen Verlauf hat – so daß sich dem Auge des Betrachters zwei klar voneinander abgesetzte Wandzonen präsentieren und das visuelle Bild einer differenzierten und zugleich strengen Gliederung erzeugen. Der klassische Typus der Stiftskirche mit Nonnenempore wurde um 950 in St.Cyriakus in Gernrode errichtet und ist durch die waagerechte Trennung in untere Arkadenzone und obere Emporenzone charakterisiert; nach demselben Prinzip erfolgte fast dreihundert Jahre später die Zäsur der waagerechten Wandgliederung in der Klosterkirche zu Marienfließ in Stepenitz.

Ein gewisser Konservativismus ist der zisterziensischen Ordensarchitektur natürlich nicht abzusprechen; er ist bestimmt durch die in den Ordensregeln festgeschriebenen Verbindlichkeiten bezüglich der Bauordnung, die von den Bauhütten der Zisterzienser dann auch in die Tat umgesetzt worden sind, wobei aber immer wieder landschaftliche Einfärbungen – sei es im Zusammenhang mit dem Baumaterial oder mit bestimmten Ornamentformen – auftreten.

Anmerkungen

[1] De moribus Ecclesiae Catholicae et de moribus Manichaeorum (Vom Leben der katholischen Kirche und vom Leben der Manachäer). Schrift des Augustinus, verfaßt im Jahre 391 als Eremit in Thagaste.

[2] Stadt der Frauen. Hrsg. Anette Kuhn, Marianne Pitzen. FrauenMuseum Bonn 1994, S. 77

[3] Brigitte Degler-Spengler. Die Zisterzienserinnen in der Schweiz. Helvetia sacra. Abt.III: Bd. 3. Zweiter Teil. Bern o. J. S. 521 ff. Siehe auch: Anja Ostrowitzki. Die Ausbreitung der Zisterzienserinnen im Erzbistum Köln. Köln, Weimar, Wien 1993

[4] Franz Winter. Die Zisterzienser im nordöstlichen Deutschland. 2 Bände. Gotha 1868/1871, 1. Band S. 3

[5] Hildegard von Bingen. Heilkunde. Übersetzung u. Erläuterung Heinrich Schipperges. Salzburg 1957, S. 281

[6] Hildegard von Bingen. Wisse die Wege. Scivias. Übersetzung und Bearbeitung Maura Böckeler. Salzburg 1954, S. 350

[7] Hildegard von Bingen. Der Mensch in der Verantwortung. Übersetzung und Erläuterung Heinrich Schipperges. Salzburg 1972, S. 44 f.

[8] Hildegard von Bingen. Welt und Mensch. Übersetzung und Erläuterung Heinrich Schipperges. Salzburg 1965, S. 44 u. 158

[9] Hildegard von Bingen. Naturkunde. Das Buch vom Inneren Wesen der verschiedenen Naturen. Übersetzung und Erläuterung Peter Riethe. Salzburg 1959, S. 17

[10] Hildegard von Bingen. Briefwechsel. Übersetzung und Erläuterung Adelgundis Führkötter. Salzburg 1965, S. 106

[11]. S. o. S. 27

[12] S. o. S. 203

[13] Deutsche Übersetzung des siebenteiligen Werkes: W. H. Reischel. Das Buch der geistlichen Gnade von Mechthild von Helfeda. Regensburg 1857

[14] Walter Seldmayr. Die Entstehung der Kathedrale. Freiburg, Basel, Wien 1993, S. 228

[15] John Moore. Herz-Jesu-Verehrung in Deutschland. Religiöse, soziale und politische Aspekte einer Frömmigkeitsform. Petersberg 1997, S. 16

[16] Gertrud die Große siehe: Gertrudis de Helfta. Gesandter der göttlichen Liebe (Legatus divinae pietatis). Ungekürzte Übersetzung von Johanna Lanczkowski. Heidelberg 1989 (Sammlung Weltliteratur: Mittellateinische Literatur)

[17] Christina Hegner. Kleinbildwerke des Mittelalters in den Frauenklöstern des Bistums Schwerin, vornehmlich im Zisterzienserinnenkloster zum Heiligen Kreuz in Rostock und im Klarissenkloster Ribnitz. Phil.Diss. Leipzig 1994, S. 38 ff.

[18] Ernst Badstübner. Zur Rolle märkischer Zisterzienserkirchen in der Baukunst des Ordens und in der Backsteinarchitektur. In: Zisterzienser in Brandenburg, Bd. 1, Berlin 1966, S. 22

[19] Maria Hasdenteufel-Röding. Studien zur Gründung von Frauenklöstern im frühen Mittelalter. Ein Beitrag zum religiösen Ideal

der Frau und seiner monastischen Umsetzung. Phil. Diss. Freiburg i.Br. 1991

[20] Beschreibende Darstellung der älteren Bau- und Kunstdenkmäler des Kreises Liebenwerda. Heinrich Bergner und Heinrich Nebelsieck. Halle 1910, S. 150 ff.

[21] Theodor Fontane. Wanderungen durch die Mark Brandenburg. Erster Teil: Die Grafschaft Ruppin. Berlin 1976, S. 536 ff.

[22] Ursula Creutz. Geschichte der ehemaligen Klöster im Bistum Berlin. Studien zur katholischen Bistums- und Klostergeschichte. Band 38. Hrg. Franz Schrader. Leipzig 1995, S. 138

[24] J.A. Schmoll, gen. Eisenwerth. Das Kloster Chorin und die askanische Architektur in der Mark Brandenburg 1260–1320. Berlin 1961, S. 69

[25] Ralf Jaitner und Gerhard Kohn. Ein wüstes Zisterzienserinnenkloster bei Seehausen in der Uckermark. Prenzlau 1996

[26] Regesten der Markgrafen von Brandenburg aus askanischem Hause. Bearbeitet von Hermann Krabbo und Georg Winter. Leipzig, München, Berlin 1910–1955. Nr. 726 u. 728

[27] W. Schleyer. Die Baugeschichte des Klosters Chorin. Dr. Ing. Diss. Hannover 1925

[28] Schmoll, gen. Eisenwerth. S.o. S. 186 ff.

[29] Rudolf Schmidt. Die Nonnen von Marienpforte. in: Templiner Kreiskalender 1936, S. 36/37

[30] Theodor Fontane.S.o. Zweiter Teil: Das Oderbruch.

[31] Die Herrschaft Friedland. Nachrichten zur Geschichte. Bearbeitet von Rudolf Schmidt-Eberswalde. Bad Freienwalde 1928, S. 2 f.

[32] Fidicin. Kaiser Karls IV. Landbuch der Mark Brandenburg. Berlin 1856, S. 302

[33] Carolinisches Landbuch von 1375. In: Die Herrschaft Friedland.S. o. S. 138 f.

[34] Die Herrschaft Friedland. S. o. S. 11

[35] GERMANIA SACRA. Erste Abteilung: Die Bistümer der Kirchenprovinz Magdeburg. Dritter Band: Das Bistum Brandenburg. Zweiter Teil. Berlin 1941, S. 321–360

[36] Erich Sturtevant. Chronik der Stadt Jüterbog. Jüterbog 1935, S. 130

[37] Ernst Wernicke. Beschreibende Darstellung der Bau- und Kunstdenkmäler des Kreises Jerichow. Halle 1898, S. 262

Begriffserklärungen

Abendmahl/Eucharistie: bei der Messe die Gabe von Brot und Wein bezogen auf den Leib und das vergossene Blut von Jesus Christus

Abkragung: eine für die Architektur der Zisterzienser typische Form, die Gewölberippen und Dienste nicht bis auf den Kirchenboden laufen zu lassen, sondern durch Konsolen an der Wand zu beenden

Ablaß: Erlaß von Sünden gegen Geld oder Geschenke

Apsis: Raumnische mit halbkreisförmigem oder polygonalem Grundriß

Arkade: Bogenöffnung, auf Säulen oder Pfeilern ruhender offener Bogen

Basilika: Architektur mit höher gestelltem Mittelraum, dieser mit Lichtgaden (Fenster) versehen

Bede: niederdeutsche Bezeichnung (Bitte, Gebot) für die ersten Steuern, die in Deutschland im Mittelalter von Adel u. Klerus erhoben worden sind

Beginen: seit 1200 religiöse Frauenbewegung des Mittelalters, vor allem in den Städten, ohne Ordenszugehörigkeit, lebten in Beginenhäusern oder -höfen

Birnstab: stabartiger Bauteil (Rippe oder Dienst) mit birnenförmigem Querschnitt, Stilmerkmal der Hoch- und Spätgotik

Carta Caritatis: Ordensverfassung der Zisterzienser

Casel, heute Kasel: mantelähnliches Gewand des katholischen Priesters

Chor: in Kloster- und Stiftskirchen der für den

Chor vorgesehene Raum, oft Bezeichnung für den Ostteil der Kirche

Diözese: Amtsbereich des Bischofs

diaphan: durchscheinend, in der gotischen Architektur entsteht durch die Auflösung des Mauerwerks eine lichtdurchlässige Architektur, die als d. bezeichnet wird

Dienst: schmale Säule an Innenwand oder Pfeiler, dient zur Aufnahme der Gurte und Rippen des Kreuzrippengewölbes in der gotischen Architektur. Nach dem Querschnitt wird Rundstab und Birnenstab unterschieden

Domina: Leiterin eines evangelischen Stiftes

Dormitorium: Schlafsaal des Klosters

Fensterrose: Architekturornament der Spätromanik, das sich aus dem Rund bzw. Radfenster entwickelt hat, Vorform des gotischen Maßwerkes

Filiation: Filia = Tochter, Abstammungsreihe der Tochterklöster

Fries: waagerechter Streifen im Mauerwerk; in der Romanik Rundbogen- und Kreuzbogenfries, in der Backsteingotik Friese aus Glasursteinen und Blattfriese

Gewändeprofil: Rand der Fenster- und Türöffnung, in der romanischen und gotischen Baukunst reich gegliedert, Rundstab, Birnenstab. Der Einschnitt ohne Profil wird Leibung genannt.

Gotik: Kunststil des hohen Mittelalters, folgt auf die Romanik. In Norddeutschland erster gotischer Bau der Chor des Magdeburger Domes um 1250, Kennzeichen der G. sind Spitzbogen, Kreuzrippengewölbe, Strebewerk, Maßwerk u. rechteckiges Jochsystem

Hallenkirche: im Gegensatz zur Basilika haben Hallenkirchen gleich hohe Kirchenschiffe, das Ideal ist ein saalartig rechteckiger Einheitsraum, bevorzugte Bauform der Spätgotik

Hostie: lat. Opfertier, Sühneopfer, kleine Oblate aus Weizenmehl, Sinnbild des gekreuzigten Christus

Inkorporation: Aufnahme in eine Körperschaft, hier Zisterzienserorden

Joch: Grundmaß des Kirchenschiffes, gebildet durch den Abstand zwischen den Stützen. Romanik: quadratische Joche, Gotik: rechteckige Joche; entsprechende Wölbung über dem Joch.

Kapitell: oberer Abschluß einer Säule oder eines Pfeilers, z.B. romanisches Würfelkapitel, gotisches Kelch- oder Knospenkapitell

Kapitelsaal: Versammlungsraum im Kloster

karolingisch: mittelalterlicher Kunststil vom Anfang des 9. bis Mitte des 10. Jhs. mit antikisierenden Elementen

Klausur: nach außen abgeschlossener Klosterbereich

Konsole: vorspringender Stein als Stütze von Gesims oder Bogen

Konvent: Gesamtheit der Mitglieder eines Klosters, Klostergemeinschaft

Kreuzblume: zusammen mit Wimpergen, Fialen u. Türmchen ein Element der gotischen Dach- und Giebelkrönung

Kreuzgang: flachgedeckter oder gewölbter Arkadengang, der als geschlossenes inneres Viereck die Gebäude des Klosters miteinander verbindet

Mandorla: mandelförmiger Heiligenschein um die Gesamtfigur von Christus oder Maria

Maßwerk: geometrisches Bauornament der Gotik, wurde mit dem Zirkel »gemessen«, bes. im Spitzbogenfeld der Fenster und als Rundfenster, aber auch als Fassadenschmuck

Monstranz: Schaugefäß für die geweihte Hostie

Mystik: eine bei vielen Religionen anzutreffende Sonderform des religiösen Erlebens, hier: christliche Mystik des 13. und 14. Jahrhunderts, die durch eine neue Sinnlichkeit, Unmittelbarkeit, Einfühlung und Nacherleben gekennzeichnet ist. Ausdrucksformen in der bildenden Kunst und in der Literatur, vor allem der Klöster. Hoher Anteil von Ordensfrauen (Benediktinerinnen, Zisterzienserinnen, Dominikanerinnen) und auch von Beginen.

ottonisch: hauptsächlich in den Klöstern gepflegte Kunstrichtung unter den ottonischen Kaisern zwischen 950 und 1030, Vorläufer des romanischen Stils, mit der Stiftskirche Gernrode u.a. wichtige Beispiele aus der Architektur der Frauenkonvente

Parament: Kirchentextilien, z.B. Altardecken, Fahnen

Patene: Teller zum Darreichen der Hostie

Petschaft: Siegel, Handstempel zum Siegeln

Refektorium: Speisesaal

Romanik: der Gotik vorausgehende europäische Stilepoche des Mittelalters, Konsolidierung der Kirchenarchitektur und der Buchmalerei

Säkularisierung: Verweltlichung kirchlicher Formen

Schlußstein: Stein im Scheitelpunkt des Gewölbes

Vierung: zentraler Raum der Kirche, in dem sich Längsschiff und Querschiff durchdringen

Zahnfries oder Deutsches Band: Fries aus übereck gereihten Backsteinen, gebräuchlich in der Romanik, z.T. auch im märkischen Backsteinbau der Zisterzienser

Literaturhinweise

(Werke aus den Anmerkungen sind hier nicht nochmal aufgeführt)

Dieter Biewald. Auf den Spuren der Zisterzienser – ihre Bedeutung für die Mark. Berlin 1992

Fritz Curschmann. Die Einführung der Reformation im Nonnenkloster Heiligengrabe. In: Forschungen zur Brandenburg. u. Preuß. Geschichte 25. München, Leipzig 1913

Elke Dißelbeck-Tewes. Das Leben der Frauen in den mittelalterlichen Zisterzienserklöstern Fürstenberg, Graefenthal u. Schledenhorst. Köln, Wien 1989

H.J. Feuerhake und O.H.Schmidt. Zisterzienserklöster in Brandenburg. Ein kulturhistorisch-touristischer Führer. Berlin 1998

Gisela Gooß und Jaqueline Hennig. Alle Brandenburger Zisterzienserklöster. Berlin 1997

Andreas Hölscher, Harald Schwillus. Zisterzienser. Brandenburg. Vorpommern. Katalog Berlin 1998

Clemens Kasper u. Klaus Schreiner. Zisterziensische Spiritualität. St.Ottilien 1994

Die Kunstdenkmäler der Provinz Brandenburg. Bd. 1–7. Berlin 1907–1960

Ernst Daniel Kirchner. Das Schloß Boytzenburg und seine Besitzer. Berlin 1860

Katharina Klumpp. Kloster Stift zum Heiligen Grabe. Berlin 1975

Lieselotte Kötzsche. Das wiedergefundene Hostiengrab im Kloster Heiligengrabe. Berl. Theol. Zeitschr. 1, 1987

Mein Herz schmilzt wie Eis am Feuer. Die religiöse Frauenbewegung des Mittelalters. Hrsg. J. Thiele. Stuttgart 1988

Peter Pfister. Klosterführer aller Zisterzienserklöster im deutschsprachigen Raum. Straßburg 1997

Christine de Pizan. Das Buch von der Stadt der Frauen. Übersetzung und Einleitung Margarete Zimmermann. Berlin 1986

Hans Rose. Die Baukunst der Zisterzienser. München 1916

Adolph Friedrich Riedel. Codex Diplomaticus Brandenburgensis. Berlin 1838–1861

Rudolf Rudloff. Geschichte des Stiftes Marienfließ. Bearbeitet von Bernd Menze. Marienfließ 1995

Hedwig von Saenger. Heiligengrabe 1287–1937. Heiligengrabe 1937

Ambrosius Schneider. Die Cistercienser. Geschichte,Geist,Kunst. Köln 1985

Dirk Schumacher. Skulpturale Funde aus dem Zisterzienser-Nonnenkloster Seehausen. In: Die mittelalterliche Plastik der Mark Brandenburg. Bodemuseum Berlin 1990

Johannes Simon. Bilder aus dem Leben in einem märkischen Frauenkloster um 1500. Brandenburgisches Jahrbuch 4, Berlin, Leipzig 1926

Irene Winter. Eucharistische Frömmigkeit mittelalterlicher Nonnen. Diss. Marburg 1952

Verzeichnis der Abbildungen

Bildnachweis:

Adler, Friedrich: 129
Beschreibende Darstellung der älteren Bau- und Kunstdenkmäler des Kreises Liebenwerda, Halle 1910: 41, 45, 47 unten, 49, 51,53, 56
Bilang, Dominique: 43 (3), 47, 49 oben, 129 (2), 131, 140, 155 (3), 165
Die Kunstdenkmäler der Provinz Brandenburg, hrsg. vom Brandenburgischen Provinzialverband, Berlin 1907 bis 1941: 69, 73, 79, 81, 83, 85, 87, 115, 119, 131
Dumann, Werner: 61 (3), 65
Evangelisches Stift Marienfließ: 71, 73
Jeitner, Ralf: 101 (3), 103 (3), 105 (2), 107 (3)
Kühn-von Kaehne u. Lange: 167 (oben)
Müller, Wilmar: 117 (2)
Schmoll, gen. Eisenwerth: 99,127
Wendt, Siglinde, Amt Ziesar: 165, 167
Worch, Stephan: 59
Die Sachfunde aus Seehausen befinden sich im Kulturhistorischen Museum Prenzlau, das Zehdenicker „Hungertuch" und der Zinnaer Marienpsalter im Märkischen Museum Berlin.

Inhaltsverzeichnis

Frauenklöster in Brandenburg und in angrenzenden Regionen

cistercienser

brandenburgische zeitschrift rund um das cistercienSische erbe

Heft 1 / 1998
1. Jahrgang

Themen

900 Jahre Zisterzienser in Europa / Vorstellung: Kloster Cîteaux / Spuren zisterziensischer Tätigkeit in Chorin / Keramikfunde / Architekturornamentik / Gartenbau im Mittelalter / Veranstaltungshinweise / Buchvorstellungen u. a. m.

48 S. • 16 Abb. • ISSN 1436-0470 • DM 8,00

cistercienser

Brandenburgische Zeitschrift rund um das cisterciensische Erbe

Heft 2 / 1998
1. Jahrgang

Themen

900 Jahre Zisterzienser in Europa – Veranstaltungskalender / Liturgie und Klosterbau / 1050 Jahre Brandenburg / "Gespräche über Wunder" / Kloster Heisterbach / Der Zisterzienserorden in den USA / Symbolpflanzen – Pflanzensymbole u. a. m.

52 S. • 20 Abb. • ISSN 1436-0470 • DM 8,00

Choriner Forschungen

Band 1

Die Zisterzienser – ein benediktinischer Reformorden

92 S. • 59 Abb. • ISBN 3-89626-251-3 • DM 24,80

Choriner Forschungen

Band 2

Das Bauwerk Kloster Chorin – Eine Bestandsaufnahme

112 S. • 80 Abb. • ISBN 3-89626-252-1 • DM 26,80